小学館文庫

「靖国神社」問答

山中　恒

小学館

文庫化によせて

原著『すっきりわかる「靖国神社」問題』が小学館から刊行されたのは、二〇〇三年（平成一五年）八月のことでした。

その二年前の二〇〇一年、自民党総裁選挙に小泉純一郎衆議院議員は「終戦記念日の八月一五日に靖国神社へ公式参拝に行く」ことを公約の一つに掲げて出馬し、総裁選に勝利して自民党総裁・内閣総理大臣になりました。そのため、小泉首相が公約通りに八月一五日に靖国神社へ公式参拝するかどうかが、マスメディアの焦点となりました。本当は神社参拝には、「公式」も「私的」もないはずですが……。

結局、賛否両論渦巻く中、小泉首相はどっちつかずの八月一三日、モーニング姿の正装で靖国神社の本殿に昇殿して参拝しました。ただし正式な礼法にかなった「再拝（深い礼二回）、二拍手、一拝」の拝礼ではなく、軽く一礼をしただけだというのです。見方によっては、正装して昇殿していながら不作法な礼をしただけという失礼な行為になりそうです。それはともかくとして、当時のマスメディアは、首相の中途半端な靖国神社参拝に戸惑いだけを表明して、靖国神社参拝の本質についての厳しい批判などしませんでした。中国や韓国からの非難に対しても、非難されたということだけを報道し、その理由については触れようとしませんでした。何やら靖国神社の本質に言及することを避けているみたいでした。

それもあって、中国、韓国が閣僚たちの靖国神社参拝を批判することについて、その理由も考えず、「内政干渉だ」と反発する人たちも増えました。なぜ内政干渉になるのでしょうか。また靖国神社へ参拝した閣僚らは記者会見で、決まって靖国神社で「戦没者を悼み、平和を祈念するために参拝した」と心境を語るようですが、靖国神社は、果たして平和を祈念するための施設なのでしょうか。また、一般の神社に祀《まつ》られている神、祭神には無病息災やら豊作繁盛、受験成功をきいてくれる神といったふうな役割をふられていますが、靖国神社の祭神にはどのような役割がふられているのでしょうか。確かに靖国神社という存在は、何やら悩ましい問題を含んでいるようですが、それが何であるかは、あまり語られてきませんでした。そんなこともあって、原著が小学館から刊行されました。

それから一〇年以上たって、今また靖国神社問題がクローズアップされるようになりました。二〇一五年の靖国神社の春の大祭には安倍晋三首相が真榊《まさかき》を供え、二名の女性閣僚が公式に参拝し、国会議員も大挙参拝し、防衛大学校の学生約二〇〇名も参拝し、靖国神社参拝も風物詩化したみたいになってきました。つまり靖国神社そのものの存立理由について、誰もが問題にしなくなってきました。それにつれて靖国神社に参拝するということは、どういう意味があるのかを考えなくなってきたようです。私自身そのことについて、原著で明らかにしてきましたが、今日では靖国神社参拝問題は、本質論を抜きにして、毎度、必ずクレームをつけてくる中国や韓国に対する嫌悪感情だけで、靖国神社参拝を支持する人たちが増えてきています。その人たちが、みんな靖国神社の本質を理解しているとは思えません。反対に中国や韓国は、その本質を理解しているからこそクレームをつけてくるのです。そこには靖国史観ともいうべき歴史認識に対する強い反発があることは否めません。私はそんな感情論ではなく、冷静な客観的な判断で靖国神社問題を考えるべきだと思うのです。この状況の中、小学館が原著を文庫版に組み入れてくれることになりました。ありがたいと思っています。

それと一つお断りしておきますが、原著のタイトルは『すっきりわかる「靖国神社」問題』でしたが、本書の内容の記述スタイル通りに『「靖国神社」問答』と改題いたしました。

もう一つお断りしておきたいのは、二〇〇三年刊行の原著では、一般的にいわれる「日中戦争」のことを「日華《にっか》事変」としていました。それは、一九三七年（昭和一二年)に日本軍が中国大陸で始めた戦争の呼称は「日中戦争」ではなく、最初「北支事変」とし(同年九月二日に「支那事変」と改称)、戦後は「日華事変」と呼ばれていた時期があったからです。本文中でもふれていますが、戦争の場合は戦時国際法に則り交戦国が相手国に対して宣戦布告乃至は最後通牒を通達します。それにより戦争状態になり、中立国は中立法に基づき、一方を支援することはできなくなります。しかし戦争ではなく、局地的なトラブル＝事変だとすれば、中立法の発動はなく、それぞれが第三国との貿易や借款が自由になります。それもあって、対中国戦争宣言は、一九四一年(昭和一六年)一二月八日まで持ち越され、アジア・太平洋戦争(日本国呼称は大東亜戦争)に含まれることにしたのです。

しかし、今回の文庫化にあたっては、学校の授業で「日中戦争」と教わってきた若い読者の混乱を避けるため、一般的な「日中戦争」といたしました。

目次

本書では引用文も含めて、漢字、仮名遣いは常用漢字、現代仮名遣いにしてあります。

第一問

靖国神社はなぜ
戦災死者を祀らないのですか？

1　戦死という死に方

○靖国神社の神様は戦没者（戦死・戦病死・戦傷死した者）です。

人間は誰でも、必ずいつかは死にます。けれども普通は、病気にでもかからないかぎり、死ぬことなど考えずに毎日を暮らしています。私は以前、突然心筋梗塞《しんきんこうそく》の発作を起こして危篤《きとく》状態に陥ったことがあります。医師は家族に「きわめて危険な状態なので、親しい人に会わせてあげなさい」と告げました。まさに臨死状態をさまよったわけです。それなのに私自身は、自分が死ぬとは思いませんでしたし、死の恐怖もありませんでした。

人が死ぬ原因はさまざまです。老衰による自然死もありますが、普通は、ガン、心臓疾患《しっかん》、脳血管疾患その他の病気による病死、労働災害事故などの災害死、地震・台風・火山の噴火・大洪水・殺人事件・交通事故などが原因で死亡する不慮《ふりょ》の死などです。しかし中には、意志を持って自分の命を絶つ自死（自殺）もあります。

そしてもう一つ戦死があります。戦争が起きて戦闘員として戦闘に参加したために死亡すること、正しくは戦闘死ですが、一般に戦死といいます。また戦場で負った傷がもとで死亡するのを、戦傷死といい、戦場で風土病やマラリア、赤痢《せきり》、チフスなどの病気にかかり、それが原因で死亡した場合は戦病死といいますが、これも一般的には戦死とみなされています。

他の死亡原因とは違って、戦死は本人の所属する国籍の国が戦争を起こしたり、または他の国が起こした戦争に本人の国が参加しないかぎり、ありません。また、これに関連して戦災死があります。空襲や艦砲《かんぽう》射撃や誤爆による死、つまり戦争のとばっちりによる死です。これだって、その国が戦争をしなければ起きなかったことです。

この点が他の死亡原因との大きな違いだということを、まず理解する必要があります。

これらを簡単にまとめると次のようになります。

①自分のせいか他人のせいで死亡した。

②自分のせいでも他人のせいでもない天災で死亡した。

③国が戦争状態に入り、戦闘員ではないが、空襲、艦砲射撃、誤爆などにより戦災死した。

④国が戦争状態に入り、直接戦闘員として従軍し、戦死・戦病死・戦傷死した。

このうち靖国神社に祀《まつ》られるのは④の場合だけです。靖国神社では④に該当する人を「戦没者」と総称しています。

2　人の死の値打ちとは？

誰だって死にたくありません。いつまでも家族や友だちと幸せな時を過ごしたい、勉強や仕事を続けたい、運動や、芸術、文化を楽しみたいと願っています。けれども、あえて自ら命を捨てることがあります。自殺がそうです。借金苦、経営難、生活苦、対人関係、病気などが原因で自殺をする大人はたくさんいます。イジメや成績を苦にして自殺をする子どももいます。

それとは別に、主君や主人のあとを追って自殺する殉死《じゅんし》があります。殉死の例で有名なのは、陸軍大将乃木希典《のぎまれすけ》です。乃木希典は明治天皇が病死すると、そのあとを追って妻とともに自殺しました。この時の辞世《じせい》の句（死にのぞんで、この世に残した和歌）は、

うつし世を神さりまし大君《おおきみ》の
　みあとしたいて我はゆくなり

というもので、「この世をお去りになった天皇陛下（明治天皇）のあとを御慕《おした》い奉《たてまつ》って自分は逝《ゆ》くのである」という意味でした。

その十年後に、芥川龍之介は短編『将軍』の中で、若い登場人物の言葉として、乃木の至誠《しせい》の殉死は若い世代には飲み込めないと書いていますし、志賀直哉《なおや》は乃木の自殺の報に接し「馬鹿な奴だという気が、ちょうど下女かなにかが無考えに何かをした時感ずる心持ちと同じような感じかたで感じられた」と日記に書いたことも有名な話です。そんなふうですから、今日では乃木の心情は不可解なものとなっています。

念のためにいうと、愛する妻のあとを追って夫が自殺した場合は、「あと追い自殺」といい「殉死」とはいいません。「殉ずる」の意味は「何かに尽くすために自分の命を捨てること」で、その用例としては、「殉死」、「殉国《じゅんこく》」（国のために命を捨てること）、「殉難」（国家や宗教などの難を受けて死ぬこと）、「殉職」（職務のために死ぬこと）などがあります。

二〇〇一年九月一一日にニューヨークの世界貿易センタービルが自爆テロで崩壊したとき、ビルにいて死亡した人たちは、不慮の死をとげ、ニューヨーク市の消防士や警官は殉職したのです。

私はかけがえのない命の値打ちが、死に方で変わるわけがないと思っていますが、「何かに尽くすために自分の命を捨てること」は一般に尊い犠牲《ぎせい》と思われています。殉職ではありませんが、溺《おぼ》れかけているよその子どもや線路に転落した見知らぬ人を助けるために、死んでしまった人がいます。その死は勇気とともに称《たた》えられますが、遺族にしてみたら、やはり生きていてほしかったと思います。

　誰だって自分の命は惜しい、死にたくないというのが本音《ほんね》です。殉職した消防士も、とっさの人命救助で死んだ人も、死にたくなかったと思います。だからこそ自ら命を犠牲にした人の死を悼《いた》んで美談にするのです。九月一一日の同時多発テロで、ハイジャック機をテロリストから奪取するために闘ったとされる乗客の死は「英雄的な行為」として賞賛されました。

　それで思い出したことがあります。もう二〇年も前のことですが、私の友人が深夜、酩酊《めいてい》して帰宅の途中に側溝《そっこう》に転落しました。不運なことにその衝撃で肋骨《ろっこつ》が折れ、それが心臓に突きささり、翌日、死体で発見されました。その時、別居していた友人の父親は「世間に顔向けのできない死に方をしたから、表だって通夜《つや》などやらぬ」と主張しました。友人は二児の父親でしたが、校長退職者の保守的で頑固《がんこ》な父親が、遺族の悲しみを無視したのです。そのことを聴かされた私は、思わず「馬鹿親父、何が世間への顔向けだ。あいつが鉄砲の弾《たま》にでもあたって『天皇陛下万歳！』といって死にでもしたら満足だったのか！」と相手を間違えて怒鳴ってしまいました。

　しかしなんといっても空《むな》しく、つらく、悲しいのは、個人の力ではどうにもならない戦争のせいで死ぬことです。空襲による戦災死も、戦地で敵の弾《たま》にあたって死んだ戦死も同じ死です。それなのに、戦地で死んだ軍籍にある者や軍関係者を神として祀《まつ》り、空襲などの戦災による一般国民の死者には目もくれない靖国神社は、どこか変だと思いませんか？

戦災死もまた戦争によって発生したのです。戦災死者は「お国のせいで死んだ人」です。靖国神社は「お国のために死んだ人」と、「お国のせいで死んだ人」を歴然と差別していますが、一体この差別の基準はなんなのでしょう。それを少しずつ解明していきます。

3　誰の命令で戦争を始めるのですか？

戦争体験者たちは「私は戦争でひどい目にあった。二度と戦争はやりたくない」といいます。

けれども、国際法上の戦争ができるのは、実は独立した国家だけなのです。独立国家というのは、

①領土、②人民、③独立した統治体、の三要素を満たしていることが必要です。独立国家だけが交戦権（戦争をやる権利）を持っているのです。

つまり戦争はこの三要素を満たした独立した国家と国家の間でやるものです。です

から個人や国際的に国家として承認されていない団体は、国際法上の戦争をやる資格がありません。テロリスト集団といわれているアルカイダは国家ではありませんから、戦争をやる資格はありません。アメリカの同時多発テロは犯罪事件であって、「戦争」ではありません。アメリカは同時多発テロ事件の容疑者オサマ・ビン・ラディンを援護したという理由でアフガニスタンを武力攻撃し、タリバン政権を打倒しました。これは戦争ではなく、国際法を無視した報復のための武力行使で、これまたテロ同様の犯罪といわれても仕方ありません。

戦争は国家の意志で行うものだということを、よく頭に入れておく必要があります。たとえばA国が「A国の国益を確保し、世界の安全と平和のためにB国をたたきつぶさなければならない。そのためにB国と戦争をする」と決定して開戦したとします。いったん戦争になったら、A国民は個人的には反戦平和主義者であっても、B国に対する戦争をやらされます。

○戦争の始め方

戦争は個人の意志ではなく、国家の意志によって行います。けれども肉体を備えた「国家」というものはありませんから、戦争はその国家の統治体（政府、王、天皇など）の意志で始めます。またどのように「国家の意志」を具体的に示すかは重要な問題です。戦争は当事国の国民はもちろん他の国家にも重大な影響を与えるので、開戦という重大な決定の手続きは、普通は憲法やその他法律で定めています。

同時多発テロ事件から一年後の二〇〇二年九月一九日、アメリカのブッシュ大統領は連邦議会に対イラク武力行使容認決議案を送りました。連邦議会の下院は一〇月一〇日にこれを採択し、一〇月一一日上院も決議案を採択しました。これによってブッシュ大統領が「米国の国家安全保障防衛のため必要かつ適切」と認めれば、いつでも武力行使できることになりました。

イラクはアルカイダと違い国家です。つまりブッシュ大統領の命令で、米軍がイラクを空爆して武力攻撃をした時点で、アメリカとイラクは戦争状態に入ります。二〇〇三年三月二〇日、ブッシュ大統領はイラクの首都バグダッドの空爆を命令し、イラク戦争を開戦しました。

アメリカの場合、戦争に関する決定権（開戦、全面的休戦、講和などを決める権限）は議会の承認を経て、大統領に与えることになっています。誰の命令で、どのように戦争を始めるかは、それぞれの国家で違います。

○大日本帝国の戦争

太平洋戦争（当時、日本国内では大東亜《だいとうあ》戦争と呼称しました）をやった日本の場合は、天皇の意志で戦争を開始しました。なぜかというと当時の大日本帝国憲法は、次のように規定していたからです。

第一条　大日本帝国ハ万世一系《ばんせいいっけい》ノ天皇之《これ》ヲ統治ス
第十一条　天皇ハ陸海軍ヲ統帥《とうすい》ス
第十三条　天皇ハ戦ヲ宣シ和ヲ講シ及諸般ノ條約ヲ締結ス

天皇は大日本帝国の元首にして統治者です。天皇は、陸海軍の派兵、開戦の意志を表《あらわ》す宣戦、戦争を終了するための講和条約締結などを行うと、憲法は規定していました。天皇は陸海軍の大元帥《げんすい》ですが、自らが作戦計画を立て、戦場に出かけて戦闘指揮をとるわけではありません。天皇はまず実際の戦争を行う責任者（陸軍の参謀《さんぼう》総長、海軍の軍令部長）を任命します。そして参謀総長や軍令部長は作戦計画を立案し、天皇の裁可を得ます。それから天皇が裁可した作戦にもとづき司令官や指揮官は兵士たちに戦争をやらせるわけです。天皇に任命された軍の責任者が天皇を助けて実際の戦争を行う、このシステムを「統帥部の輔弼《ほひつ》」といいました。

戦争はあくまでも天皇に任命された者が、天皇の命令によって行います。もし海軍が突然B国軍事基地を無通告で奇襲攻撃した場合、天皇が宣戦をせず開戦の意志を示さないと、軍部が暴走し天皇の統帥大権《とうすいたいけん》を侵したことになります。これは絶対にあってはならない重罪として禁じられています。

一九四一年（昭和一六年）一二月八日、日本海軍はハワイの米軍基地パールハーバーを奇襲攻撃しました。奇襲攻撃は成功し、天皇は「英米と戦争することにしたので、陸海軍に出動を命じ開戦したぞ」という宣戦の詔書《しょうしょ》を出し、天皇の命令で開戦したことを国民に告げました。当時奇襲攻撃を敢行《かんこう》した軍首脳部の一人は、後の回想録に「この時、かしこくも天皇陛下の大詔《おおみことのり》が渙発《かんぱつ》（詔書《しょうしょ》を出すことをいう敬語）されたので、安堵《あんど》の胸をなで下ろした」と記しました。もしも一二月八日に天皇が詔書を出して開戦の意志を明らかにしなかったら、とんでもない重罪を犯したことになったからです。

天皇が宣戦や講和や条約締結などを行ったときは、公式令にもとづき、天皇は「詔《しょう》書《しょ》」（正式には文書名はつけないが、他の詔書と区別するために「宣戦の詔書」「宣戦の大詔《おおみことのり》」と呼ぶ）を出します。これはあくまでも国内向けで、英米に対して通告する国際法上の「宣戦布告」ではありません。ですから日本は、宣戦布告も最後通牒《つうちょう》も出さないで、無通告で奇襲攻撃をかけて開戦したのです。

4　戦死と徴兵

誰の命令でどのように戦争を始めるのかは、それぞれの国家で違いますが、実際に誰をどのようにして戦闘員にするかという兵制も、国家によって違います。兵制には志願兵制度と徴兵《ちょうへい》制度があります。また、外国人を兵士に雇う傭兵《ようへい》制もあります。日本の自衛隊の場合、これを軍隊とみなせば志願兵制度を採用していることになります。

志願兵制度は、自分の意志で軍隊に入った志願兵で国軍を組織します。徴兵制度は国民の義務として否応《いやおう》なしに兵役を課し、国家の必要に応じて兵員を集めるという制度です。徴兵制の利点は、いったん戦争になった場合、必要な兵員を容易に調達できるということです。

大日本帝国は徴兵制度を採用していました。子どもが就学適齢の満六歳になったら小学校に入学させて義務教育を受けさせます。これと同じように、徴兵適齢（満二〇歳）になった男子を兵員にするわけですが、満二〇歳の男子全員を軍隊に入隊させる必要もなく、またそんなことは不可能です。そこで満二〇歳の男子の中から、体格が良く、体力もあり、健康な者を必要なだけ選抜して入隊させ、軍事訓練を受けさせます。満二〇歳で兵営に入る者を現役徴集といいます。大学に現役で合格するようなものです。現役で兵営に入らなかった者は、兵役期間中は自宅待機で、時々集められて軍事訓練を受けます。そしていざ戦争になると、必要に応じて自宅待機の者も動員して戦場に派兵します。

徴兵制度とは、個人の意志とは無関係に国家の都合で兵士を召集して戦争をやらせる制度です。つまり「私は戦争で死にたくありません。戦争には絶対反対です」などという個人の思想や信条は問題にもしません。いったん戦争が始まれば、いきなり召集されて戦場に送られても文句はいえず、戦死してもしかたがないのです。

大日本帝国は明治以来、徴兵制度を採用し、軍備増強に努《つと》めて、天皇が「戦争しよう」と思ったときは、いつでも戦争ができる態勢をとっていました。大日本帝国は、国家の発展と安全保障と防衛のため、さらにアジアの平和と安全を保障し繁栄を図るという「富国強兵」を国家の方針としました。それを旗印《はたじるし》に掲げて、天皇が必要かつ適切と認めたときに戦争をやりました。

戦争をやれば必ず戦死者が出ます。戦死者は国民にとっては、父、夫、息子、兄弟、親族、友人、恋人です。みんなかけがえのない愛すべき人です。戦死者が一人出れば、その死をなげき悲しむ家族や親族や友人や恋人がいるはずです。一人の死はたくさんの人々につらい思いをさせます。

戦死者は大日本帝国が戦争なんかやらなければ死ぬことはなかった人たちです。戦死者が増えれば国民の間に戦争はいやだ、早くやめてほしいという厭戦《えんせん》気分や反戦気分が広がります。

実際に戦争をやるのは兵士＝国民です。その兵士が「もう戦争なんかやりたくない、これ以上戦争を続けず、早く降伏した方がましだ」と思ってやる気をなくしたら、戦争に勝てるはずがありません。それで、国は戦争に勝つために、兵士たちに死を恐れず最後の最後まで闘うことを要求します。

けれども戦時国際法では、人道的見地から勝ち目のない戦闘では白旗を掲げて降伏し、敵の捕虜《ほりょ》となることを認めています。また「俘虜の待遇に関するジュネーブ条約」（一九二九年）によって捕虜の安全は保証することになっていたので、死ぬくらいなら捕虜になった方がましなのです。

ところが、日本は敵軍と日本兵を最後の最後まで闘わせるために、捕虜になることを恥とし、許しませんでした。捕虜になるくらいなら死ねと教え、全滅するまで闘わせたのです。おまけに日本は「捕虜の待遇に関するジュネーブ条約」に加入しなかったので、日本兵は捕虜になりたくてもなれませんでした。

明治天皇の『陸海軍軍人ニ賜《たま》ワリタル勅諭《ちょくゆ》（軍人勅諭）』には「只々一途《ただただいちず》に己《おのれ》が本分の忠節を守り、義は山嶽《さんがく》よりも重く、死は鴻毛《こうもう》（鳥の羽）よりも軽しと覚悟せよ。其の操《みさお》を破りて不覚を取り汚名《おめい》を受くるなかれ」とあり、また一九四一年（昭和一六年）正月に出された『戦陣訓』にも、「生きて虜囚《りょしゅう》の辱《はずかしめ》を受けず、死して罪禍《ざいか》の汚名を残すこと勿《なか》れ」とあります。

これは鳥の羽よりも軽いような命を惜しみ、生に未練を残して、あえて捕虜になることは卑怯《ひきょう》で未練がましい行為であるから、捕虜になって後々まで恥や汚名をさらすなと非難し、捕虜になるくらいなら潔《いさぎよ》く死ねと諭《さと》したのです。そのために無理な戦闘を強行したあげく、玉砕《ぎょくさい》戦法で全滅させたので戦死者が増えたのです。

戦争に戦死者はつきものです。戦死者とその遺族の扱いにはどこの国も、それなりにずいぶんと配慮していますし、どこの国でも、戦死者には哀悼《あいとう》の意を捧《ささ》げます。ただし日本の場合は独特のやり方で戦死者を扱いました。

5　大日本帝国の戦没者の扱い

大日本帝国では、すべての戦没者を平等に扱うのではなく、まず、戦没者名簿から靖国神社の神様に祀《まつ》る者を選び出して、霊璽《れいじ》という特別の名簿を作ります。次に天皇が霊璽に記載されている者を靖国神社の神様に祀ってもよいと許可します（あるいは、「祀ってやれ」と命令すると書いてもよいかもしれません）。そこでようやく靖国神社に合祀《ごうし》されるのです。霊は一柱《ひとはしら》、二柱《ふたはしら》と数えます。新旧二柱以上の神霊を合わせて靖国神社の神に祀ることを合祀といいます。

戦没者を靖国神社に合祀《ごうし》する場合、戦没者個人や遺族の宗教、合祀を希望するかしないかについては、まったく配慮をしません。なぜかといえば、戦前の日本では、「おそれおおくも天皇陛下の思《おぼ》し召《め》しで靖国神社に祀ってもらえることは、最高の名誉だ」とされていたからです。

大日本帝国は天皇の命令で戦争を始めます。そして戦没者が出ると、戦没者＝殉《じゅん》国《こく》の士として靖国神社の神に祀り、天皇が靖国神社に参拝します。かつて天皇の臣下であった名も無き兵士の霊を天皇が神と祀って拝礼をする、これこそ臣民にとって最高の名誉となるわけです。

こうして靖国神社に戦没者を合祀することで、大日本帝国は戦争や戦没者を美化することができたのです。また靖国神社は戦没者を神様として祀ることで、遺族に厭戦《えんせん》気分や反戦思想を抱かせないようにした、日本独特の戦意高揚《こうよう》の装置だったのです。言い方を換えれば、徴兵制度にとって必要な軍事施設であり、反戦思想や平和主義を排除するための象徴的な施設だったのです。

兵士たちは「死んで護国《ごこく》の鬼となり、靖国神社でまた会おう」とお互いに誓い励ましあったといわれています。けれども実際に従軍した人たちは、それは戦争を美化するための表向きの話で、本当の気持ちは「無事に帰る日を待ちわびている家族のために生き延びよう」「きっと生きて帰ろうな」とひそかに励ましあったというのです。でも靖国神社がある以上、本音《ほんね》を隠して「お国のために闘い、名誉の戦死を遂げます」といわなければなりませんでした。

よく「国のために亡くなった人を祀ることがなぜいけないのか？」という人がいま

すが、そういう人たちは、今日の日本国と戦前の天皇が統治した大日本帝国はまったく違う体制の国だということを忘れていると思います。戦後の日本国は主権は国民が有し、日本国憲法第九条は戦争放棄を明記し、交戦権を否定しています。日本国憲法の下では戦争ができないので、戦死者が出ることはないのです。

一方「国のために死ぬことは尊い犠牲《ぎせい》だ。尊い犠牲を靖国神社の神様に祀るのはよいことだ」という主張は、大日本帝国時代の「常に国家は正しく、天皇の始めた戦争は聖戦であり、正しい戦争である」という戦争観を肯定する結果につながります。それは憲法を改正して交戦権を復活させ、戦争のできる日本国にしようという主張と容易につながります。

また「お国のために尽くした殉国《じゅんこく》の士を祀ってなぜ悪い」といいだせば、東京裁判で戦争犯罪人として処刑された人たちを当然合祀してもよいことになります。A級戦争犯罪人を合祀することで戦争を美化、正当化し、さらに戦争をあたかも大地震か台風のような天災のように思わせることができます。つまり戦争をやらせた側の責任を曖昧《あいまい》にしてごまかすことができるというわけです。

靖国神社があったために「戦死して靖国神社に祀られることが、そんなにありがたいことか？」という素朴な大疑問を封じ込め、「戦争なんかで死にたくない」という人間にとって当たり前な本音を許さなかったのです。靖国神社は戦没者を悼《いた》む施設ではなく、大日本帝国の戦争を美化し正当化するための施設です。その性格をはっきりわからせるためにも、A級戦争犯罪人を靖国神社の神として祀ったのですが、そのことは後の章で詳しく説明いたします。

明治四年頃、東京招魂社で開かれた「物産会」の展示品。鳥の剝《はく》製《せい》や猿の頭蓋骨《ずがいこつ》が展示されている。当時の「物産会」は今の「博覧会」のようなもので、日本最初の「博覧会」ともいえる。

奉納相撲は明治二年の神社創立から続いている。写真は横綱男女ノ川《みなのがわ》の引退相撲土俵入り。太刀持《たちも》ちは双葉山、露払《つゆはら》いは羽黒山。（昭和一七年五月）

大村益次郎の銅像。明治二六年創建当時の絵葉書で、台座の下に大砲も見える。

明治中期の靖国神社。たくさん並んでいる石灯籠《いしどうろう》は、西南戦争後に奉納された。

第二問

靖国神社は
いつ頃できたのですか？

1　明治維新と靖国神社

靖国神社は、初めは東京招魂社《しょうこんしゃ》といいました。東京招魂社が創建されたのは、一八六九年（明治二年）六月二九日で、明治になってすぐのことです。靖国神社と改称したのは、それからさらに一〇年後のことでした。では、なぜその時期に東京招魂社を創建したのか、その理由と歴史的背景を簡単に見ておきましょう。

（一）徳川幕府墓穴を掘る

明治になる二〇年ほど前の一八四六年（弘化三年）閏《うるう》五月、浦賀《うらが》沖に二隻のアメリカ軍艦が現れ、武力をちらつかせて開国を要求しました。徳川幕府は「日本は鎖国を国是《こくぜ》としている。長崎以外の土地で外国と通商や通信を行うことは固く禁じられている」と回答して、とりあえず帰国させました。動揺した諸大名たちは、幕府に「今後はどのように外国船に対処すればよいか、防衛態勢の準備をしなくてもよいか」といったお伺《うかが》いを出しました。

幕府も名案が無く困惑するばかりでした。浦賀に軍艦が現れてから三か月後の八月、突如として孝明《こうめい》天皇は幕府に対して「外交の難局に際して失態なきよう」という趣旨の「詔《みことのり》」を出しました。実はこれは徳川幕府始まって以来の重大な掟破《おきてやぶ》りだったのです。

一六〇三年（慶長八年）、武力で天下統一した徳川家康は、朝廷から征夷大将軍《せいいたいしょうぐん》に任じられました。征夷大将軍は幕府最高の官職名です。その時すでに朝廷（天皇）は武力も権力も持たない、名ばかりの存在でした。将軍職を継ぐ者は、朝廷からこの官位役職を拝受するという形式をとり、天皇の前で征夷大将軍宣下《せんげ》・官位御昇進の儀式を行い、その礼として幕府から朝廷に莫大《ばくだい》な金品を献上するのが慣例になったのです。

　家康とその子秀忠は、幕藩政治を確立するために、一六一五年（元和《げんな》元年）京都で朝廷側の代理、関白二条昭実《かんぱくにじょうあきざね》と合議し、天皇の決裁を得て武家諸法度《ぶけしょはっと》・禁中並公家《きんちゅうならびにくげ》諸法度《しょはっと》・諸宗諸本山諸法度を定めました。これにより徳川幕府は「政治は征夷大将軍の専断で行い、朝廷からのお口出しは一切無用」とし、公家と武家の交流、大名が朝廷へ伺候《しこう》することなども禁じました。

　これは鎌倉幕府崩壊後、天皇を担《かつ》いで倒幕を図ろうとする勢力が現れたり、天皇自身が政権を握ろうとして戦乱を招いたことを考慮し、武家勢力と天皇を接触させない方策を講じたのです。もしも天皇が政治的干渉を行った場合は「お口出しご無用」と、これを拒絶し、政治的干渉に関わった公卿《くぎょう》たちの責任を厳しく追及し処罰しました。そんなわけで、ごく一部の者を除き、庶民はもちろん各藩の藩士たちも朝廷や天皇の存在を知りませんでした。

それなのに孝明天皇は幕府に「外交をしっかりやれ」とはっぱをかけたのです。このとき幕府は孝明天皇や公卿《くぎょう》を糾弾《きゅうだん》し罰しないどころか、反対に「以後、万般にわたり天皇の勅許《ちょっきょ》を請うことにいたします」と、「詔《みことのり》」に答申してしまったのです。実は幕府は面倒なアメリカとの交渉をとりあえず朝廷に押しつけて問題を先送りする魂胆《こんたん》でした。

皮肉なことにこれが裏目に出ました。今まで朝廷の存在そのものを完全に無視してきたのに、自ら朝廷の指図を受けるようにすると申し入れ、幕府の権威を失墜させたのです。つまり、愚かにも自ら墓穴《ぼけつ》を掘ってしまったのです。

(二) 佐幕開国VS尊王攘夷

一八五三年(嘉永《かえい》六年)、いよいよアメリカのペリーが軍艦四隻を率《ひき》いて来航し、鎖国を解いて開国を求める大統領の国書を幕府の役人に手渡しました。孝明天皇はすぐに七社七寺に「外国船がしばしば現れ、自分は不安でならない。この上はひとえに神仏の加護を祈願するばかりである。どうか速やかに攘夷《じょうい》(夷類退攘《いるいたいじょう》=外国を打ち払い)、国体に拘《かか》わらせること無きように」という祈願の勅諚《ちょくじょう》(みことのり)を出しました。この勅諚には初めて「攘夷」という言葉が登場します。孝明天皇はペリーが来航したときから鎖国を主張し、鎖国を貫くために攘夷を実行せよと幕府に要請しました。恐らく周囲の公家から開国すれば夷《えびす》ども（欧米人）に、日本の国土や文化が踏み荒らされると、かなり大げさに吹き込まれていたのでしょう。とにかく孝明天皇は開国には反対だったのです。そして幕末維新時代が始まります。

一八五四年（嘉永七年）、ペリーは七隻の軍艦を率いて再度来航しました。軍艦七隻という武力に怯《おび》えた幕府は日米和親条約を結んでしまいます。これを見たイギリス・ロシア・オランダ・フランスなども強引に開国を要求し、結局、幕府は欧米諸国とも和親条約を結んでしまいました。

二〇〇年余続いた鎖国はあっけなく終わり、開国して欧米諸国と国交を結ぶと、アメリカは今度は日米修好通商条約の締結《ていけつ》を要求してきました。ところが孝明天皇は、日米修好通商条約に調印することを許さず、「日本は鎖国すべきだ。開国や通商を無理強いする外国は夷であるから、これを武力で打ち払え。即刻鎖国攘夷を実行せよ」と幕府に命じたのです。

一旦《いったん》、和親条約を結んで開国して国際社会の一員になった以上、いまさら和親条約を破棄して鎖国に戻せません。そんなことをしたら武力侵攻の口実を与えるようなものです。幕府に修好通商条約締結を迫る欧米諸国と、断固攘夷鎖国すべしと迫る朝廷との板ばさみにあって苦悩します。結局幕府は、孝明天皇の許しを得ずに日米修好通商条約に調印します。前に書きましたが、もともと朝廷は幕府の政治に一切口出しできない定めでした。徳川幕府にしてみれば、朝廷は将軍に形式的に官職を贈り、代わりに謝礼として献上される金品で、かろうじて維持されている「しきたり」の府に過ぎません。

そこで大老井伊《いい》直弼《なおすけ》は将軍専裁の原則に戻り、朝廷を無視して、日米修好通商条約締結を強行したのです。当然、朝廷と幕府の関係は最悪になりましたが、国内情勢は大きく変わり始めていました。長年にわたり、徳川幕府は外様《とざま》大名の薩摩藩《さつまはん》や長州《ちょうしゅう》藩を冷遇してきました。ところが幕末になると薩摩藩・長州藩の勢力が強くなり、公然と幕府と対抗するようになったのです。しかも両藩の反幕府派の志士たちは、朝廷側について、幕府を倒し政権を奪取するためのクーデターを計画し始めたのです。彼らは倒幕運動を盛り上げるために、尊王派と攘夷《じょうい》派を結びつけて尊王攘夷派を結成しました。そして朝廷に拠点をおいて、ことごとに幕府のやり方にクレームをつけました。

一方、徳川幕府内は将軍家定《いえさだ》が死去し、世継ぎ問題でもめていました。井伊直弼《なおすけ》の推す紀伊家の慶福《よしとみ》（後の家茂《いえもち》）に対して、一橋慶喜《ひとつばしよしのぶ》を推す攘夷派の水戸家が抵抗していました。けれども井伊直弼は慶喜を退け、強引に決着をつけると、尊王攘夷派に対して苛酷《かこく》な弾圧を加え、さらに水戸家に対しても制裁を加え、必死で幕藩体制回復に努めました。しかし、井伊直弼は水戸藩の尊王攘夷派の浪士たちのテロで殺されました。これが「桜田門外の変」です。

幕府内の混乱を見て、尊王攘夷派はますます露骨に徳川幕府打倒をめざしました。そうした中で、将軍家茂が急死し、慶喜が将軍となります。続いて孝明天皇も急死し、一八六七年（慶応三年）明治天皇が皇位に就きました。

ここで幕末の争乱の関係をまとめておきます。

○天皇を中心とする朝廷側＝断固鎖国攘夷を主張。
　薩摩・長州・土佐藩などを中心とする西南諸藩と水戸藩。
　幕府よりも天皇を尊ぶ。
　尊王派、勤王派、尊王攘夷派、倒幕派など。

○徳川幕府側
＝開国および修好通商条約調印を強行。
　佐幕《さばく》派。東北諸藩、譜代《ふだい》大名など。

（三）王政復古の幕開け

さて薩長両藩の同志の間に、武力クーデターによる倒幕計画が熟しつつあることを、坂本龍馬《りようま》から聞いた土佐藩主山内容堂《やまのうちようどう》は、慶喜に大政奉還をすすめました。大政奉還することで、武力で決着をつけようとしていた薩長倒幕派の気勢をそぎ、戦乱を未然に防ごうとしたのです。慶喜は二条城に諸藩の代表を集め、形式的に事を諮《はか》り、一八六七年一〇月一四日、朝廷に大政奉還を願い出ました。明治天皇はこれを受け、一二月九日「王政復古」の大号令を発し、天皇親政を宣言しました。これによって薩長や勤王派公家《くげ》による明治政府が成立し、慶喜は征夷大将軍の職を辞しました。こうして一滴の血を流すことなく政権交代が行われたのです。徳川家康が征夷大将軍に任ぜられてから、一五代二六五年間、源《みなもと》頼朝が鎌倉に幕府を開いてから、六八二年で、統治の大権は武家から薩長に支援された朝廷に戻ったのです。これが王政復古です。

しかし、朝廷側は（特に長州は以前、幕府側から長州征伐《せいばつ》で煮え湯を飲まされていたので、幕府に対する憎しみは強く）すでに武力によって徳川幕府を徹底的に壊滅《かいめつ》させることを内定していました。それもあって、さらに徳川慶喜に「辞官納地《じかんのうち》」を命じました。これは朝廷から与えられた官職をすべて辞職し、同時に全国にある幕府直轄領土を朝廷に奉還して、恭順《きょうじゅん》の意を示せという命令です。

実は嘉永安政《かえいあんせい》以来のごたごたで、各藩の財政はまったく破綻《はたん》していました。朝廷の窮状も例外ではありませんでした。将軍が大政を奉還し、王政復古が実現しても、諸大名にも、朝廷にも、維新の国政を整備するための財源がありません。そこで幕府の八〇〇万石の領土を没収して、これを当座の財源に充《あ》てるという財政方針を立てたのです。これは明治政府の財政基礎を固めると同時に、徳川家を財政的にも破綻《はたん》させるという、一石二鳥の効果を狙《ねら》った財政方針でした。

これに対して徳川家から恩恵を受けていた譜代大名たちは、朝廷の徳川慶喜に対する仕打ちはあまりにもひどすぎると激怒しました。こうなれば朝廷を牛耳《ぎゅうじ》る薩長を討伐するしかないと決意を固め、鳥羽《とば》・伏見《ふしみ》の戦いを始めました。

もともと薩長側は、旧幕府勢力を徹底的に排除するには武力対決しかないと覚悟を決めており、武力対決のチャンスを狙っていました。薩長側の挑発に旧幕府側がまんまと乗せられ、鳥羽・伏見の戦いは戊辰《ぼしん》戦争に発展します。

この政権交代の時期を維新といいます。明治政府は、一八五三年（嘉永六年）から自分たちが中央政府としての土台を築くまでの間のことを「国事多難な時期」といい、靖国神社側も同じようにいっています。幕末から維新前後の薩長と幕府の争闘の意味を考えると、「勤王の志士＝国事殉難《じゅんなん》者」であるとか、「招魂社《しょうこんしゃ》に祀《まつ》られているから、国のために尽くした者」と単純に美化することには、ちょっと納得できないものがあります。「勝てば官軍」といえばそれまでですが、幕府側からみれば薩長は、政権転《てん》覆《ぷく》を図る賊軍《ぞくぐん》であり反逆軍です。佐幕派の武士たちも、武士道精神を最大限に発揮し、主君に忠節を尽くして戦ったのです。敗戦した結果、明治政府は彼らを賊軍の兵として扱い差別しました。これはもう新しい権力者の露骨なご都合主義としかいいようがありません。

2 戊辰戦争

一八六八年（慶応四年）一月三日、京都の鳥羽口と伏見口で官軍と旧幕府軍が武力衝突しました。この鳥羽・伏見の戦いで、幕府軍は敗れて江戸へ敗走します。維新当時関西の諸侯《しょこう》は一斉《いっせい》に官軍側につきましたが、徳川の根拠地である関東および奥羽地方の諸侯は、徳川側につきました。

明治天皇は二月九日、有栖川宮熾仁《ありすがわのみやたるひと》親王を東征《とうせい》大総督《そうとく》に、西郷隆盛を参謀に任命し、薩摩・長州・土佐・安芸《あき》の諸藩に命じて東征軍を編制させました。東征軍の目的は徳川慶喜の追討《ついとう》と江戸の攻略でした。東征軍は東海道、中山道《なかせん》、甲州街道から進撃して江戸城に迫りました。江戸市中には薩摩・長州・土佐・安芸藩の藩兵があふれ、江戸城総攻撃は三月一五日という噂《うわさ》が飛び交いました。

三月一四日、勝海舟《かつかいしゅう》は西郷隆盛と談判して、江戸総攻撃の中止と江戸城無血開城を決めました。市街戦を未然に防いで、江戸の町を戦災の被害から守ることにしたのです。朝廷側は大兵力を江戸に集結させ、大戦争を予想していましたが、肩すかしを食った感じでした。朝廷側も幕府側も大いに不満でした。朝廷側の武官たちは徳川慶喜に対する処分が寛大過ぎると不満を抱き、旧幕府側は、上層部の態度があまりにも屈辱的であると非難の声をあげました。つまり中途半端な解決は、かえって双方に欲求不満というしこりを残したのです。

「彰義隊《しょうぎたい》」

徳川慶喜は上野の寛永寺《かんえいじ》にこもって恭順《きょうじゅん》の意を示していました。それを警護していた武士たちを中心に彰義隊が結成され、これに同調するものが上野に集結しました。そして治安が乱れた江戸市中を警護するという建前で巡回しながら、薩長土の兵士たちと衝突を繰り返しました。この彰義隊を一掃《いっそう》するために大村益次郎《おおむらますじろう》は五月一五日、彰義隊に総攻撃をかけたのです。慶喜はいち早く水戸へ逃れました。三、〇〇〇の兵を率《ひき》いた大村は、アームストロング砲などの近代的兵器を使用し、たった一日で彰義隊を壊滅させました。上野の山の戦いでは、官軍の戦死四一名、負傷七二名。幕府軍の戦死二〇五名といわれています。戦争の規模としては大きいものではありませんが、大村は遠慮なく砲弾を撃ちこみ、戦闘は一日で終わりました。このとき、大村は、吉祥《きちじょう》閣《かく》はじめ絢爛豪華《けんらんごうか》な寛永寺の大伽藍《がらん》を、徳川家の菩提寺《ぼだいじ》であるという理由で、惜しげもなく焼失させてしまいました。この上野の山や寛永寺を灰燼《かいじん》に帰せしめた大村益次郎は、官軍側の東京招魂社《しょうこんしゃ》創建に尽力《じんりょく》することになります。

官軍が江戸を制圧すると、七月一七日、江戸を東京と改称しました。

「会津・白虎隊」

もともと会津藩主の松平容保《まつだいらかたもり》は、京都守護職《しゆごしよく》在任中から薩長とは犬猿の仲でした。鳥羽《とば》・伏見《ふしみ》の戦いは幕府対薩長の争いでした。上野の彰義隊との戦いの後は、会津・南部・二本松をはじめとする東北二〇有余藩対薩長の争いになりました。会津藩は若松城にこもり、徹底抗戦しました。藩兵はもちろん、少年藩士は白虎隊《びやつこ》を組織し、さらに婦女子までもが戦いましたが、官軍は会津藩兵を敗走させながら進撃し、八月二三日、会津白虎隊を飯盛山《いいもりやま》に追いつめました。

一八六八年九月二二日、（九月八日に元号を慶応から明治に改元）藩主以下藩兵は薩長軍に降伏しました。白虎隊の悲壮な最期《さいご》は、後々まで語りつがれ、詩吟《しぎん》や歌にもなりました。一二月に西南諸藩が完全に東北諸藩を征服して京都に凱旋《がいせん》しました。

「箱館戦争」

一〇月一三日、江戸城を東京城《とうけいじよう》と改め皇居とします。江戸で大戦争が起きず、藩邸や江戸城も無傷で残ったので、遷都《せんと》できたのです。もし江戸が焼けていたら大坂（大阪になるのは明治一〇年以降）に遷都したかもしれません。官軍に抵抗した東北諸藩を掃討《そうとう》して、これを処分すると、後《あと》は北海道箱館《はこだて》の五稜郭《ごりようかく》に陣地を構えた榎本武揚《えのもとたけあき》、大鳥圭介《おおとりけいすけ》などが率いる旧幕府軍だけです。最後の五稜郭の戦いも官軍の勝利に終わり、一八六九年（明治二年）五月一八日、榎本武揚たちが降伏すると、一年半に及んだ戦争は官軍側の勝利で終結しました。以後、箱館も函館《はこだて》と改称します。鳥羽・伏見の戦い、上野寛永寺の戦い、会津若松の戦いが起きた一八六八年は、干支《えと》では戊辰《ぼしん》（つちのえたつ）にあたるので、鳥羽・伏見の戦いから五稜郭の戦いまでをまとめて「戊辰の役《えき》」または「戊辰戦争」といいます。戦争といっても、これは外国との戦争ではなく内戦です。日本国内で日本人同士が政権をめぐって起こした武力闘争です。当時の一般庶民は幕府と朝廷のどちらに正当性があるのかもよくわかりませんでした。それで「勝てば官軍」といういい方で時代が変わったことを納得したのです。

戊辰戦争は、徳川幕府を打倒して政権を奪って明治政府を樹立した側の官軍（薩摩藩、長州藩など）と、旧徳川幕府側についた旧幕府軍（会津藩、仙台藩等の旧幕臣の戦いでした。これは明治維新で誕生したばかりの明治政府対反明治政府の戦いでもあったのです。戊辰《ぼしん》戦争で、もし官軍が大敗したら、明治政府は旧幕府勢力に転覆《てんぷく》されるおそれがありました。しかし、旧幕府勢力を徹底的に掃討したことで、明治政府はその土台をすえることができたのです。

3 東京招魂社の創建

一八六八年（慶応四年）四月二八日、東征大総督有栖川宮熾仁親王《ありすがわのみやたるひと》は、戊辰戦争で戦死したり病死した官軍側の将兵のために、招魂祭《しょうこん》を行うように命じました。五月二八日、東征軍に従軍した諸藩にも戦死者の氏名を二九日までに提出させると、六月二日、江戸城西丸《にしのまる》大広間上段の間に神座を設け、官軍側戦没者のための招魂祭を行いました。報国隊員大久保初太郎が祭主を務め、関東大監察使《かんさつし》三条実美《さんじょうさねとみ》をはじめ、諸道の総督・参謀・諸藩の隊長らが祭典に参列しました。ただし、このときはあくまでも戦没者を慰霊しただけで、神として神社に祀《まつ》ったわけではありませんでした。

一方京都でも、七月一〇日と一一日に、京都河東《かとう》操練場で招魂祭を行い、鳥羽・伏見の戦い以来の官軍側の戦没者三七四名の霊を弔《とむら》いました。もっともこうした招魂祭は幕末の頃から各地で流行《はや》っており、戦いが一段落したら招魂祭をやることになっていたようです。

それはともかく、東京遷都も実現したので、東京に招魂社を建立《こんりゅう》して、戊辰戦争の官軍側の戦死者を合祀《ごうし》することにしました。幕末から維新にかけて勤王の志士たちは、命がけで倒幕運動を続け、ついにその目的を達成し、新政府を誕生させました。そうなると当然、論功行賞が論議されます。新しく権力を持った者は、賞罰で自分の権威と勢力の強化を図ります。生き延びた者は、なんらかのご褒美《ほうび》にあずかることができますが、戦死した者はそうはいきません。一八六九年（明治二年）六月二日、政府（太政官《だじょうかん》）は第一回武勲《ぶくん》賞を発表し、これに合わせるかのように東京招魂社を創建したことになります。戦死者のご褒美として立派な東京招魂社を創建して慰霊することにしたのです。

　軍務官知事仁和寺宮嘉彰《にんなじのみやよしあきら》親王（小松宮彰仁《あきひと》親王）の命で、大村益次郎《おおむらますじろう》は社域の選定にとりかかりました。大村は初めは上野の山全部を社域にしようとしました。上野寛永寺には一万石の朱印高《しゅいんだか》（幕府から寄進された石高《こくだか》）がついていたので、それをそのままつけて招魂社を創建しようと考えたのです。けれども上野の山は彰義隊との戦いの血で穢《けが》れているので清浄《せいじょう》な神域としてふさわしくないということになり、風水《ふうすい》やその他さまざまな角度から検討した結果、六月一二日、宮城の乾《いぬい》（北西）の方角の高台、田安台《たやすだい》を選定しました。旧幕府歩兵屯所跡《とんしょあと》すなわち富士見町一、二、三丁目と一番町および飯田町一丁目（旧名）の一部を社域に決めました。

　六月一九日、九段坂上東京招魂社の社地を東京府より受領して、ただちに仮本殿・拝殿造営の工事を始め、突貫工事で二七日に竣工《しゅんこう》させました。仁和寺宮軍務官は、六月二九日より五日間、九段坂上の東京招魂社で戊辰《ぼしん》の役《えき》の戦没者慰霊の祭典を行うことを、東京在京の諸藩に布達《ふたつ》しました。

こうして六月二八日、戊辰の役の戦没者（鳥羽・伏見の戦いから箱館の戦いまで）三、五八八名の招魂式をあげ、東京招魂社に、このとき初めて神として祀《まつ》りました（第一回合祀《ごうし》）。祭主は軍務官知事仁和寺宮嘉彰親王が務めました。翌二九日、勅使《ちょくし》弾正大弼五辻安仲《だんじょうだいひつ いつつじやすなか》が参向して幣帛《へいはく》（神に奉献する物の総称で、みてぐら、ぬさともいう）を供進《ぐしん》しました。それから七月三日に至るまで祭典を行い、余興《よきょう》として相撲が行われ、花火が打ち上げられました。

社域を選定した際に、「あまりにも広すぎる」とクレームをつけた者もありましたが、大村は「今は広いと思っても、やがて狭く感ずるだろう」といったそうです。とにかく突貫工事で仮本殿、拝殿を造り、戊辰戦争の戦没者（当時は戦死者だけ）の招魂式を行って、戦死者を合祀してしまったのです。翌一八七〇年（明治三年）に仮殿の改営を決め、本殿の造営に着手しました。一一月に一番町、富士見町一丁目の全部と同二丁目の一部を割いて売却し、建設費の一部に充てました。本殿は一八七二年（明治五年）に竣工しました。また、上野の山の桜の向こうを張ってというか、東京招魂社の境内に桜の木を大量に植えました。これも旧幕府に対する激しい対抗意識だったのかもしれません。

東京招魂社創建時の大祭日は、

正月　三日　伏見戦日

五月一五日　上野戦日

五月一八日　箱館兵降伏の日

九月二二日　会津兵降伏の日

と定めました。

以上でわかるように、当然のことながら彰義隊や会津・白虎隊は誰一人祀られていません。東京招魂社は幕末から明治維新にかけての勤王派や尊王攘夷派の殉難者、戊辰戦争の官軍側戦没者のための招魂社です。つまり明治政府と朝廷のために死んだ人だけを選んで祀ったのです。これこそ「勝てば官軍」故《ゆえ》の「勝者の奢《おご》り」を示したというほかはない、まさに官軍御用達の招魂社でした。

戊辰戦争は、朝廷側と旧徳川幕府側に分かれて戦いましたが、徳川幕府側には直属の強力な国軍といえるものはありません。同じように朝廷側にも直属の兵力はありませんでした。武士はそれぞれの藩に所属していますから、徳川幕府についた藩と朝廷についた藩の兵力によって戦争をしたわけです。幕末から維新前後に最も強大な軍事力を誇ったのが薩摩藩でした。また、いち早く軍備を近代化し欧米の兵学を学んだのが長州・土佐・安芸《あき》等で、海軍で一番だったのが佐賀藩でした。これら西南諸藩は兵力も充実し、さらに近代的な兵器類を備えていました。陸軍では薩摩藩が最強でした。それに薩摩軍の指揮官は維新の傑物《けつぶつ》といわれた西郷隆盛でした。これに対して幕府側についた諸藩は経済上の問題もあって、軍事力で大きくたちおくれていました。唯一強固な団結力を発揮したのが、会津藩だったといわれています。

それにしても、薩摩藩の軍事力とカリスマ性を備えた指揮官西郷隆盛の力を抜きに、明治維新は語れません。結局、薩長の兵力がいち早く天皇を担ぐことで、「官軍」の名称を獲得し、徳川幕府軍を「賊軍《ぞくぐん》」にして打倒したのです。当然、戊辰《ぼしん》戦争でも大兵力を提供したのは、薩摩藩と長州藩でした。

戊辰戦争の最中から、官軍側の諸藩は戦死者を慰霊するために招魂祭を行いました。これに対し敗者の死者は、まさに犬死に同然で、なんの配慮もなされなかったばかりか、一時はその供養《くよう》さえも許されませんでした。

つまり武力対決というのは、理屈抜きに、いずれか一方が「勝てば官軍、勝者の奢《おご》り」を獲得し、敗者を徹底差別するための闘争なのです。そしてまさに「勝てば官軍、勝者の奢り」を東京市民にまのあたりにみせつけたのが、当時の東京招魂社《しょうこんしゃ》、すなわち靖国神社だったのです。

文部省発行の「国体の本義」（著者蔵）。中等学校以上の生徒に配った。

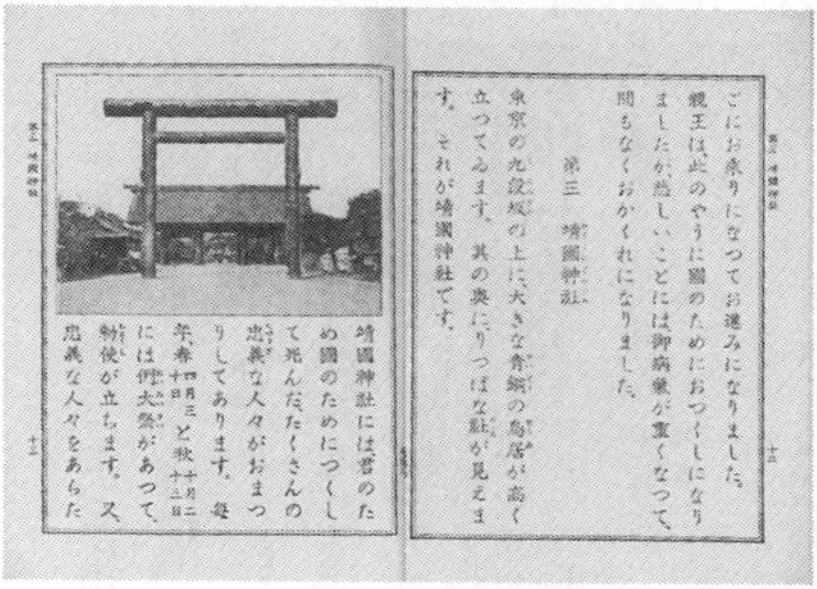

ごにお乗りになつてお進みになりました。

親王は此のやうに國のためにおつくしになりましたが、惜しいことには御病氣が重くなつて、間もなくおかくれになりました。

第三　靖國神社

東京の九段坂の上に、大きな青銅の鳥居が高く立つてゐます。其の奥にりつぱな社が見えます。それが靖國神社です。

靖國神社には君のため國のためにつくして死んだ、たくさんの忠義な人々がおまつりしてあります。毎年、春（四月三十日）と秋（十月二十三日）には臨時大祭があつて、勅使が立ちます。又、忠義な人々をあらた

国定教科書・小学四年生用「尋常小学修身書・巻四」（昭和一二年）

第三問

靖国神社の神と八百万《やおよろず》の神はどう違うのですか？

1　日本人にとって神とは何か？

神道《しんとう》では、神霊《しんれい》や神様は目には見えませんが、この宇宙のどこかに存在するはずで、それは確かなことだと信じています。しかし神霊や神様がどこにいるかはわかりません。そこで神道《しんとう》では人が便宜《べんぎ》上一定の場所に神霊や神様を招いて鎮《しず》め（とどめ、据え）、祭祀《さいし》を行うことにしたのです。神霊や神様を招き鎮めた場所を神宮《じんぐう》・神社・宮《みや》・社《やしろ》といいます。

平安時代の『延喜式神名帳《えんぎしきじんみょうちょう》』に登録された官幣社《かんぺいしゃ》（神祇官《じんぎかん》が管理した神社）と国幣社（国司が管理した神社）は三万以上もありました。明治維新当時は、全国に二〇万余の神社があるといわれるほど、多くの神社がありました。

よく「日本には八百万《やおよろず》の神がいる」といいます。イスラム教やキリスト教のように唯一神だけを信仰の対象とする宗教を一神教といいます。これに対して複数の神々を持つ宗教を多神教といいます。八百万もの神を持つ神道は超多神教です。とにかく八百万も神様がいるので、「カミ」の語源も多説で諸説ありました。

○カムガミ（照覧）の略という説

○カガミ（鏡）の略という説
○カミ（上）という説
○カビ（牙・彼霊）という説

六世紀半ばに大陸から仏教が伝来すると、仏教の「仏」と在来の土着の信仰の対象「X」を区別する必要が生じました。そこで「X」に漢字の「神」をあてはめ「カミ」と呼ぶことにしたのです。つまり仏教の「仏」に対して「神・カミ」という言葉が生まれ、「X＝神・カミ」って何なのか？　という問題が多説、諸説を生む結果になったのです。

「カミ＝上」説は、「上《かみ》とは、人間以上の不思議なもの」と説明しており、これが最も妥当だと考えられています。したがって神には、正しい神も邪《よこしま》な神もあり秀《ひい》でた神もあれば、劣ったつまらぬ神もあるのです。今日でも狐《きつね》や蛇や巨木を神様として祀《まつ》って信仰の対象にしたり、男女の性器を豊穣《ほうじょう》の神として祀っている神社もあります。

また神道は人間の肉体が滅んで残る霊も「カミ」というので、日本の神様すなわち神道の「神・カミ」の範囲は非常に広く、その気になれば何でも「神様」にして祀ることができるのです。

日本最古の記録とされている『古事記』や『日本書紀』は、神代《かみよ》や古代の神様に関するいい伝えを記述しています。そこで、神話を中心にして、いかなるものを「神」

と認識していたかを分類すると、大体次のようになります。

一、【造化理想神《ぞうかりそうしん》】古代人の信念や希望から本能的に生まれた神なので理想神といいます。

●天地創造の神。「天之御中主神《あめのみなかぬしのかみ》・高皇産霊神《たかみむすびのかみ》・神皇産霊神《かみむすびのかみ》」の造化三神を含む別天神《ことあまつかみ》五代、天神《あまつかみ》七代などの多数の神々。

●森羅万象《しんらばんしょう》を生み育てる神。

二、【自然神】

●森羅万象そのもの。日・月・星・山・川・海・風・雷・火・国土・岩石・動植物。剣・矛《ほこ》・盾《たて》・弓矢などの人工物まで含む。

●森羅万象を支配する神。山の神、火の神、海の神、大地の神など。

三、【人格神】

●祖先神　狭い意味では、自分の直接の先祖を神とする氏神《うじがみ》。広い意味では、直接的な先祖ではないが、日本民族の先輩として畏敬《いけい》すべき人を民族共同の祖先と仰ぎ、これを神とする。靖国神社の神々は広い意味での祖先神。

●祟《たた》りをする怨霊《おんりょう》を神と認める。平将門《たいらのまさかど》、菅原道真《すがわらのみちざね》、お岩稲荷《いわいなり》は怨霊の祟りを鎮《しず》めるために神にしました。

はるか昔の上古の人々は、人間の善《よ》い霊や悪い霊はもちろん、森羅万象の不思議な力のあるものや、天然の人智《じんち》の及ばない怪しいものを恐れ、これらを神にしたのです。それに祖先を神に加えれば、八百万《やおよろず》でも足りないくらいです。何を「神」とみなすかは、時代によって大きく異なります。古代と中世、中世と現代では敬神の度合いは当然違いますが、神社の神様が特に脚光を浴びるようになるのは、なんと明治になってからのことで、さらに神社の神様を敬《うやま》うように国が国民に強制するのは、昭和初期の国体明徴《めいちょう》運動以後のことでした。

2　日本の神とは？

現在の日本は、正しくは「日本国」といいますが、明治からアジア・太平洋戦争に敗戦するまでの日本は「大日本帝国」でした。明治維新によって誕生した大日本帝国は『古事記』や『日本書紀』を重要な古典として重んじました。日本の歴史を「国史」といい、文部省は国史を『古事記』『日本書紀』の神話から始めて教えることを決定しました。

戦前の子どもたちは、国史や修身、国語の教科書教材で『古事記』や『日本書紀』を勉強し「日本で一番偉いのは天皇陛下、神々の中で一番偉いのは天照大神《あまてらすおおみかみ》であることを学ばされました。

ただし、国定教科書になる以前の『小学校用日本歴史巻之上』（明治二一年四月・山県悌三郎《ていさぶろう》・学海指針社）は、

――太古《たいこ》の初め、天之御中主《あめのみなかぬし》と云う神あり、斯世《このよ》に獨生《ひとりぐらし》し、始めて天極《てんごく》を建つ。次に高皇産霊《たかみむすび》、神皇産霊《かみむすび》の二神生《うま》る。三神齊《ひと》しく天地を鎔成《ようせい》し、萬物を造化せるを以て、之《これ》を造化の三神と称す。最後に伊弉諾《いざなぎ》、伊弉冉《いざなみ》の男女の二神を生ず。二神天神《てんじん》の命を受けて、肇《はじ》めて大八洲《おおやしま》を造り、萬物を産出せり。是《こ》れを日本創始の祖神と為《な》す。その御子《みこ》に天照大神《あまてらすおおみかみ》、素戔鳴尊《すさのおのみこと》の二神あり。（原文は片仮名・旧仮名遣い）――

と、天地創造主の天之御中主から始めています。けれども、四年後の一八九二年（明治二五年）以降は、歴史教科書から天照大神《あまてらすおおみかみ》より前の神々の記述を削除しました。私が国民学校時代に使用した国史教科書にも造化三神（天之御中主《あめのみなかぬし》・高皇産霊《たかみむすび》・神《か》皇産霊《みむすび》）や国産み二神（伊弉諾《いざなぎ》、伊弉冉《いざなみ》）の話はありません。

伊弉諾と伊弉冉の話は修身教科書で採りあげて教えました。修身という学科は、教育勅語に盛られた道徳を、疑うことなく頭と体にたたきこむ躾《しつけ》の学習でもありました。今にして思うと天地創造の神である天之御中主神の存在を教えたら、子どもたちが「それじゃ一番偉いのは、国産み二神の子の天照大神ではなくて、天地と世界を創っ

た天之御中主神だ」といいだしかねません。そうかといって天照大神の両親を粗末にするのも変ですから、修身という無難な学科で教えたのかもしれません。とにかく戦前の教育は理屈抜きで「神様の中で、天照大神が一番尊い。そういうものだ」と観念させたのです。

そうはいっても子どもも理屈がわかる年齢になれば、「でも、なんで天照大神なの？」という素朴な疑問を抱きます。一九三七年（昭和一二年）に文部省は『国体の本義』という教科書のような本を作り、中等学校（中学・女学校など）以上に配りました。『国体の本義』は、天照大神は天皇の先祖で、この天照大神は「常に肉体を備えた人間として生まれかわり、現世を統治する」、それが「現御神《あきつみかみ》・現人神《あらひとがみ》」すなわち天皇であると教えました。

宇宙と人類世界を創造したのは、天之御中主神であるが、「その霊力をすべて受け継ぎ、人類世界の主として現れたのが天照大神なのである。天之御中主神と天照大神と天皇とは表裏一体の関係に立っているが、その中心はあくまでも天照大神である。そしてこの天照大神を中心として、分派した神々が、八百万《やおよろず》の神である。八百万神はみな天照大神という大木の幹に付属する枝葉のような立場にある。したがって八百万神の一つの神（たとえば出雲《いずも》大社の神様）を崇敬し重んじても、その神は天照大神の枝葉であるから、実際は天照大神を崇敬していることになる」というのです。「八百万神は一見ばらばらにみえるが、実は天照大神を唯一絶対の中心とした秩序を保っている。つまり日本の神々は多神にして一神（天照大神）、一神（天照大神）にして多神なのである。したがって一番偉い神様は、すべての神々の中心である天照大神である」という結論になるのです。

一神教にして多神教という神の観念は、外国の一神教からみると理解しがたい不思議なものです。はっきりいって日本人でも一度や二度の説明では理解できません。戦前の日本では、この神の観念を理解できるのは天皇の赤子《せきし》である日本国民だけで、外国人には理解できなくて当たり前だと開き直っていました。とにかく、よくわからない理屈を超えたご都合主義的な気分だけで民族的優越感を煽《あお》って、わかったような気分にさせたのです。

私が小学校三年生のとき、先生が子どもたち一人一人に将来の夢をたずねました。私を含め、ほとんどの男子が将来は軍人になりたい、海軍だ、陸軍だ、飛行士だと、それぞれの夢を発表しました。それなのに一人だけが「天皇陛下になりたい」と答えました。一瞬先生は、困ったような顔をして、「日本国民は誰も天皇陛下にはなれない。天皇陛下は、生まれながらにして天照大神の血を引き、天照大神の御心《みこころ》をそのまま受け継がれた尊い方で、我々国民とはまるで違うのだ」ということを丹念にいい聞かせました。

天照大神の血を引く万世一系《ばんせいいっけい》の天皇が統治する大日本帝国に生まれた自分は、なんて幸福でありがたいことだろうと、自然に思うような人間にする、これが教育の大きな目的でした。そんな教育を受けたせいか、私と同世代の人たちの中には、今でも戦前教育の呪縛《じゅばく》にとらわれている人が少なくありません。「日本が国家として成立しているのは皇室のおかげで、皇室をありがたいと思わない者は日本人ではない」と大まじめに信じて熱く語る同級生がいます。私が「それでは、皇室が存在しない外国は国家ではないのか？」とか、「なぜ今でも皇室はありがたいのか？」と質問すると、最後は、「理屈抜きにありがたい、そういうものだ」と、それこそ理屈抜きの奇妙な居直りに終わります。彼は子ども時代の呪縛から、いまだに解放されていないのだと思うと、本当に恐ろしい気がします。

3　帝国の神祇とは？

前に説明したように、もともと明治までは人々は、狐でも蛇でもなんでも神様として祀《まつ》っていました。吉田家の許しを得て神社を造って、お札《ふだ》やおみくじや暦《こよみ》を売っていました。つまり規制なしの民営化された状態でした。明治になったとたん、政府は民営化を廃止、規制を強化して国営化したのです。

明治政府は、神祇官《じんぎかん》を復興し、神社で国家のための祭祀《さいし》を復古神道《ふっこしんとう》で行わせることを決めました。平安時代の神祇官と同じように、国家が管理する神社と神様を選び、国家が決めた方法でお祭りや儀式を行わせ、国家が神社の経費を負担することにしました。そうはいってもすべての神社の経費を負担するのは不可能です。そこで神社のランクを決めて、ランクによって金額や待遇の差別をつけることにしたのです。

まず国家が神社でお祀りする神様を、復古神道によって次のように分類しました。

一、皇統の祖先神（伊弉諾尊《いざなぎのみこと》・伊弉冉尊《いざなみのみこと》・天照大神《あまてらすおおみかみ》など）

二、天神《てんじん》・地祇《ちぎ》（素戔嗚尊《すさのおのみこと》・大国主神《おおくにぬしのかみ》）

三、天皇（神武天皇＝橿原神宮《かしはらじんぐう》・明治天皇＝明治神宮・桓武《かんむ》天皇＝平安神宮など）

四、皇族（日本武尊《やまとたけるのみこと》＝建部《たけべ》大社・大塔宮護良親王《だいとうのみやもりなが》＝鎌倉宮など）

五、皇臣（楠木正成《くすのきまさしげ》＝湊川《みなとがわ》神社・新田義貞《にったよしさだ》＝藤島《ふじしま》神社など）

これでわかるように、分類の基準は天照大神と天皇と国家です。神道では人間を神様にしますが、明治からは、「身命《しんめい》を国家のために献《ささ》げ、赤心《せきしん》（まごころ）をもって皇室に奉仕した忠勲《ちゆうくん》の士を神と斎《いつ》き祀る」ことにしたのです。海軍大将・元帥東郷平八郎《とうごうへいはちろう》や陸軍大将乃木希典《のぎまれすけ》は、日露戦争で輝かしい武勲を立て、日本を戦勝に導きました。また天皇に対する忠誠と高潔な人格を称《たた》え、死後は東郷神社と乃木神社の創建を許して神様にしました。

学芸に長じ、産業を興し、地方開発のために尽くしたり貢献した人も、皇国（天皇の国＝日本）の神様として祀《まつ》られることになりました。もともとは祟《たた》りを鎮《しず》めるために天神様として祀《まつ》った菅原道真《すがわらのみちざね》は、学問の道で天皇に尽くしたという理由で、明治以降も神様として神社で祀りました。世に歌聖と仰がれる柿本人麻呂《かきのもとひとまろ》も各所の神社で神として祀られています。

近代に至っては、倒幕運動や尊王思想の精神的支柱となった国学を復興した四大国学者、荷田春満《かだのあずままろ》・賀茂真淵《かものまぶち》・本居宣長《もとおりのりなが》・平田篤胤《ひらたあつたね》を神社に祀りました。皇国経済の大道《だいどう》を明らかにした二宮尊徳《にのみやそんとく》・佐藤信淵《さとうのぶひろ》も、それぞれゆかりの地の神社に祀られています。

朝廷が栄えた時代は、神祇官《じんぎかん》が神社行政を行っていました。やがて朝廷が衰退し、武家に政権が移ると神祇官は廃絶されました。神祇官が無くなった後は、神祇官長官の家柄である白川家と吉田家の両家が、八神（神産日神《かみむすびのかみ》、高御産日《たかみむすびの》神、玉積産日《たまづめむすびの》神、生産日《いくむすびの》神、足産日《たるむすびの》神、大宮賣《おおみやのめの》神、御食津《みけつの》神、事代主《ことしろぬしの》神の天地創造神）を祀りました。江戸時代になると天下の神社および神職のほとんどは吉田家の支配を受けるようになりました。現代風にいえば神道《しんとう》は完全に民営化されており、吉田家は華道や茶道《さどう》の家元のような存在でした。神道の家元吉田家の許状をもらって神主になり、神社を創建して祭祀《さいし》を行うことができたのです。

ところが明治政府は、「これからは神社は国家の宗祀《そうし》（尊び祀ること）のための公の祭祀を行わせる。国家や国民にとって重大なる位置を有する神社の創立を、個人の自由に委《ゆだ》ねるべきではない」といいだしました。一八七二年（明治五年）八月、法令を出して、神社の無願創立ならびに神社類似の施設創立を禁止しました。これ以後は、神社は内務省が決めた神社創立の要件を満たし、内務省の許可を得ないと創建できないことになりました。

東郷平八郎、乃木希典《のぎまれすけ》、忠臣蔵の大石良雄《おおいしよしお》などを神社に祀って崇敬したい者は、内務省に神社の創立を申請し、許可がおりると神社の社殿を建築します。社殿が完成し祭神を鎮祭《ちんさい》すると神社明細帳に登録します。民間の崇敬者の出願で創建した神社は、普通は府県社以下の社格を与えられます。

伊勢の松阪の県社本居《もとおり》神社（本居宣長）、播磨赤穂《はりまあこう》の県社大石神社（大石良雄）、周防萩《すおうはぎ》の県社松陰《しょういん》神社（吉田松陰）、県社廣瀬《ひろせ》神社（軍神廣瀬武夫）は崇敬者が申請して創建した神社です。

これでわかるように、死んだ人を神社に祀ること自体はそれほど特別なことではありません。神道では、心がけしだいでは、誰でも神社の神に祀ってもらえます。それで神社は、「昔の立派な人を顕彰《けんしょう》し徳を偲ぶための施設だ、宗教的施設というよりは記念碑や顕彰碑のようなものだ」という人もいました。

その点、靖国神社はまったく事情が違います。とにかく死ぬ前から「靖国神社に祀られることは、涙が出るほどありがたい」とか、「日本男子として名誉なことだ」と国民にいわせせ、思いこませたのですから、すごいことでした。もちろんそれには仕掛けがあって、国家権力が総力をあげて、「靖国神社に祀られることは名誉だ、ありがたいことだ」とPRや教育をしたからです。

4　別格官幣社の神々

東京招魂社《しょうこんしゃ》は一八七九年（明治一二年）六月四日、社名（神社の名称）と社号（神宮《じんぐう》・宮・神社・社）を変え、社格を別格官幣社《べっかくかんぺいしゃ》としました。東京招魂社は別格官幣社靖国神社に生まれ変わり、国家の祭祀《さいし》施設になりました。

別格官幣社は、一八七二年（明治五年）四月に創設された新しい社格です。天皇の臣下（文臣、武臣）の中から、天業翼賛《てんぎょうよくさん》（天皇を中心とする世界制覇《せいは》、つまり八紘一宇《はっこういちう》を実現する大事業の手助けをすること）の功績があった臣下を祀る神社に、別格官幣社という社格を与えたのです。

別格官幣社第一番目は、湊川神社《みなとがわ》一八七二年（明治五年）四月二九日で祭神《さいじん》は楠木正成です。続いて東照宮（徳川家康）、豊国《とよくに》神社（豊臣秀吉）、談山《たんざん》神社（藤原鎌足《かまたり》）、建勲《たていさお》神社（織田信長）、藤島神社（新田義貞）、菊池神社（菊池武時《たけとき》他）、名和《なわ》神社（名和長年《ながとし》）を別格官幣社に加えていきました。一九四三年（昭和一八年）九月に第二八番目に福井神社（松平慶永《よしなが》）を加えて、敗戦を迎えました。

楠木正成や新田義貞、藤原鎌足はともかくとして、ついこの間、倒したばかりの徳川幕府の第一代将軍家康を天業翼賛の神様にするのも変な話です。信長、秀吉、家康は戦乱の世を治めて天下を太平にして、天皇を安心させた天業翼賛の神というわけです。もともと織田信長は生存中から神であると自称し、誕生日に家臣に参拝させました。秀吉もまた、吉田神道で豊国大明神《だいみょうじん》となり豊国廟《びょう》に祀られました。家康は死後、吉田神道により徳川家を守護する神とされたのです。それを関白や征夷大将軍は天皇の臣下なので、別格官幣社の神様にしたというのです。けれどもこれは建前で、廃藩置県や徴兵令の発布で、完全に失業した旧武士たちの不平や不満を和《やわ》らげる一方策だと思われます。

明治天皇が東京招魂社を靖国神社と改称し、同時に別格官幣社に列格を命じたときの祭文《さいもん》には、

――（上略）明治元年という年より以降《このかた》、内外《うちと》の荒振《あらぶ》る寇等《あたども》を討罰《うちきた》め、服《まつろ》わぬ人を言和《ことやわ》し（いうことを聞かせ）給《たま》う時に、汝命等《いましみことたち》の赤し清き真心を以て、家を忘れ身を擲《なげうち》て、各《おの》も各も死亡《みうせ》にし其の大き高き勲功《いさお》に依《よ》りして、大皇国《おおすめくに》をば安国《やすくに》と知食《しろしめ》す事ぞと思食《おぼしめ》すが故に、靖国神社と改め称《たた》え、別格官幣社と定め奉《たてまつ》りて、幣帛《へいはく》奉り齋《いわ》い奉らせ給い、今より後、彌遠永《いやとおなが》に、怠る事無く祭り給わんとす。（以下略）――

とあります。要約しますと「明治元年以降、官軍にそむく強力な敵どもを討伐し、平定する際に、今は神となられるあなた方が、真心で、身命を捧《ささ》げて戦った功績で、大日本帝国は安国《やすくに》（ゆるぎない国）になったと天皇がお思いになったので、東京招魂社を靖国神社と改め、別格官幣社にし、今から後永遠に怠ること無く幣帛を捧げお祭りなさることになりました」という意味です。

これでわかるように、明治維新後、明治政府が基礎を固め安定させるのに、約一〇年かかりました。維新後すぐに、鳥羽・伏見の戦い、戊辰戦争が起きました。戊辰戦争が終わると、政府を牛耳《ぎゅうじ》っている一部の権力者たちは、廃藩置県や徴兵制度を断行して、士族の特権を奪ったあげくに完全失業に追いこみました。新政府の政治に不平不満を抱いた士族たちは、全国各地で一揆《いっき》や暴動を起こしました。皮肉なことに、維新を推進したかつての勤王の志士たちが、反乱軍を組織して佐賀の乱、熊本神風連《じんぷうれん》の乱・秋月《あきづき》の乱・萩《はぎ》の乱、西南《せいなん》戦争などを起こしました。

一八七七年（明治一〇年）の西南戦争は維新の大英雄西郷隆盛が率いる鹿児島軍と官軍の戦争でした。反政府武力争闘の最終の戦いとなった西南戦争も官軍が勝利しました。これで、大英雄西郷隆盛の力をもってしても、錦旗《きんき》（官軍）に勝てないことを世に実証したのです。

それ以来、内乱は収まり国家は安定しました。そこで維新後、大日本帝国の礎《いしずえ》を固めて安定させるために戦死した官軍側の将兵たちを、家康、秀吉、信長と同じように天業翼賛《てんぎょうよくさん》の神として扱うことにしました。そのために、東京招魂社を別格官幣社《べっかくかんぺいしゃ》靖国神社に昇格させ、名実ともに天皇と国家のための施設にしたのです。

そして天皇や国家に忠勤を尽くした殉国の士を帝国の神祇《じんぎ》として靖国神社に祀り、国家的崇敬の対象としたのです。

いったん、神として祀ったものを何人《なんぴと》といえども批判することは許されません。官軍側の戦死者を別格官幣社靖国神社の神様にすることで、大日本帝国や天皇に敵対する者（服《まつろ》わぬ者）を討伐することは、神の意志にかなった正義であるという図式ができあがったのです。ですから、これ以後は、天皇が命じる戦争には誰も反対できなくなるばかりか、大日本帝国や天皇に逆らう者は神の意志に逆らう不届き者にされました。

一方、天皇を中心とする国家主義的、政治的な意図によって神社や神をつくることにより、国民も好むと好まざるとによらず、殉国者または殉難者への道を歩まされることになりました。靖国神社の神に祀られることを自らが認め、受け入れると、「天皇が始める大日本帝国の戦争はすべて正しい戦争であるから、自分は疑いを持たずに天皇陛下のために死にます」といわざるをえません。また靖国神社は、国民に天皇陛下のために死にたくない、この戦争は間違っていると、絶対にいわせない、いえないようにする不思議な宗教的な呪縛《じゅばく》効果を発揮しました。今日でも日本国民は政府に対して声高《こわだか》に異議申し立てをしません。世界でもまれにみるおとなしいマゾ的国民性は、お国のため天皇陛下のために死んでも文句一ついわないようにさせた、この呪縛に起因するのではないかと思うほどです。

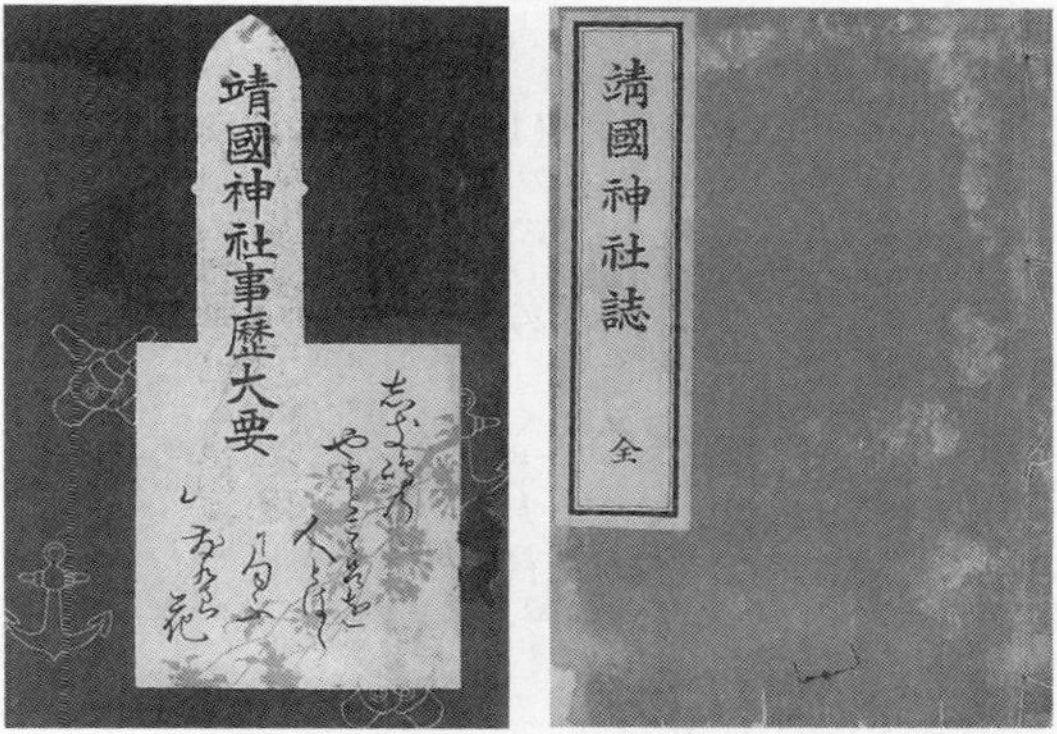

明治四四年発行の靖国神社関係図書（著者蔵）

第四問

過激な国家神道とは？

1　神道原理主義

私が国民学校初等科六年のときに使用した『初等国語・八』（後期用）に「六　万葉集」という教材がありました。

の一人が、

──今を去る千二百年の昔、東国《とうごく》から徴集されて、九州方面の守備に向かった兵士

今日よりはかえりみなくて大君《おおきみ》のしこの御楯《みたて》と出で立つわれは

という歌をよんでいる。「今日以後は、一身一家をかえりみることなく、いやしい身ながら、大君の御楯となって出発するのである。」という意味で、まことによく国民の本分、軍人としてのりっぱな覚悟を表した歌である。こういう兵士やその家族たちの歌が、万葉集に多くみえている。

（中略）

武門の家である大伴《おおとも》氏・佐伯《さえき》氏が、上代《じょうだい》からいい伝えて来たのを、大伴家持《やかもち》が長歌の中によみ入れた次のことばは、今日国民の間に広く歌われている。

海行かば水《み》づくかばね、山行かば草むすかばね

大君の辺《へ》にこそ死なめ　かえりみわせじ

「海を進むなら、水にひたるかばね（遺体）ともなれ、山を進むなら、草の生えるかばねともなれ、大君のお側《そば》で死のう、この身はどうなってもかまわない。」といった意味で、まことにおおしい精神を伝え、忠勇の心がみなぎっている。万葉集の歌には、こうした国民的感激に満ちあふれたものが多い。（後略）――

前の『今日よりは…』の歌は下野国《しもつけのくに》の防人《さきもり》、今奉部與曾布《いままつりべのよそふ》のもので、「愛国百人一首」にもとりあげられて、一般によく知られた歌でした。一九四〇年（昭和一五年）に出版された子ども向けの『万葉集物語』（森岡美子・金蘭社）にも、この歌の解釈がのっていました。

――「そうだ、我々はみな大君のみことをかしこんで（天皇の命令をつつしんで承り）、ここに来ているのだ。親や妻や子を懐《なつか》しいと思うのは私情である。我々は天皇の臣として、光栄あるお召《めし》をうけているのだ。家も身も捨てて、唯々《ただただ》天子さまの御為に、そして、光輝ある御国のためにお尽くしすればよいのだ。ただそれだけでよいのだ」

――人々は、今さらのように、我が身に降《くだ》った命令の尊さを思ったのでした。

正直、今これを読んでいて、子どもの時に、なんの疑問も抱かずすんなり受け入れたのが、不思議でなりません。もちろん、それは天皇絶対の皇国民錬成《れんせい》という厳しい教育で、疑問など持たず、やみくもに信じるように、しつけられたからだろうと思います。つまり理屈抜きでたたきこまれたから、疑えなかったのだと思います。

『海行かば』は、信時潔《のぶとききよし》の作曲で国民歌謡になりました。荘重というよりは、もの悲しい陰々滅々《いんいんめつめつ》たるメロディーは、これまた理屈抜きで感性を揺さぶるものがありました。葬送歌《そうそうか》のような『海行かば』を歌ったり、聴いたりすると、反射的に靖国神社を思いだしたものです。事実、ニュース映画で靖国神社を映しだすときは、たいてい『海行かば』をBGMに流していました。

さて、前問で、倒幕、維新、王政復古の指導原理は復古神道《しんとう》だと述べました。神道の歴史と伝統からみると、実は、この復古神道は極めて特殊なものでした。イスラム原理主義と同様に、神道原理主義とでも名づけたくなるようなものです。そのことを理解するために、仏教伝来から明治維新までの間の神道と仏教・儒教との関係を説明しておきます。

アフガニスタンのタリバン政権はイスラム原理主義にもとづく厳しい政治を行いました。イスラム教は偶像崇拝を禁止しているので、世界遺産に指定されていたバーミヤンの石仏を爆破してしまいました。日本や諸外国はこぞって爆破中止を求めましたが、タリバン政権は聞こうとしませんでした。

実は明治維新から数年間、日本でもタリバン政権と同じように仏像を破壊しました。戊辰戦争の最中の一八六八年（慶応四年）三月二八日、神祇官事務局は「神仏判然《しんぶつはんぜん》令《れい》」を出しました。仏像を神社の神体にすることをこれからは禁止する。また本地仏《ほんじぶつ》と名づけた仏像などは神社から早急にとり除くように命令したのです。もちろん「とり除く」場合は穏便《おんびん》にやるように指示しました。けれども「維新」はすなわち「一新」だ、古いものや徳川幕府のにおいのするものは、なんでも打ちこわせと煽《あお》る者が続出しました。その結果、「廃仏毀釈《はいぶつきしやく》」運動が日本中で荒れ狂い、仏像、仏具、教典、仏塔などを、こわしたり焼き払い、法外な安値で売り飛ばしたりしたのです。政府は確信犯的にこれを容認しました。そのために大津、京都、奈良のような仏教文化の中心地はもちろん、水戸、津和野《つわの》、薩摩、伊勢、佐渡《さど》、富山、松本など全国各地で「廃仏毀釈」運動が荒れ狂い、仏教関係の重要な文化財や国宝級の美術品が消失したり散《さん》逸《いつ》しました。よく日本人は歴史と伝統を重んじる民族だといいますが、このとき、歴史や伝統をなんのためらいもなく、憎しみをこめて一気に破壊したことを記憶しておく必要があります。

2　復古神道と明治維新

では、なぜ明治になったとたんに仏教を排撃したのでしょうか？　それを考えるために神道と仏教の関係を見直してみましょう。「神」は漢語ですから、当然「神道」も漢語です。文献の初出は、『日本書紀』の用明《ようめい》天皇の巻の「信仏法《ぶっぽう》尊神道（天皇、佛法を信じ神道を尊び給う）」という文章です。それから、孝徳《こうとく》天皇の初めに「尊仏法軽神道（天皇、仏法を尊び神道を軽《かろ》んず）」という記述があります。これからわかるように、「仏」に対して「神」、「仏法」に対して「神道」と漢語で表すようになったのです。

五三八年（欽明《きんめい》天皇七年）、百済《くだら》の聖明《せいめい》王の使節が来日し、天皇に、貢《みつ》ぎ物とともに金銅《こんどう》製の釈迦《しゃか》像、幡蓋《ばんがい》、経論《きょうろん》数巻を献上して、仏教を伝えました。朝廷は、外来の仏教を積極的に採用すべきか、古来からの日本の神祇《じんぎ》を尊び、蕃神《ばんしん》（外国の神）である仏を排斥《はいせき》すべきかで、激しく対立しました。崇仏派《すうぶつは》（蘇我《そが》氏）と排仏派（物部《もののべ》氏・中臣《なかとみ》氏）の政治抗争は、蘇我氏が勝利しました。六世紀後半になると仏教は隆盛に向かい、中でも蘇我馬子《うまこ》は積極的に仏教を保護しました。

五八七年、用明《ようめい》天皇は仏教に帰依《きえ》しました。五九六年、蘇我馬子の発願《ほつがん》で法隆寺《ほうりゅうじ》の建立《こんりゅう》が決まり（聖徳太子については非実在論がある）、六〇七年に完成します。法隆寺は飛鳥《あすか》時代の仏教文化の中心となり、仏教は天皇の庇護《ひご》を受けてますます盛んになりました。

考えてみると不思議な気がしますが、仏教が伝来する以前の日本古来の『カミ』を敬《うやま》い祀《まつ》る「神道」をなんといっていたのかがよくわかりません。ただ『古事記』や『万葉集』に「惟神《ゆいしん》」「神習」という言葉があるので、「神道」に相当する言葉は「かんながら」「かみながら」と推測したのです。このことから、日本民族は、固有の文字を持たなかったことがわかります。漢字が日本に伝来した後で、漢字を利用して万葉仮名《がな》や仮名を作り出して使うようになったのです。

仏教はあっという間に在来の神道を圧倒しました。神道と仏教の最も大きな違いは、仏教は人々が最も嫌悪する「死」の問題を扱っていることです。神道では死を穢《けが》れとして忌《い》み嫌いました。ですから神道は、原則として葬儀を行いません。

一方仏教では、「死」は生命の終わりではなく、次の生への出発点であると説き、人生《じんせい》と死の問題に解決を与えました。輪廻転生《りんねてんしょう》、過去・現在・未来の三世《さんぜ》を統合し、人世よりもさらに永遠にして高邁《こうまい》な浄土《じょうど》を具体的に説き明かしました。この仏の教えは、当時の日本人にとっては実に深淵で偉大で素晴らしいものでした。仏教に対して神道には、体系的な教義も教典もありませんでした。

明治政府が、欧米の文物を積極的にとり入れ文明開化を図ったように、六世紀半ばから日本は大陸の文化や思想を積極的にとり入れたのです。仏教は、大陸文化を象徴する絢爛豪華《けんらんごうか》な舶来品《はくらいひん》でした。仏教を採用して文明開化を図ろうとする人々にとって、在来の「カミ」や神道はダサくて幼稚に思えました。天皇や上流階級の人々や有識者たちは、競《きそ》って舶来の仏教にとびつき、仏教を尊び信じるようになりました。日本は仏教国家になり、奈良文化、平安文化が花開きました。

3　神も仏もみな同じ

在来の「神・神道」と外来の新興勢力「仏・仏教」の勢力争いは、結局「仏教」が勝ちました。けれどもその過程の中で、日本の神道は仏教に接近し、融合や調和や共存を図り生き延びます。これを神仏習合といいます。現実には仏教が伝来する以前に、すでに日本の神道は中国の道教の影響を受けていました。神道は仏教の影響を受けて融合して変化を遂げていきます。

聖武《しょうむ》天皇が東大寺の大仏を建立する際、難事業に不安を覚えた天皇は、宇佐八幡宮《うさはちまんぐう》の八幡大神《おおかみ》に神慮《しんりょ》（神の心）を伺《うかが》いました。すると「八幡大神が天神地祇《てんじんちぎ》を率《ひき》いて、必ず奈良まで助けに行き、大仏建立の難事業を成功させる」という託宣《たくせん》が下りました。聖武天皇は大いに喜び、八幡大神に一品《いちぼん》（親王に贈られる位）を授けました。天皇は宇佐《うさ》から勧請《かんじょう》した八幡大神を鎮座《ちんざ》するために、東大寺の境内《けいだい》に手向山《たむけやま》八幡宮を創建しました。八幡大神は大仏を鎮守《ちんじゅ》し、守護神となったのです。東大寺八幡宮ともいわれる手向山八幡宮が鎮守社の始まりです。それにしても、神様が仏教を擁護《ようご》すると、その功績によって位を授かるとは、なんとも変な話です。そうなると「なぜ神様は仏教を擁護するのか？」という疑問が生じます。

　それに対して、「神とは要するに衆生《しゅじょう》である。人間と同じように色々な煩悩《ぼんのう》や煩悶《はんもん》があり、その煩悩から逃れ、迷夢をはらすために、ありがたい仏の法を聞こうとする。仏の法を聞くために寺院や仏像を鎮守するのだ」と考えるようになりました。これが「聞法《もんぼう》思想」です。

　そうなると今度は、仏と神の上下関係が問題になります。「聞法思想」で考えれば、煩悩に悩む神を救う仏が当然上です。また神前で経を読むと、神がお喜びになるので、やがてどの神社にも神様のために経を読む僧侶を置き、堂や塔も建てるようになりました。大きな神社には必ず神宮寺を置き、神のために僧侶が経を読み、法要を営みました。

神宮寺の出現は、神の性格を一変させました。神とは、次の世界に如来《にょらい》として転生すべきもの、すなわち菩薩《ぼさつ》であると理解するようになりました。その結果、神に菩薩号を奉じ、八幡大神を八幡大菩薩というようになります。平安時代の桓武天皇の頃には、神を菩薩といい、その後、時代を経るにつれて、それがはなはだしくなりました。

簡単にまとめると、神が仏を鎮守し擁護するという思想から、今度は神が仏の仏法を聞くという思想が生まれました。さらに、仏法を聞かれる神は、すなわち菩薩であると考えるようになったのです。いつのまにか、日本の神は仏教の菩薩になったのです。これを「神仏の習合」とか「神仏混淆《こんこう》」の思想といいます。その後、さらに神仏の関係は変わります。神々は仏の衆生ではない。インドの仏が、日本で「神」という仮の姿になって現れたのだと考える権現《ごんげん》思想が生まれたのです。平安初期から権現思想は「本地垂迹説《ほんじすいじやくせつ》」に発展します。実在の仏を本地、権現を垂迹といい、インドの仏や菩薩が基本で、日本の神祇はその仮の姿にすぎない。天台宗や真言宗の学僧たちは、インドの仏や菩薩が日本の神祇に権現した、つまり、日本の神々は実は仏である、という本地垂迹説を積極的に普及しました。

原始的な神道《しんとう》では、もともと神体はなく、鏡、剣《つるぎ》、玉《ぎょく》などを御神体としていました。神の姿を人に似せて造形しませんでした。本地垂迹説が全国に広がると、平安末期から鎌倉初期にかけて、主要な神にインドの本地仏を定めるようになりました。伊勢神宮の神は毘盧遮那仏《びるしやなぶつ》、救世観音《くぜかんのん》、大日仏《だいにちぶつ》。宇佐八幡宮、石清水《いわしみず》八幡宮、平野神社、春日《かすが》神社、住吉神社、熊野権現等々にも、それぞれ本地仏《ほんじぶつ》を置き、鎌倉時代の末期には、ほとんど全国の神社が、神の本当の姿を現す本地仏を安置しました。

神と仏はもとは同一という観念が定着すると、仏教系の天部《てんぶ》諸神や陰陽道《おんみようどう》系・密教系の神々を神社の祭神《さいじん》に祀《まつ》るようになり、広く信仰の対象にしました。四天王・帝釈天《たいしやくてん》・夜叉《やしや》・鬼子母神《きしもじん》・金比羅《こんぴら》などの神々は、現世利益《げんせりやく》神として普及し、信仰を集めました。

六世紀半ばに仏教が伝来してから江戸時代までの約一、三〇〇年間は、神道《しんとう》と仏教は、融合を重ねながら共存してきました。寺院の境内に神社があり、人々は神も仏も同じと考えて拝《おが》み、信仰の対象にしてきました。神仏混淆《こんこう》状態を自然なものと認めているので、困ったときは、「神様・仏様」に手を合わせます。窮地に追いつめられて絶望したときは、「神も仏もあるものか」と恨《うら》み言をいうわけです。

たしかに日本人は寺院で仏を拝み、神社参拝をして柏手《かしわで》をうちます。そのことから、日本人の宗教観が曖昧でいい加減だといいますが、それはあたりません。日本民族はキリスト教やユダヤ教、イスラム教のような唯一の神を信仰する民族ではありません。また本地垂迹《ほんじすいじやく》説によって仏や神を同一視してきた歴史を理解すべきだと思います。日本人は、神社の神と仏教の仏を区別なく拝んできました。

だから今日でも、仏教徒が靖国神社の神に合祀《ごうし》されるのも、仏教徒が参拝拝礼してもかまわないのではないかという主張があります。そして案外この主張を認めてしまう人が多いように思います。

4 伝統をぶちこわせ！ 神道原理主義の台頭

さて本地垂迹説が普及すると同時に、これに抵抗する反本地垂迹説が現れました。わかりやすくいえば、ナショナリズムです。中国やインドよりも、日本の方がすぐれていると考え、日本本来のものを研究しようという流れが生まれたのです。鎌倉中期から、『古事記』『日本書紀』『万葉集』などの研究が行われるようになりました。インドや中国などの外国の思想をもとにするのではなく、日本本来の神道《しんとう》を明らかにするためには、古典をあるがままに吟味《ぎんみ》して、その古典の中から、純粋に日本的なものを見極めようとしたのです。これを国学といいます。国学は江戸中期から起こり、荷田春満《かだのあずままろ》に源《みなもと》を発し、賀茂真淵《かものまぶち》、本居宣長《もとおりのりなが》、平田篤胤《ひらたあつたね》の四人が国学者として著名です。

平田篤胤は本居宣長没後の門人で、主な著書は『霊能真柱《たまのみはしら》』や『古史伝』です。篤胤は尊卑《そんぴ》を明らかにし、本末《ほんまつ》を正すことを重んじました。日本を尊び外国を卑《いや》しみ、日本を本として外国を末とすることが正しいと、『俗神道大意』で主張しました。「純神道は仏教によって不純なものにされ、さらにそれに儒教が加わって一層不純なものになった。これまでの神道は俗神道である」と決めつけ、排除しようとしました。そのためには、仏教や儒教が入ってくる前の、純粋な神道を明らかにし、復古しなければなりません。このことを篤胤は、弟子たちに次のように説きました。

「神道が純になるためには、思想が純にならなければならない。思想が純となって、神道が純になる。思想が純になるためには、その思想の源《みなもと》が純でなければならない。そのためには、仏教や儒教に源泉を求めてはならない。我々が求めるべき源泉は、古典より外《ほか》にない。我が国の神道は、我が国の古典を源にして研究する。そうすれば、神道が純なるものになる」

これはもう、神道原理主義です。

平田篤胤《あつたね》の復古神道は、祖先の祭祀《さいし》を重視しています。孝道はそのまま神代《かみよ》の神々への崇敬であり、天皇への忠です。平田は、『古事記』『日本書紀』をはじめとする古典を研究した結果、天皇を崇拝し絶対化することが、わが国の神道を純にすると主張しました。日本が万国の本祖であり、世界の本国《もとくに》である。わが天皇は世界の根本の主人である。そして神道は、あらゆる道、あらゆる教えの本源であると弟子たちに説いたのです。ここで、復古神道は、学問だけにとどまらず、復古を実現するための理論としての実践《じっせん》性を備えたのです。

わかりやすくいうと、仏教や儒教が伝来する前の天皇絶対の日本を実現すれば、純な神道を復古できると考えたのです。

あるべき理想の神道を、復古主義に立って求めた篤胤は、真宗《しんしゅう》と日蓮《にちれん》宗を朝敵二宗と呼び、口をきわめて攻撃しました。習合神道を排撃し、歴史的に形成された神道の伝統そのものを、激しく拒否しました。もちろん外来の儒教、仏教、蘭学《らんがく》なども厳しく批判しました。

『古事記』や『日本書紀』は天皇を天照大神の子孫と記しています。国学からスタートした復古神道は、天皇親政を正当化する理論として、影響力を持つようになります。篤胤の没後、平田派国学の復古主義や尊王主義の信奉者は増え続けます。諸藩の下級武士、神職、地主、在郷商人などの幅広い階層の間で急激に門人が増加し、一、三三〇名に達したといわれています。実践的で過激な篤胤の教説は、没後もめざましい思想的影響を与え、国学を藩学に採用する藩も現れました。天皇を絶対化し、天皇親政の実現を説いた平田国学が、徳川幕府を倒す大義名分になると、討幕派の過激派がこれにとびついたのは、いうまでもありません。

平田篤胤は学問だけではなく、神道の行事である祭儀とお祓《はら》いについても吟味《ぎんみ》しました。そして仏教や道教の要素をとり除き、純神道の行事を復古し、改めるべきだと主張しました。それまでは、吉田家から免許をもらった神職が、それぞれのやり方で、お祭りの儀式やお祓いをやっていました。それで平田は、まず行事の方面から神道を改革することにしたのです。

復古神道の「祖先の祭祀を重視し、孝道《こうどう》はそのまま神代の神々への崇敬であり、天皇への忠である」という思想は、天皇のために死ぬことを美化します。天皇の命令とあれば、疑いも持たず、文句もいわず素直に戦場へ送られて死ぬことを「忠」とします。

冒頭に掲げた国民学校教材の『万葉集』の歌の学習は、日本国民は大昔から「悠久の大義に生きた」という、平田国学や復古神道の教えを、幼い頭脳に染みこませるためのものでした。

平田篤胤が排撃した俗神道なるものは、仏教伝来から明治維新までの一、三〇〇年間の歴史と伝統を持っています。しかし明治政府が国家の宗祀《そうし》とした国家神道は、明治になって始められた歴史しかありません。これと一、三〇〇年の差、歴史と伝統の意味を今日どう考えるかという問題があります。権力者は、自分の都合に合わせて、歴史や伝統を政治的に利用することがあります。国民は、そのことに惑わされないように、注意する必要があります。

神仏判然令や、廃仏毀釈《はいぶつきしゃく》運動は、仏教という不純物を含んだ神道から仏教を排除して、神道を純化しなければならないという思想によって行われました。不純物だから貴重な仏像や仏具をこわしても平気だったのでしょう。

昭和に入ってから「国体明徴《めいちょう》運動」が起きますが、これなども廃仏毀釈《はいぶつきしゃく》と同じです。欧米思想や民主主義や共産主義を不純物とみなし、国民に純な日本精神を持たせようと運動したのです。「欧米列国にへつらわず、日本人は、天皇を中心とする神の国の国民としての自覚を持つべきである。永遠に続く天皇親政をお助けするために天皇に忠義を尽くし、天皇のために死ぬように生まれてきた」ということを再確認させるための運動でした。この運動が高まる頃から自由主義や個人主義を批判し、共産主義はもちろん、民主主義も日本の国柄には合わないと否定的な態度をとるようになり、神社参拝を積極的に奨励しました。戦前の神社はアンチ民主主義の象徴なのです。

今日でも、アメリカに押しつけられた戦後民主主義を不純物とみなし、「民主主義が伝来する前の戦前の日本に戻すべきだ」と考える人たちの多くは、靖国神社を国家護持にすべきだと主張しています。よく考えてみると、そうなるのも当然なのです。

青銅製の大鳥居は明治二〇年に建てられた。
その前で外国人が記念撮影。明治中期。

第五問

復古神道と
靖国神社の関係は？

1　復古神道の根本「惟神《ゆいしん》の道」

「仏法」に対して「神道《しんとう》」という言葉ができました。漢語の「神道」を、オリジナルな国語でどう呼んだらよいか？　それが国学者たちの悩みの種でした。『日本書紀』『続日本紀《しょくにほんぎ》』『万葉集』に、しばしば出てくる「かむながら（かんながら・かみながらともいう）」という言葉は、漢字で「惟神《ゆいしん》・随在天神・随神・神随」などと書かれています。本居宣長は『直毘霊《なおいのたま》』で、「惟神の道」とは、「天皇が天下をしろしめす道」であると解釈し、次のように説明しました。

○天神より承《う》け継いだ天皇統治の道である。

○現御神《あきつみかみ》である天皇が、神の御心のままに、日本という国を統治する道のことである。

この解釈から、「惟神の道」を「神皇の道」または「皇道《こうどう》」というようになり、「復古神道」ともいいます。したがって復古神道の内容は次のようなものになります。

一、大宇宙の生命を受けた伊邪那岐《いざなぎ》・伊邪那美《いざなみ》二神によって人は生まれ、日本の国土は固められた。そして、二神の直系である天照大神《あまてらすおおみかみ》によって、日本という国家が開かれ、国家の大理想が定められた。天照大神は永遠に日本の国土を主宰《しゅさい》し、天皇は天照大神の現れ＝現人神《あらひとがみ》として、現世を統治するという信念。

二、忠誠をもって天皇に仕え、肇国《ちょうこく》（国のはじめ）の大理想を顕現《けんげん》するために奉仕してきた神々にならって、日本人は、臣民として清く明るく直《なお》く正しき心を持ち、寶祚《あまつひつぎ》の彌栄《いやさか》（皇位の栄え）を願い、国家の生々《せいせい》発展に貢献しなければならないという信念。

三、したがって、神祇祭祀《じんぎさいし》はあらゆる政治道徳の大本《おおもと》であり、国民は深く誠を捧《ささ》げて神祇に奉仕しなければならないという信念。

また国学者平田篤胤はその著書『霊能真柱《たまのみはしら》』の中で、次のような大陸経略《けいりやく》論―皇道世界主義を説きました。つまり、

一、日本が、世界万国の祖であること

二、日本の皇室が、世界万国の主でなければならぬこと

三、日本の古神道が、世界人類の道であること

これはまさに、世界制覇の大野望です。この復古神道の根本思想を、戦前は「肇国の大理想」ともいいました。日本人は、復古神道を実践し「肇国の大理想」を実現する使命を与えられている。これが日本人としての誇りと愛国心の源泉だというのです。

これでは、夜郎自大《やろうじだい》的なうぬぼれといわれても仕方がありません。ところで、この三項目の、「日本」を「アメリカ」に、「古神道」を「民主主義」に置き換えると、アメリカのブッシュ大統領や新保守主義者《ネオコンサヴァティブ》の主張そのものです。

2　復古神道の崇敬とは？

意外に思われるかもしれませんが、実は神社には信者はありません。寺院や教会は、信者や信徒が集まって、礼拝や法要やミサなどの宗教的行為を行う所です。仏教は、寺院・僧侶・信徒・教典が、セットになっています。ところが、神道は、神社という施設があるだけで、僧侶・信徒・教典に相当するものがありません。神社はどこにいるのかわからない神をお招きして鎮《しず》めた所なのです。そうなると、「神社は神様のお家なの？」という素朴な疑問がわいてきます。

苦しいときの神頼みというくらいで、今日でもそうですが、江戸時代の庶民は気軽に神社に参拝していました。その参拝者＝信者ではないので、神道では神社参拝者を崇敬者《すうけいしや》といいます。

靖国神社は、天皇の臣民として「清く明るく直く正しき心を持ち、寶祚《あまつひつぎ》の彌栄《いやさか》（皇位の栄え）、国家の生々《せいせい》発展に貢献するために」戦争に動員されて、戦死や戦病死した人たちを合祀《ごうし》して祭神にしました。これは慰霊ではなく、ほめ称えて手本として示すために神に祀《まつ》ったのです。

敗戦間際の一九四五年、国民合唱と銘打たれて、ラジオで歌唱指導された少国民歌謡に『勝ち抜く僕等少国民』というのがありました。この曲は、直接少国民を悲壮感に酔わせて、戦争協力させせようという意図で作られたものですが、それは、すさまじいものでした。

『勝ち抜く僕等少国民』（上村数馬作詞／橋本国彦作曲）

一、勝ち抜く僕等少国民／天皇陛下の御為《おんため》に／死ねと教えた父母《ちちはは》の／赤い血潮を受け継いで／心に決死の白襷《しろだすき》（決死隊の目印）／かけて勇んで突撃だ

二、必勝祈願の朝詣《あさまいり》／八幡《はちまん》さまの神前で／木刀振って真剣に／敵を百千斬り斃《たお》す／ちからをつけて見せますと／今朝も祈りをこめてきた

三、僕等の身体《からだ》に込めてある／弾丸《たま》は肉弾大和魂《やまとだま》／不沈を誇る敵艦も／一発必中体当り／見事轟沈《ごうちん》させて見る／飛行機くらいは何のその

四、今日増産（勤労奉仕）の帰り道／みんなで摘んだ花束を／英霊室（その学校出身の戦死者の遺影や、子どもの時に使用した学習帳などを展示、顕彰《けんしょう》した部屋）に供えたら／次は君等だわかったか／しっかりやれよたのんだと／胸

にひびいた神の声

五、後に続くよ僕達が／君は海軍予科練に／僕は陸軍若鷲に／やがて大空飛び越えて／敵の本土の空高く／日の丸の旗立てるのだ

二番の歌詞の、八幡神社の神前で木刀の素振りをするのは、神に立派な兵士になりますと誓うことなのです。そして四番の歌詞では、神となった戦死者の声を聴くというのです。ちなみに「英霊室」は学校によっては「靖国の部屋」と命名されていました。そこは、その国民学校の出身者、つまり先輩で、戦死（した）者を顕彰する特別教室でした。ですから、英霊室に入ったら、神社に参拝するように二拝二拍手一拝しなければなりませんでした。私の記憶では、英霊室の正面の高い位置の中央に、靖国神社の大きな写真があって、その左右に、英霊の遺影が並んでいたように思います。

また、学校で悪いことをすると、教師は「英霊にお詫《わ》びして、反省せよ」と叱《しか》り、英霊室の板の間に長時間正座させました。英霊室を懲罰《ちょうばつ》室として使ったのです。また時々子どもたちを英霊室に集めて、「私たちが後に続きます」と誓いの言葉をいわせた学校もあります。つまり「英霊室」や「靖国の部屋」は、国民学校の少国民たちに、大人になったら「靖国神社」の英霊になる心構えを持たせるために設置したのでしょう。

戦時下の出版である『護国の書』（一九四三年・直霊《なおい》出版社）の中で、当時の靖国

神社宮司《ぐうじ》である陸軍大将鈴木孝雄が「靖国の神」と題して、次のような一文を寄せています。

――……この神様に対する我々奉仕の考え、また遺族をはじめ参拝される一般の方々の考え方というものをはっきりさせねばなりません。即《すなわ》ち日本国民の精神が此処《ここ》靖国神社に凝《こ》って永く存在《おわし》まして、我々現在活動しているものに対して国民精神の精華を見せつけて居《お》られるのでありまして、我々国民と致しましては、靖国神社に祀られたる神様の精神に頼って、そして自分たちが国家に対する忠誠に過《あやま》ちなからしめ、此の点について過ちのないことを神様が守護しておるというような考え方が大事だと思うのでありま す。

そこで、靖国の神様は、始終我々国民の毎日々々の行動を照覧せられ、そうして我々を導いて行くという立場におられると考えなければならんと思います。――

ここでいわれている国民精神というのは、単純な国民の精神ということではなく、「天皇陛下の御為に命を投げ出して肇国《ちようこく》の精神である八紘一宇《はつこういちう》（世界制覇《せいは》）を成し遂げようとする」精神です。つまり、大日本帝国が始めた戦争を完遂する精神です。靖国の神は、その精神を高揚強化させるように国民を導く立場にあるというのです。

ですから、靖国神社に参拝して拝礼をして崇敬《すうけい》することは、「私もあなた方戦死者に習って、あとに続きます」と誓うことです。したがって、小泉純一郎首相が靖国神社に公式に参拝することは、「日本の首相は、A級戦犯の東条英機《とうじょうひでき》などを崇敬し、東条英機などを手本としこれに習い、あとに続きます」という意味になります。だから中国や韓国・朝鮮は、激しく抗議をするのです。特に韓国や朝鮮では、旧植民地時代に、日本軍は朝鮮人の独立運動などを弾圧してきました。そのとき、朝鮮人の抵抗にあって死んだ日本兵も神として靖国神社に祀っています。それもあって、首相が靖国神社に参拝して崇敬の念を示せば、当然、中国・韓国・朝鮮は「日本は歴史を学ぼうとしない、あの戦争について反省していない」と非難するのです。

同じく『護国の書』の中で海軍少将で評論家の匝瑳胤次《そうさたねひろ》は「靖国と天佑神助《てんゆうしんじょ》」と題して東郷平八郎の言葉を引用しながら、次のように述べています。

――……天佑神助というものは、必ず在ることと自分は信じている。ただしこれは漫然としていて受け得られるものではない。惟《おも》うに天佑神助は至誠《しせい》の反映であるから、これが実現せざるは、至誠が足らないものと反省し、ますます至誠を尽くさねばならぬ。自分が「天は正義に与《くみ》し、神は必ず至誠《しせい》に感ず」というのを標語としておるのも、こういう次第である。

……今や靖国社頭、幾多の護国の英霊は神鎮《かみしず》まりつつあるのである。年々天皇御親裁の下にいとも厳粛に祭祀が行わせられる。これらの神々は護国の重任を果たして莞然《かんぜん》と（ほほえむように）「天皇陛下万歳」を叫んで散華《さんげ》した純忠の士である。あるいは七生報国《しちしょうほうこく》（七度生まれ変わって国にむくいるという楠木正成の言葉）を誓って必死の陣頭に突進した勇士である。「敵を倒すまでは死んではならぬ」と最後の場面に到着するまで冷静、沈着、剛胆《ごうたん》に振る舞った至誠の権化《ごんげ》である。大和民族においてのみ見るこの「強さ」この「偉大さ」この「荘厳さ」が凝《こ》って（一つに結合して）靖国の英霊となり靖国の精神となり天孫降《てんそんこう》臨《りん》の神勅《しんちょく》（天照大神の神勅）を奉体して、天業《てんぎょう》を恢弘《かいこう》し来《きた》った（天皇の八紘一《はっこういち》宇《う》の大業を広め拡大してきた）祖先の霊とともに八百万《やおよろず》の神となって、神国日本の基を築くのである。

　されば吾々がこの護国の神々に対し、最高の感謝を捧《ささ》げ、国家安泰の祈念を籠《こ》むる時、これら英霊は皇祖皇宗《こうそこうそう》の神霊《しんれい》に陪従《ばいじゅう》して（付きしたがって）今も尚《なお》生けるがごとく一意皇運扶翼《ふよく》に尽瘁《じんすい》し（心を尽くし力を出し切って）あるを堅く信ずるものである。この信仰、この敬神あって始めて天佑《てんゆう》神助を感受し得るのである。吾等は一層至誠を披瀝《ひれき》して戦力の増強に万艱《ばんかん》突破に邁進《まいしん》し、もって上天《じょうてん》の神霊に応えなければならぬ。——

つまり、至誠の化身《けしん》である靖国の神に最高の感謝を捧げ、心から国家安泰の祈願をすれば、初めて天佑神助という神のご加護がいただけるのだから、そのように務めなければならないというのです。これでわかるように、靖国神社で、平和を祈ったり、戦死者を哀悼《あいとう》する人もいるようですが、靖国神社は原則的に、そういうことをする所ではないのです。

戦時色の強まった昭和一三年の七五三で、子どもたちも神社に参拝し、
陸海軍士官服姿で万歳を唱えた。

第六問

教派神道と
国家神道の違いは？

1　復古神道を国教化する計画

徳川幕府は仏教をキリスト教禁圧に利用しました。檀家《だんか》制度と寺請《てらう》け制度で、民衆と寺院のつながりを強固にし、宗門人別改帳《しゅうもんにんべつあらためちょう》などで仏教徒であるという身元保証をすることで、キリスト教を布教させない、檀家の中からキリスト教信者を出させない、という反キリスト教政策をとり続けました。

その結果、徳川三百年の間に仏教は民衆の暮らしの中に確実に根をおろしました。一般民衆ばかりではありません。皇室も仏式で葬式を行いました。仏教徒は死者の供養《くよう》を通じて、寺院と密接な関係を結んできました。この関係は明治維新後もほぼ変わりませんでした。

「鰯《いわし》の頭も信心から」というように、仏教とは別に多種多様な民間信仰がありました。富士講《ふじこう》や御岳行者《みたけぎょうじゃ》などの山岳信仰、とげ抜き地蔵、稲荷講《いなりこう》、コレラ封じの呪《まじな》いなど、民間信仰が繁盛していました。幕末頃には、教祖的神道が生まれました。黒住《くろずみ》教祖＝黒住宗忠《むねただ》、金光《こんこう》教祖＝川手文次《かわてぶんじ》（治）郎《ろう》、天理教祖＝中山みき、などの教祖は、現世《げんせ》において神秘的な神懸《が》かり啓示を体験した後、神としての自覚に到達しました。教祖は、悩み苦しむ人々を救済するために、教団を設立して多くの信者を集めました。現《げん》世利益《せりやく》、病気治癒《ちゆ》、苦悩からの解放を願う庶民の気持ちは、今も昔も同じでした。ところで維新の原動力となったのは、国学者が明らかにした「惟神《ゆいしん》の道」と、これを実践した復古神道です。ここで「惟神の道」の内容を繰り返して説明しておきます。

○天神から受け継いだ天皇統治の道のこと。

○現御神《あきつみかみ》である天皇が、神の御心のままに日本という国を統治する道のこと。これを「皇道」という。

○忠誠をもって天皇に仕え、肇国《ちょうこく》の大理想を顕現《けんげん》するために奉仕してきた神々にならって、日本人は天皇の臣民として、清く明るく正しき心を持ち、寶祚《あまつひつぎ》の彌《いや》栄《さか》、国家の生々《せいせい》発展に貢献せねばならぬという信念。これを「臣民の道」という。

○神祇祭祀《じんぎさいし》はあらゆる政治道徳の大本《おおもと》であり、国民は深く誠を捧《ささ》げて神祇に奉仕せねばならぬという信念。

たしかに民衆も、維新で政権が交代して、時代が変わったことを実感していました。江戸が東京となり、京都から天皇が東京城に移り住むと、これを宮城《きゅうじょう》と呼ぶようになりました。けれども、ほとんどの民衆は京都から引っ越してきた「天皇」とは、どういうものかよくわからないので、「私は天皇の臣民である」という自覚も実感もありませんでした。「臣民は、忠誠をもって天皇に仕え、国家の発展に貢献しなければならない」「神祇や皇霊を崇敬して、奉仕しなければならない」といわれても、なんのことやらピンとこなかったのです。

明治天皇は王政復古の大号令を発し、祭政一致を宣言し、神祇祭祀を政治道徳の大本にしました。すべての日本人が「惟神《ゆいしん》の道」を理解して実践したら、天皇を絶対とする忠良な臣民ができあがります。忠良な臣民が天皇の統治や命令に従い、天皇と国家のために奉仕をすれば、政権は強固に永遠に続きます。天皇と政府にとって、こんなよいことはありません。

明治維新を遂行した人たちは、クーデターで幕府を倒しました。しかしいったん、自分たちの政権を樹立すると、今度は逆に自分たちがクーデターで倒されるのではないかと、不安を覚えました。それもあって、忠良な臣民の心得を説く復古神道の「惟神の道」は、天皇と明治政府にとっては非常に都合のよい学説だったのです。

そこで復古神道を国教化するために、明治元年には神祇官《じんぎかん》を復活させ、神祇祭祀、神社行政を施行し、同時にこの「惟神の道」を民衆に理解させようとしました。もともと神祇官は、大化改新の後、養老律令《ようろうりつりょう》を定めた元正《げんしょう》天皇の時代（八世紀初頭）に創設された官庁で、神祇祭祀や神社行政を専門に行う役所でした。ですから神祇官本来の職務の中に、教えを広める「宣教」はありませんでした。明治政府は神祇官を復興すると、宣教と諸陵《しょりょう》（天皇・皇后の墳墓《ふんぼ》）に関する事務も担当させました。

徳川時代は、神祇官長の家柄の白川家と吉田家が神道全般を支配していました。吉田家の吉田神道は茶道や華道のような家元制度をとっていました。全国神社の神職（神主《かんぬし》や禰宜《ねぎ》）のほとんどが、幕府公認の吉田家から裁許状をもらって神職になって祭祀を行っていたのです。

明治政府はこの状態を改めます。「神社は国家の宗祀《そうし》であるから、一人一家（神主個人や吉田家のこと）の私有にしてはならない」として、神社の私有と神官の世襲を廃止しました。

そして明治政府は、白川神道と吉田神道の神職たちを神祇官に集め、さらに国学者や儒学者たちも加えて、復古神道を宣伝布教させることにしました。ところが実際に庶民を相手に宣教を始めてみると、宣教のノウハウも人材もマニュアルも無いことがわかりました。復古神道はもともと国学者が古典を研究して主張したむずかしい学説、神道論です。国学者は学者であって、黒住《くろずみ》教や金光《こんこう》教のような民間信仰の教祖ではありません。今日のような学校教育の無い時代の民衆に、自分たちの生活と無関係に思える、難解な学説にもとづく「惟神の道」を宣教するのは、容易なことではありませんでした。

2　国教化の実際

明治政府は、維新の指導原理を生み出した国学方面の人材を重んじ、従来、幕府や諸藩から国教として優遇された仏教を、抑圧する方針をとりました。神仏判然令を出し、廃寺や寺院合併を強制し、過激な廃仏毀釈《はいぶつきしゃく》運動を容認しました。その一方で、キリスト教対策として仏教と神道の両方から「惟神の道」を説かせることにしたのです。神祇官入りした白川・吉田神道の神官や国学者たちは、どちらかといえば、これまで陽《ひ》の目を見なかった人たちでした。その人たちを突然、神祇官に入れて中央政治に引っ張り出したのです。その上、維新直後は神祇官を太政官《だじょうかん》の上に置いたので、神官たちはわけもなく威張《いば》り、太政官《だじょうかん》の役人から苦情が出るほどでした。一八七一年（明治四年）八月、神祇官を神祇省と改めて、太政官の下に置きました。さらに、神祇だけを特別扱いするのをやめて、神社と寺院を同一の役所で管轄《かんかつ》指導することにしました。翌一八七二年（明治五年）三月に、神祇省を廃して教部省《きょうぶ》を設けました。このとき、神祇の祭祀《さいし》に関する事務は太政官の式部寮《しきぶりょう》に移しました。翌四月には、教部省は「三条の教憲」を布告して、本格的に教宣活動を開始しました。

一、敬神愛国の旨を体すべき事
二、天理人道を明《あきらか》にすべき事
三、皇上（天皇）を奉戴《ほうたい》し、朝旨《ちょうし》（天皇の命令）を遵守《じゅんしゅ》せしむべき事

この「三条の教憲」は教義というにはあまりにも単純で曖昧《あいまい》でした。神道の神職と仏教の僧侶《そうりょ》が共同し、さらに、一般民間人、呪師《まじないし》や山伏修験者《やまぶししゅげんしゃ》、役者、戯作者《げさくしゃ》、寺子屋教師など、要するに口の達者な者はすべて動員して、これを全国に説教してまわらせることにしました。神仏合同事務所を「大教院」と称して、これを東京の芝にある増上寺《ぞうじょうじ》に置き、全国の中小寺院を「小教院」にしました。増上寺に白木の鳥居を設け、本尊《ほんぞん》は別殿に移し、そのあとに注連縄《しめなわ》を張りました。僧侶に神職と合同で、拍手拝礼の神式の祭祀をやらせたので、これを仏教界が快く思うはずはありません。廃仏毀釈運動を煽《あお》り、仏教を非難し僧侶を痛めつけておきながら、今度は、仏教排斥のもとになった「惟神《ゆいしん》の道」を、「三条の教憲」にもとづいて僧侶に説教をさせるというのです。どう考えても変で無理な話です。結局僧侶たちは、「惟神の道」や「三条の教憲」などはそっちのけで、もっぱら仏教の教義を主として説教を行い、檀家《だんか》獲得に励みました。

これには、さすがに明治政府も困惑し、一八七二年（明治五年）一一月から翌年の一月にかけて、「三条の教憲」の説教をするときは、仏教を説いてはならないという

厳しい布告を出しました。これに対して、仏教界の有志は「政治と宗教は元来分離すべきもので、三条の教憲や教導職の制度は、政教混淆《こんこう》の誤りを犯している。神仏は、すべからく大教院から分離すべし」と反論し、大教院から脱退する者が出てきました。

政府は、一八七五年（明治八年）四月に大教院を停止し、今後は教導職は自由に説教するように申し渡しました。そこで神官側の教導職が一緒になって、大教院に代わる布教機関として「神道事務局」を設立しました。しかし、翌一八七六年（明治九年）には、黒住《くろずみ》教と修成《しゅうせい》派が独立しました。

その後、「神道事務局」が奉斎《ほうさい》する祭神（天之御中主神《あめのみなかぬしのかみ》・高皇産霊神《たかみむすびのかみ》・神皇産霊《かみむすびの》神《かみ》・天照大神《あまてらすおおみかみ》）の外《ほか》に、幽冥《ゆうめい》界を主宰する大国主命《おおくにぬしのみこと》を加えるか否かで対立しました。その結果、「神道事務局」を脱退して、新たに一派の教義を立てて教団を作り独立する者が現れました。

一八八二年（明治一五年）、政府は、神官に教導職を兼務させないことにしました。「惟神の道」を信仰的に説教して布教活動をやりたい人は、神官を辞職しなければなりません。それでこの年に、大成《たいせい》教・御嶽《みたけ》教・扶桑《ふそう》教・実行《じっこう》教・大社《たいしゃ》教・神習《しんしゅう》教が分派独立しました。

一八八四年（明治一七年）、政府は教導職そのものを全廃することにしました。「神道事務局」に残っていた教導師たちは、管長《かんちょう》を定めて「神道」という教団を作りました。一八九四年（明治二七年）、「神道」から神理《しんり》教と禊《みそぎ》教が分派独立し、一九〇〇年（明治三三年）には金光《こんこう》教、一九〇八年（明治四一年）には天理教が分派独立しました。最後まで「神道事務局」に残った「神道」は、大教院時代の「三条の教憲」を教義としたので、後に「神道大教」と改称しました。大教院に代わる神道事務局から分派して、十三派の宗教教団が独立したので、これらを教派神道・宗派神道・神道十三派といい、神社神道と区別しました。教派神道は教祖が立てた教義に従って、信者のために私的な祭祀《さいし》を行います。この教派神道に対して、神社で、国家の宗祀《そうし》のために祭祀を行う神道を、神社神道または国家神道（国家的神道）といって、区別しました。

一八七七年（明治一〇年）一月、政府は、存続理由を失った教部省を廃し、内務省に社寺局を置いて、事務を引き継ぐことにしました。これは、政教分離を国策にしたことを意味し、信教の自由を公認する前提となりました。祭祀の儀式に関する事柄は、神祇官《じんぎかん》から式部寮に移し、同年九月に宮内《くない》省に移管しました。神祇官が行った祭祀事務の大部分を宮内省が担当すると、官幣社《かんぺいしゃ》の官幣の費用も宮中より出すことにしました。

3　教派神道とは？

教派神道は、神道系新興宗教といえばわかりやすいかもしれません。各派の教義の中で共通している点をあげると、次のようになります。

一、神社神道が奉斎の対象としていない、天地開闢《かいびゃく》以前の元霊神を信じ祀ること
二、神に委《まか》せきるという信念が強いこと
三、無我・誠・感謝の生活を強調すること
四、精神的または肉体的方法による、禊《みそ》ぎや祓《はら》いを重んじること
五、鎮魂《ちんこん》その他の方法による精神統一を重視すること
六、死後の幽界《ゆうかい》を重んじるが、現世《げんせ》を嫌悪するような思想を含まないこと
七、疾病《しっぺい》は罪穢《つみけがれ》からくる応報であるとすること

教派神道は、信仰的色彩が濃厚でした。よくよく考えてみると、明治になったとたん、新政府は神祇官を復興し、そこへ神仏混淆《こんこう》時代の神道の白川家や吉田家に連なる神職たち、すでに幕末に教団を起こしていた教祖や教師たちを寄せ集めたのです。彼

らは、復古神道とは無縁で、おまけに主義や主張が違う人たちでした。大教院には、神官とは犬猿の仲の僧侶を入れて、結束を固め、協力して「惟神《ゆいしん》の道」を説くように命令したのです。無理と矛盾を無視した御都合主義的教宣活動が、うまくいくはずがありませんでした。

明治政府は、初めは祭政一致（政教一致）を国策として、「惟神の道」の宣教活動を開始しました。ただしキリスト教は徳川幕府の禁圧政策を引き継ぎました。キリスト教禁圧政策は、欧米諸国の激しい抗議にあい、外交問題にまで発展しました。政府がやむをえずキリスト教を黙認して信教の自由を認めた時点で、事実上、復古神道国教化計画は挫折《ざせつ》したのです。国教化に失敗した結果が、教派神道・神道十三派の誕生です。

政府は、この失敗から、「惟神の道」を国民に広め、徹底化するには、学校教育を利用するしかないと悟りました。西南戦争が終わり、内乱の危機が無くなると、徴兵《ちょうへい》制度で集めた兵士の使い道は、外国との戦争しかありません。臣民が「惟神の道」を実践し、天皇に忠義を尽くし、国家の隆盛と発展のために貢献するときといえば、戦争しかありません。その戦争をやるのは兵士、軍人です。軍人にこそ、「惟神の道」の精神を徹底させなければなりません。そのために、明治天皇は一八八二年（明治一五年）一月四日、「軍人勅諭《ちょくゆ》」を渙発《かんぱつ》しました。

一八八九年（明治二二年）二月一一日に、大日本帝国憲法を発布し、翌一八九〇年（明治二三年）に国会を開設しました。その年の一〇月三〇日に、明治天皇は「教育勅語」を渙発しました。「軍人勅諭」と「教育勅語」に「惟神の道」の理念を盛りこみ、これを子どもと軍人に教え、徹底化することにしたのです。

「軍人勅諭」や「教育勅語」というのは軍人や子どもが守るべき道徳や倫理ではなく、「惟神の道」の教えであるということを、はっきりと認識する必要があります。それなのに、いまだに「教育勅語を復活させよ」と主張する人がいます。「教育勅語」の復活は、復古神道の「惟神の道」の復活です。天皇を絶対化し天皇親政を復活させることは、民主主義を否定することにつながります。私たちは、「修身教育の復活」とか「道徳教育の見直し」という言葉の陰に隠されているものに、注意する必要があります。

教派神道に対して神社神道は、宗教色が薄く、悪くいえば、一般庶民から遊離していました。神社の神職は、神社の社殿の中で、もっぱら国家の宗祀《そうし》のために祭祀《さいし》を行いました。また神社には厳《おごそ》かな宗教的雰囲気がありますが、教派神道が持っている賑《にぎ》やかで強烈な信仰的色彩はありません。神道は宗教の一つですが、政府は神社神道・国家神道に関しては、あえて宗教の枠《わく》の中には入れず、曖昧《あいまい》にしていました。

一九三二年（昭和七年）、キリスト教系大学の上智《じょうち》大学の学生が、靖国神社参拝を拒否しました。軍部はそれなら、上智大学には軍事教練の将校を派遣しないとおどしました。軍事教練を受けない大卒者は徴兵に際し、徴兵延期や幹部候補生受験資格が認められなかったりなど、大卒学歴者の色々な恩典から外されます。天主公教会東京大司教は、この靖国神社参拝問題を取り上げ、文部省に「学生生徒児童を神社に参拝させるのはどういうわけか？」と書面で質問しました。この質問は、学校教育は特定の宗教には関わらないという原則をふまえての質問でした。これに対して、文部省は「靖国神社参拝は、教育上の理由にもとづくもので、学生、生徒、児童の団体が、この場合要求せらるる敬礼は、愛国心と忠誠とを現すものに外ならず」と回答しました。

文部省は、靖国神社参拝は宗教的行為か否かという、根本的な問題には答えず、神社参拝は愛国心や忠誠心を教えるために行う、教育の一環だと答えて、問題をすり替えてしまったのです。一九三七年に日中戦争（※「文庫版まえがき」参照）が始まると、愛国心の証《あかし》しとして靖国神社参拝を強制するようになりました。

一九四一年（昭和一六年）一二月八日、大日本帝国は無通告でハワイの真珠湾を奇襲攻撃し、アメリカ・イギリスと大東亜《だいとうあ》戦争（戦後、太平洋戦争と改称）を始めました。私は国民学校四年生でしたが、校長は、開戦した日に四年生以上全員を近くの三島神社へ参拝させました。そして皇軍将士の武運長久《ぶうんちょうきゅう》と戦争勝利を真剣に祈願させたのです。それ以来、事あるごとに子どもたちは神社参拝に駆り出されました。その頃になると、神社参拝を拒否したら非国民といわれて、ひどい目にあわされると、みんなが知っていましたから、もう誰も文句をいいませんでした。国家神道は、国家が神社参拝や崇敬を強制できます。この点が、教派神道と違う点です。

明治末期、靖国神社のある九段坂の町並み。

第七問

靖国神社は宗教ですか？

1　キリスト教の解禁

キリスト教を日本に伝えたのは、イエズス会のフランシスコ・ザビエルです。一五四九年（天文《てんぶん》一八年）の夏、ザビエルは鹿児島に上陸すると領主島津貴久《たかひさ》の許しを得て布教活動を開始しました。キリスト教は個人の霊魂を尊重し、地上の君主よりも、天に在《ま》します父なる神や法王を優越させるので、キリシタンの増加は次第に封建的領主の権威を脅かすようになりました。徳川家康が天下を統一し幕府を開いた慶長年間に、信者は七〇万人を超え、キリスト教は最盛期を迎えます。徳川幕府はキリスト教の興隆に脅威を抱き、一六一三年（慶長一八年）、全国にキリスト教禁教令を発しました。キリスト教徒を迫害し、凄惨《せいさん》な拷問《ごうもん》を加え改宗や棄教を迫ったので、多くの信者が殉教しました。徳川幕府は維新までキリスト教を禁制としました。

明治政府は復古神道を重んじて、祭政一致を政治と道徳の大本《おおもと》にしました。天照大神や天皇に優越する外来の神を許容するわけがありません。明治政府は徳川幕府のキリスト教禁圧政策をそのまま続けることにしました。

けれども鎖国時代と違い、開国して国際社会の一員になると、文明開化を国策にして欧米の文化や技術を積極的にとり入れました。しかし、キリスト教だけは別で、断固お断りという態度をとったのです。

明治政府は一八六八年（慶応四年）三月一五日に、「キリシタン邪宗門」を禁制にするという高札《こうさつ》を立てました。キリスト教を邪教と決めつけて禁止し、キリスト教徒を見つけて密告したら褒美《ほうび》を与えるという内容でした。

この高札を見た欧米諸国の大使や公使は、「我々の国民が信奉するキリスト教を侮辱するものだ」と激しく抗議しました。政府は「キリシタン邪宗門」という書き方は、不適切で誤解を招いたといい訳をし、「キリシタン宗門を禁制する。邪宗門はかたく禁止する」と書き直した高札を立てました。

維新当時は、国学者や復古神道を原理とする者たちの勢力が強く、キリスト教禁圧を続けました。

一八六九年（明治二年）五月、東京招魂社《しょうこんしゃ》を創建している最中に、明治天皇は御《ご》前《ぜん》会議を開き、長崎の浦上《うらがみ》村のキリシタン三、一〇九名を、西日本を中心とする諸藩に流刑《るけい》することを決めました。浦上のキリシタン農民は、流刑先で苛酷な取り扱いや拷問を受けました。ほとんどの信者は信仰を守り殉教の道を選びました。これを浦上事件といいます。

明治政府は欧米諸国の外交官に、「浦上事件は政治犯を処刑しただけで、キリスト教徒を弾圧したのではない」と説明してごまかしました。けれども、浦上事件の真相が明らかになると、これまた外交上の大問題となりました。

明治政府は、キリスト教を禁圧し、廃仏毀釈《はいぶつきしやく》運動で仏教を排撃しました。それによって復古神道が一人勝ちできるわけです。ところが維新から五年もたたないうちに、政府はキリスト教を解禁します。その最大の原因は、欧米諸国の抗議と経済的な理由でした。

徳川幕府は、一八五八年（安政五年）に欧米諸国と修好通商条約を締結しました。貿易を行うとき、自国の産業を保護し、税金を得るために、輸入品に関税をかけます。このときに結んだ条約は、日本にとって不平等で不利な治外法権と関税率を定めていたので、「不平等条約」といいます。

一八六九年（明治二年）に、明治政府は、オーストリア・ハンガリーと新たに通商条約を結びました。このとき、日本側の担当者は、関税や治外法権や最恵国待遇《さいけいこく》の意味を理解していなかったので、代理人のイギリス公使パークスが決めた条件を丸飲みにして条約を締結してしまいました。最恵国待遇によって、オーストリア・ハンガリーに与えた権利や利益は、他の国にも同じように与えます。あろうことか、明治政府は、自ら安政の不平等条約を徹底的に改悪してしまったのです。実際に貿易を始めてみて、そのことがはっきりわかりました。

ところで一八五八年（安政五年）の修好通商条約は、「締約国の一方が改定を希望する場合は、改定期（一八七二年＝明治五年）の一年前（一八七一年）に、対手国《あいて》の政府に通告して、改定交渉を開始できる」と規定していました。そこで政府は、岩倉具視《ともみ》を全権大使に任命し、大久保利通《としみち》、伊藤博文、山口尚芳《ますか》らを、欧米一三か国に派遣し、条約改正交渉を命じたのです。

各国は日本の訪問団を歓迎はしましたが、条約改正交渉には冷淡な態度をとりました。日本にとっては不利ですが、欧米諸国にとってはこれ以上有利な条約はありません。欧米諸国が快く条約を改正するわけがありません。欧米諸国は、「我々の国民は、キリスト教弾圧政策をとる日本に反感を抱いている。近代的な国家と認めるなと怒っている」と注意し、条約改正の意志がないことを伝えました。

条約改正どころか、交渉開始すら困難なことを悟ると、政府は、キリスト教禁圧政策は国益を損なうと判断しました。一八七三年（明治六年）、「切支丹《きりしたん》禁止、邪宗門禁止」の高札を撤去し、各地に流刑中の浦上のキリシタンを全員解放しました。外圧に押し切られる形で、キリスト教の布教を黙認し、事実上の解禁に踏み切ったのです。

2　宗教とはいかなるものか?

一八八五年(明治一八年)一二月に、内閣官制が設けられ、初代伊藤博文内閣が成立します。伊藤博文や外務大臣井上馨《かおる》は、条約改正を早期実現するために、極端な欧化政策をとり、欧米諸国に対して嬌柔《きょうじゅう》(媚《こ》び馴《な》れ合う)主義をとりました。欧米諸国の歓心を買うことによって条約改正を達成しようとしたのです。伊藤内閣は外国人の不法事件に対して常に譲歩する方針をとりました。西洋文化を模倣し、舶来品《はくらい》を尊び、鹿鳴館《ろくめいかん》を建てて、夜会、舞踏会、仮装舞踏会を開きました。

キリスト教が事実上解禁されると、聖書や欧米のキリスト教神学関係の出版物を輸入し翻訳するようになりました。そこで問題となったのが、"The Christian Religion"のレリジョンという言葉です。レリジョンを、どのような邦語に訳したらよいかが、操觚者《そうこしゃ》(ジャーナリストの邦訳語)たちの間で、論議されました。

一八七九年(明治一二年)、明六社《めいろく》の会員の西周《にしあまね》・西村茂樹・中村正直《まさなお》・福沢諭吉・森有礼《ありのり》たちが集って、「教法・徳教・法教・宗旨《しゅうし》・宗門」などと邦訳しました。これとは別に、小崎弘道《こざきひろみち》牧師が、Religion＝レリジョンを「宗教」と邦訳し、一八八〇年（明治一三年）に『宗教要諦《ようてい》』を刊行しました。すでに一八七五年（明治八年）頃から、キリスト教関係者は「宗教」という言葉を使っていました。実際に日本で誰が最初に「宗教」と邦訳したかは断定できませんが、『宗教要諦』が刊行されてから、「宗教」という言葉が一般化し、普及したことは確かです。

レリジョンを意味する「宗教」は、日本にも中国にもない言葉です。仏教は廃仏毀釈運動で大打撃を受けましたが、逆にこれを機会に、僧侶は学問に励み、教法をたて直しました。一八七九年（明治一二年）、東京帝国大学に仏教学を開講し、哲学的な研究を開始しました。その際に、「レリジョン＝宗教」は、キリスト教の用語だから、仏教にふさわしくないと考えて「印度哲学」という名称にしました。

これでわかるように、「宗教」という邦訳語ができた当時は、宗教といえばキリスト教を意味しました。やがて「宗教」という言葉が定着すると、「宗教」を世界的宗教の意味で使用するようになりました。つまり「宗教って何？　レリジョンだよ」といっても、もとの「レリジョン」の中身、意味がわかりません。そこで宗教とは、仏教・キリスト教・イスラム教のような世界的宗教とそれに準じるものと説明しました。そのうちに教派神道やその他の教祖的信仰なども含めて、宗教というようになりました。

一八八九年（明治二二年）二月一一日に発布された大日本帝国憲法は、条件付きで信教の自由を認めました。

第二八条　日本臣民ハ安寧《あんねい》秩序ヲ妨ゲズ、及ビ臣民タルノ義務ニ背《そむ》カザル限リニ於テ、信教ノ自由ヲ有ス。（原文には句読点、濁点無し）

この規定によって、キリスト教は正式に解禁されましたが、次に問題となったのは「信教の自由」の「信教」の文字の意味です。文字通りに解釈すれば「信教の自由」とは、いかなる宗教を信じても、または信じなくてもよい。信じる、信じないは個人の自由です。

教派神道は、今日でいう新興宗教ですから、信じるのも信じないのも個人の自由でかまいません。問題は、神社神道すなわち国家神道です。神社神道（国家神道）を宗教と認めれば、当然信教の自由の対象になります。神社神道を信じるのも信じないのも個人の自由です。そうなると神社参拝を国民に強制できません。神社の経費を国家が負担することもできません。

維新で復古した「惟神の道」は外来のキリスト教に加えて、信教の自由や権利に脅かされるようになったのです。

教派神道と同じように、神社神道を宗教にしたら、「惟神の道」を信じない人が必ず現れます。「天皇は現御神《あきつみかみ》（現人神《あらひとがみ》）ではない、私たちと同じ人間だ」とか、「国民の自由や権利を尊重し保障すべきだ。天皇を絶対とする政治は誤りだ。国民の総意にもとづく民主主義的な政治を行うべきだ」と主張する人たちが増えるかもしれません。神社神道を宗教にしたら、天皇を担いで成立した明治政府にとって、危険極まりない思想を普及させるおそれがありました。後に政府は、共産主義や社会主義や無政府主義を、天皇統治を否定し、「惟神の道」を大本とする政治や道徳を覆《くつがえ》す危険な思想とみなして、治安維持法という法律で弾圧を加えました。

政府の復古神道国教化計画は、実施から間もなく挫折しました。それもあって政府は、神社神道は宗教であるか否かを曖昧《あいまい》にして、「宗教」の枠の中に入れないことにしたのです。

3　国家が神社を宗教にしなかった理由

「宗教」という文字が法律の中で初めて使われたのは、憲法発布の二年後です。一八九一年（明治二四年）七月二四日勅令第八八号内務省官制第一〇号第二条に、次のように使いました。

神仏各派の教規・宗制・神職・僧侶・教師の身分、社寺及び宗教の用に供する堂宇《どうう》存続其の他統《す》べて宗教に関する事項――

内務省は、行政の対象としてとり扱う「宗教」とは、いかなるものかを具体的に示す必要がありました。そのために一定の条件を明らかにしたのです。「領土・人民・独立した統治体」の三要素を備えたものを「国家」とみなします。これと同じように、「教義・教師・教会や寺院などの施設」という一定条件を満たしているものを「宗教」にしたのです。

この一定条件から神社を見ると、教義と教師がないので、「宗教」にはなりません。ここで「それでは、神社というのは一体なんなのか?」という大疑問が生じました。この大疑問に対して神道関係者は次のように答えました。

「神社は学術上(国学)から見れば立派な宗教であるが、制度上は、神社を宗教としてとり扱わない。たしかに神社には教義や教典がない。神社崇敬の内容があまりにも単純で、教義や布教機関を設けることができないからだという指摘があるが、それは誤りである。教義や布教機関を設けようと思えば、すぐにでも設けられる。けれども神社は我が国固有の存在で、その崇敬は日本帝国と密接不離な関係にあるので、国家が一般の宗教と区別して特別な待遇を与えるために、教義や布教機関を設けないのだ」

なんだかややこしい理屈ですが、「神社は我が国固有の存在で、その崇敬は日本帝国と密接不離な関係」とは、どういう関係なのでしょうか? これについて、『神道精義』（一九三八年・加藤玄智・大日本出版）は、びっくりするような解説をしています。

（一）神道の本質は、我が国家元首を至極《しごく》の対象とせる日本人の国家的宗教心に存す。

（二）神道の精華は、我が忠君愛国心の宗教的発現に在《あ》り。

（三）神道の神髄生命は、我が万国無比なる忠君愛国の至情にして、一系正統の神皇《じんのう》（現人神《あらひとがみ》・天皇）に対し奉る我が国家的宗教心なり。すなわち日本人の神皇奉仕の精神が白熱状態を呈し、熱烈なる宗教的色彩を発揮し来《きた》れるもの（神懸《が》かり的興奮状態か？）これなり。

（四）神道の第一義は、国家的神道に在《あ》るものにして、我が神皇を至極の対象とせる日本人の国家的宗教心なり。すなわち神道の核心を成すものは、日本人の忠君愛国心の精華《せいか》が、宗教の形をとって発現せるものこれなり。

（五）国家的神道とは、神皇を至極《しごく》（究極）の対象とせる古今日本人の団体的宗教ともいえる。

（六）国家的神道は、日本人固有の宗教意識の特色にして、日本の民族意識、すなわち日本精神（日本魂《やまとだましい》）にこの特色あることは、あたかも日本人の皮膚《ひふ》に黄色あり、その毛髪に黒色あるが如《ごと》く、はたまた平面三角形において、その内角の和が、常に二直角をなせるがごときものなり。

つまり、三角形の内角の和は一八〇度と決まっているように、いやしくも日本人に生まれたら、誰に説法されなくても、自然に国家神道の信者になると決まっている。日本人は生まれつき国家神道信者で天皇崇拝者だというのです。つまり、日本人はDNAに国家神道を持っているというのです。これは恐ろしく非科学的な定義で、「神様の国に生まれて、神様の道がいやなら外国へ行け」といわんばかりです。

「国家神道の信者にならない者は、日本人、日本国民ではない」といういい方を端的に表したのが「非国民」です。日中戦争が始まり、それが太平洋戦争に発展すると、国家神道を信じない者や神社参拝を拒否する者は、非国民だと非難するようになりました。**宗教ではない国家神道を、宗教を超越したものとして国民すべてに崇敬を強制したわけです。**

4　靖国神社は、戦争に負けて宗教になった

戦前の別格官幣社《べっかくかんぺいしゃ》靖国神社は宗教ではありません。一九四五年（昭和二〇年）八月一四日、日本は太平洋戦争に敗戦して、連合軍に無条件降伏しました。日本を占領し

た連合軍最高司令部（ＧＨＱ）は、一九四五年一二月一五日、「神道メモ」を出して、国家神道・神社神道を廃止しました。国家が神社を特別待遇することを禁止したのです。陸・海軍省と内務省が管轄した靖国神社は、軍事施設とみなされて、一時は廃止案も出ました。占領軍は占領政策を円滑に進めるために昭和天皇を東京裁判にかけないことを決めていました。戦争中から、アメリカは、日本の天皇制や国家神道や靖国神社のことを、詳しく研究していました。それで、日本人の多くが、国家神道の崇敬者で天皇崇拝者だということを知っていました。もちろん靖国神社側の嘆願もありましたが、靖国神社を残すことにしたのです。

一九四六年（昭和二一年）二月に宗教法人令が改正されると、靖国神社は他の一般宗教と同じように宗教法人になることを選択し、辛うじて存続を許されたのです。**戦前は神社の中でも特別に国家や皇室から優遇を受けた靖国神社は、戦後は全国各地にある神社の一つ、単立《たんりつ》の一宗教法人になったのです。**

敗戦後制定された日本国憲法は、無条件で信教の自由を保障して、次のように規定しています。

第二〇条【信教の自由】

③国及びその機関は、宗教教育その他いかなる宗教活動もしてはならない。

それなのに、小泉首相は、悪びれもせず堂々と日本国憲法を無視し、「首相として公式参拝をする」と公言しました。多分、小泉氏は、「日本人なら靖国神社に参拝するのが当然だ」「靖国神社に参拝するのが、日本人だ」という信念を持っているから、憲法を無視しても平気なのでしょう。

戦前は靖国神社は宗教ではないのに、宗教のような信仰をすべての国民に強制しました。今日の靖国神社は正真正銘の宗教なのに、宗教の枠を超えていると思わせる怪《あや》しさがあります。

日本と連合国との間で講和条約を締結して戦争が終了すると、靖国神社から「宗教法人靖国神社を国家護持せよ、首相や閣僚は靖国神社を公式参拝せよ、靖国神社を戦没者のための国家的な慰霊施設にせよ」という要求が出されました。はっきりいって靖国神社が宗教法人であるかぎり、こんな要求は許されません。そのことを国民がきちんと理解していたら、首相の靖国神社公式参拝問題は起きません。靖国神社は宗教の枠から超越している存在だという、国家神道的な観念が未《いま》だに残っているから、首相が憲法違反をしてもなんとなく許してしまうのでしょう。このままでは、いつかまた靖国神社に参拝しない者は、日本人じゃないといわれそうで、なんとも恐ろしいことです。

昭和一七年の靖国神社臨時大祭では、境内《けいだい》に戦車が展示された。

現在の遊就館。

第八問

靖国神社は軍事施設ですか？

1 陸海軍との特殊な関係

もともと「招魂《しようこん》」というのは、天に在《あ》る霊魂を慰霊するために、一時的に招き降ろすことです。招き降ろし、招魂式を行う特別な場所が必要なので、臨時に招魂場を設けました。幕末の動乱期に招魂式が流行し、有志が招魂場に招魂祠《し》や招魂社を建てて、戦死者を偲《しの》ぶ場所にしました。

戊辰戦争が終わると、明治天皇は東京招魂社を創建させました。東京招魂社は、神社ではありませんが、広い境内《けいだい》、鳥居、拝殿、本殿を有し、外観は神社そのものでした。また神社と同じように、例大祭日《れいたいさい》を設け、祭典を神式で行いました。けれども招魂式、合祀《ごうし》祭、例大祭などの祭典は、神職ではなく陸海軍の軍人が祭主を務めました。官軍側の戦死者の霊魂を招魂して合祀するためには、戦死者の名簿が必要です。戦死者情報を把握し管理できるのは軍部だけですから、陸海軍が管轄《かんかつ》したのです。

陸海軍の軍人専用の東京招魂社は、一八七九年（明治十二年）、次のような事情もあって、別格官幣社《べつかくかんぺいしや》靖国神社になりました。

○維新前後に全国各地に作られた招魂社と、天皇の命令で創建した東京招魂社を

　区別した方がよい。
○東京招魂社の外観や物的設備は、他の神社以上に立派である。神社明細帳に登録して国家公認の「神社」にした方がよい。

明治維新までは、神社は民衆のものでした。伊勢神宮や石清水八幡宮《いわしみずはちまんぐう》のような歴史の古い神社から、村中で大切に守ってきた鎮守様《ちんじゅ》、いつ誰が建てたか全然わからない杜《やしろ》や祠《ほこら》に至るまで、混在していました。維新当時、既存の神社の実態を正確に把握するのは不可能でした。

そこで明治政府は、次のような条件を備えているものを「神社」と認めることにしました。

　一、神霊《しんれい》
　二、社殿境内等の物的設備
　三、神社と一心同体たる氏子《うじこ》または崇敬者《すうけいしゃ》

そして、行政の対象とすべき神社を確実に把握するために「神社明細帳」を作りました。神社明細帳は、戸籍謄本《とうほん》や会社登記簿謄本のような基本登録台帳です。内務省は、この神社明細帳に登録した神社を行政上の対象とし、その数を確定しました。いい換えると、神社明細帳を、神社か否かを決定する唯一の条件にしたのです。一八七九年（明治一二年）に初めて神社明細帳ができましたが、このとき、登録された神社は一七万六、〇四五社でした。神社明細帳に登録された神社は、権利や義務を有する一種特別な公法人になりました。

東京招魂社には、立派な社殿や境内がありました。崇敬者は陸海軍と皇室です。それでこの際、神社明細帳に登録して神社にすることにしました。神社になるために足りないものは、「神霊《しんれい》」だけです。そこで、これまで祀《まつ》った戦没者の霊を神霊として、別格官幣社靖国神社が誕生しました。

それにしても、戦没者を自動的に神霊にするというのも、なんだか変です。明治になると、復古神道をもとにして、八百万《やおよろず》の神々を分類整理して、大日本帝国の神祇《じんぎ》を決めました。

大日本帝国の神祇

一、皇祖皇宗及びその系統に属する神（伊邪那岐尊《いざなぎのみこと》・天照大神《あまてらすおおみかみ》・神武《じんむ》天皇・応神《おうじん》天皇・護良《もりなが》親王など）

二、国土成立以来、我が民族の信仰の対象となった神（綿津見神《わたつみのかみ》・大山祇神《おおやまずみのかみ》など）

三、皇室及び国家に功績のあった神（和気清麻呂《わけのきよまろ》・楠木正成など）

四、国民利福の守護神（大国主命《おおくにぬしのみこと》など）

五、氏族の祖神

六、国土鎮護の産土神《うぶすながみ》

別格官幣社《べっかくかんぺいしゃ》の社格を持つ神社の祭神は、天皇の臣下の中で、特に皇室および国家に功績のあった臣下です。

幕末や明治の初めの頃は、「国家」といえば日本国内にかぎったものでした。維新前後から西南戦争までは内戦時代で、もっぱら天皇と明治政府のために戦った、官軍側の戦死者を東京招魂社は祀《まつ》り続けました。靖国神社に変わってからは、国家間の戦争、事変、事件で戦没した人たちを、合祀《ごうし》して祭神にしました。

一八七九年（明治一二年）六月四日、東京招魂社は別格官幣社靖国神社になりました。神社は内務省が管轄《かんかつ》しますが、靖国神社だけは例外で、内務省・陸軍省・海軍省の三省が管轄することになりました。祭典は神社祭式に準拠して、陸・海軍省の官員が行いますが、内務省が任命する宮司《ぐうじ》・禰宜《ねぎ》・主典《しゆてん》を置き、陸海軍の軍人が祭主を務めることをやめ、宮司が祭典を主宰することにしました。正式に神社になっても、靖国神社を実質的に管轄したのは陸・海軍省でした。これも靖国神社の特殊性の一つです。

2　特殊な神霊

別格官幣社靖国神社の「神霊」は戦争、事変、事件での戦没者の霊です。普通の人の霊を、天皇の思し召《おぼめ》しで靖国の神社の「神霊」にするために、次のような儀式を行います。

天皇の命令で合祀を行う。

①国家のために戦死または戦病死・戦傷死する。この時点では、戦没者の霊は、遺族の親・子・夫・兄弟にあたる人の「人霊」で、「英霊」ともいいます。

②靖国神社の「神霊」にする戦没者を選び、「霊璽《れいじ》」（霊璽簿ともいう）に官位・姓名を列記します。

③厳粛な儀式によって、靖国神社の招魂場に、霊璽を納めた御神輿《おみこし》のような「御《お》羽車《はぐるま》」を安置します。

④招魂式を行う。夜中、招魂式の定刻になると、大祭委員長以下、陸海軍係官・合祀関係部隊代表・在京陸海軍官衙《かんが》・学校・部隊の勅奏任官《ちょくそうにんかん》代表、並びに宮司《ぐうじ》以下の神職が参列します。

⑤まず宮司が奉仕して、新しく祀られる人の霊を、この霊璽《れいじ》に招き鎮《しず》め、宮司が「天皇陛下の思し召《おぼめ》しにより、靖国神社にお祀り申し上げます」という祝詞《のりと》をあげ、幣帛《へいはく》および神饌《しんせん》をお供えします。ここで、英霊は新しい神様になります。
⑥宮司と神職は、本殿に行って、これまでにお祀りした神々に、「ただ今より新しい神様をお迎えしてまいります」と祝詞をあげる。再び招魂式場に引き返し、「これより靖国神社本殿にお伴《とも》いたします」と申し上げます。
⑦参列者は列を整え、霊璽を載せた御羽車《おはぐるま》を本殿に遷《うつ》します。
⑧霊璽を本殿に奉安する。ここで初めて靖国神社の神霊として鎮まります。
招魂式の翌日に臨時の祭典＝臨時祭を行います。これを合祀祭といいます。合祀する神霊が多数のときは臨時大祭を行います。天皇は合祀祭第一日目に勅使（天皇のお言葉やお考え＝祭文《さいもん》を神に告げる使いの者）を差し向けます。臨時大祭第三日目に、天皇や皇后が靖国神社参拝を行うこともありました。

この合祀祭を行うまでは、戦没者の霊（英霊）は、人の霊です。戦死した私の夫の霊は、いったん招魂の儀式がすみ、霊璽に鎮まると、夫という立場を離れて高い地位を持つ神様になるのです。
「靖国の神」という言葉は、天皇の思し召しによって靖国神社に合祀された神霊に対してのみ用いるべき言葉です。たとえ名誉の戦死であっても、合祀がすまないうちに、これを靖国の神と呼ぶのは、厳密にいえば誤りです。

日中戦争が始まると、それまでとは桁違《けたちが》いの戦死者が出ました。英霊の「英」は特にすぐれ秀《ひい》でたという意味です。英才、英雄、英明などの英です。国のために戦って死んだ人の霊を特にすぐれたものと称《たた》えて、祭儀を経て英霊を神霊《しんれい》にするわけです。空襲で死んだ一般の人の霊は、英霊にはなりませんから、靖国神社の神霊に祀ってもらえません。でも、死んだ後の霊を差別をするというのも、なんだか変な話です。靖国神社は戦没者の英霊を霊璽に招魂し、それを本殿に奉安して神霊にした結果、神霊は増え続ける結果になりました。明治神宮は明治天皇とその皇后を神霊にしています。複数の神霊を持つ神社は少なくありませんが、万単位の神霊を持ち、戦没者が出るたびに神霊が増加する神社は、別格官幣社靖国神社だけでした。この点も靖国神社の特殊性の一つです。

3 戦争テーマパーク・靖国神社

靖国神社は戦争神社だという人がいます、実際に数年前までは、靖国神社を訪れると、なるほど、これは戦争神社だなと思わせるような、戦争の記念物が境内のあちこちに展示してありました。

西南戦争のとき、華族会館は病院費として多額の義捐金《ぎえん》を献納しました。一八七九年（明治一二年）、陸軍卿山縣有朋《きょうやまがたありとも》は、その義捐金の残り三万円で、神霊を慰安し威徳を尊ぶために、絵馬《えま》や、古来の武器類の陳列展示場の建設を提案しました。一八八一年（明治一四年）五月に、「額堂ならびに武器陳列場」（仮称）が竣工《しゅんこう》すると、「遊就館《ゆうしゅうかん》」と名づけて、翌年二月に開館し、一般に公開しました。

中国の『荀子《じゅんし》』勧学篇《へん》の中にある「遊必就士」（君子《くんし》は、高潔な人物に就《つ》いて交《まじ》わり学ぶ、という意味）から「遊・就」の二文字をとり、「遊就館」と名づけました。陸軍省総務局が遊就館を管轄《かんかつ》しました。それ以来、遊就館は内容を充実させ、軍事博物館の体裁を整えました。遊就館は神社の宝物館ではありません。遊就館に入ってから出てくるまでに、靖国神社の神霊の威徳と、神霊の精神を尊び、学ぶための施設なのです。

靖国神社には遊就館の他に、一九三四年（昭和九年）には遊就館付属施設として「国防館」を建設し、当時の最新国防技術を展示公開しました。当時の兵器や、現代戦のジオラマ、爆撃機の体験装置などを並べました。遊就館には今日でも、火砲、軍艦の主砲弾、カノン砲、泰緬《たいめん》鉄道に使用した機関車、戦時中のさまざまな遺品などが展示されています。

別格官幣社靖国神社のすべては、「戦争に勝つことは、皇室と国家にとって国益をもたらす最大の功績である」という戦争観に裏打ちされています。靖国神社は、陸海軍省が作った「戦争テーマパーク」です。コンセプトはもちろん、「靖国の神を称《たた》えて尊ぶこと・靖国の神が戦った戦争の歴史を学ぶこと・戦争を美化すること・愛国心を教えること」です。靖国神社は単なる神社ではなく、靖国の神を通じて、陸海軍と国民を結ぶ役割を果たす軍事施設でした。

4　今も英霊を崇敬させる靖国神社

東京招魂社が別格官幣社靖国神社になった当時、日本にとって最大の国益は、朝鮮半島を日本のものにし、自由に支配することでした。そのために戦うことが、お国のためになったのです。大日本帝国は日清戦争で清国に勝利し、日露戦争は優勢のうちに講和条約を結んで、朝鮮半島を日本の植民地にしました。日清・日露の戦争で、大量の戦死者が出ました。この頃から戦争は莫大《ばくだい》な戦費と兵隊の生命を消耗《しょうもう》して戦うようになりました。第一次世界大戦は、人類が初めて石油と航空機を使用して戦った国家総力戦でした。

二〇世紀に入ると、国際社会の間で戦争観が変わってきました。戦争を先に仕掛けた国は侵略国とみなされ、非難されるようになったのです。侵略戦争は犯罪であるという戦争観が国際社会で定着すると、お国のために戦死したことを、単純に美化できなくなりました。

国際社会が、先に武力行使をした方を「侵略」と判定するようになると、日本はあたかもそれに対抗するように、「八紘一宇《はっこういちう》」という神懸《が》かり的なスローガンを持ちだしました。

日本は、「八紘一宇《はっこういちう》の精神を世界に顕現《けんげん》し、東洋平和のために戦うのだ。正義と平和のための戦争で、侵略戦争ではない」といいました。靖国神社は皇室と国家に加えて、東洋平和のために戦って死んだ人の霊を神霊にするようになりました。

大東亜戦争（太平洋戦争）は開戦から一年で形勢が逆転し、次第に敗戦色が濃くなります。八紘一宇の顕現《けんげん》が実現不可能だとわかると、「国体を護《まも》るため」に玉砕《ぎょくさい》戦法をとらせるようになりました。まさに身命をなげうたせ玉砕させたので、戦死者が激増しました。

そこで靖国の神を、皇室および「国体」を護《まも》る天佑《てんゆう》神助の神にしました。戦前の日本は、国民のための国家ではなく、天皇の国家でした。天照大神が現世《げんせ》に天皇として現れて日本を統治する、これが日本の国体（国柄）でした。その「国体」を護り続けることを「国体護持」といいました。

総力戦態勢下では、すべての国民は、靖国の神と同じように天皇と国家のために戦わなければならなくなったのです。靖国精神を以って、戦争を勝ち抜けと国民を追い立て、戦争協力をさせました。靖国神社は単に戦没者を祀《まつ》るだけではなく、国民の戦意を高揚し、戦争に協力させるための軍事施設として大きな役割を果したのです。

皇室および国家のために戦うことと、侵略戦争を美化する役割を果たした「靖国の神」は、敗戦後の民主主義国家「日本国」では、不自然で矛盾した存在になってしまいました。かといっていまさら別の神霊と入れ替えることはできません。

GHQ（連合軍最高司令部）は、靖国神社と国家と軍部の結びつきを断ちました。

一九四六年（昭和二一年）、国防館を靖国会館と改称、国防館や遊就館《ゆうしゅうかん》の業務を停止させました。国防館や遊就館の展示品は靖国会館へ移しました。遊就館は占領軍に接収され、富国《ふこく》生命保険相互会社の社屋に貸しました。一九八〇年（昭和五五年）、富国生命が立ち退くと遊就館再開の機運が高まり、一九八六年七月、遊就館が再開されました。再開にあたり、戦後世代が靖国神社の祭神の遺品・遺書などを通して、これらの殉国《じゅんこく》の英霊が国を守るために、どのような働きをしたかを肌身で感じ取り、学習できる場とすることが重要視されました。結局、敗戦四〇年にして、靖国神社は戦前の姿をほぼ復活したといえます。旧陸・海軍省に代わって一宗教法人が業務を担当している点が違うだけで、今日でも旧陸海軍と国民を結びつける軍事施設に変わりないと考えるべきです。

したがって、今日の宗教法人靖国神社は、依然として大日本帝国の英霊を崇敬《すうけい》させるための軍事施設の雰囲気を感じさせます。そのために戦没者に追悼《ついとう》を捧《ささ》げ慰霊の祈りを捧げるための施設、平和のために祈りを捧げる場所としてふさわしくないと考える人はたくさんいます。

「徴兵告論」（徴兵令発布）のまんが（明治五年）。

第九問

靖国神社と徴兵制度の関係は？

1　徴兵令、口にするのも命がけ

一八七四年（明治七年）一月二七日、東京招魂社《しょうこんしゃ》の例大祭《れいたいさい》（祭主は陸軍卿山縣有朋）に、明治天皇は初めて行幸《ぎょうこう》しました。この日、明治天皇は徴兵《ちょうへい》制度による陸・海軍の諸兵を引き連れて参拝し、玉座《ぎょくざ》において戊辰戦争の官軍側の戦死者の霊に拝礼し、天皇に続いて、陸海軍の諸兵たちが拝礼するのをご覧になりました。そして、

——招魂社にいたりて——

我国の為をつくせる人々の　名もむさし野にとむる玉かき

という御製《ぎょせい》（天皇が作った短歌）を、東京招魂社に下賜《かし》しました。この歌は東京招魂社創建の趣旨をよく表しています。

けれども、合祀《ごうし》された官軍側の戦死者の霊は、（もし霊に感情があるとすれば）非常に複雑な心境だったと思います。たしかに天皇の拝礼はありがたいことですが、その天皇は徴兵制度を施行して、全国に四〇万名いたといわれる士族（徳川時代に武士だった人たち）を完全失業に追い込んだからです。

幕末から維新にかけて、尊王攘夷や勤王の志士たちは、徳川政権を打倒し天皇親政

を実現するために、身命をなげうって戦いました。戊辰戦争では官軍側の藩兵たちは、旧幕府勢力を掃討《そうとう》し、明治政府の基礎を固めるために戦いました。その人たちは、天皇にとって「我国の為をつくせる人々」でした。徳川時代は、士農工商という身分制度があり、武士は特権階級でした。刀を身につけることを許されていたので、幕末にはしばしばテロ事件を起こしました。

維新が成功して、明治政府ができたとき、この「武士」は、危険な刀を持つ抵抗勢力になっていました。明治政府と天皇の安全のためにも、国内に無統制に存在する武力を管理し統制しなければなりません。

東京招魂社を創建するために力を尽くした大村益次郎《おおむらますじろう》は、「武士に、いつまでも帯刀《たいとう》を許していては、内乱や暴動を起こし、政府に危害を及ぼすおそれがある」と考え、「廃刀」と「国民徴兵」を強く主張しました。もちろん、大多数の士族は、自分たちの首を絞めるにも等しい徴兵令施行に猛反対しました。このことで、大村益次郎は同じ長州藩士のテロリストに斬られ、四六歳で亡くなりました。

このように、徴兵令を主張するのは、まさに命がけだったのです。実際に徴兵令を無事に実施するためには、全国の士族四〇万人の反対をおさえるだけの武力が必要でした。しかし、天皇にも政府にも軍隊がありません。これが維新以来の政府の悩みの種でした。

「苦しいときの神頼み」という言葉がありますが、軍隊を持たない天皇や明治政府にとって、苦しいとき、困ったときは、薩長の兵力に頼るしかありませんでした。戊辰戦争に勝てたのも、薩長の兵力のおかげでしたから、明治天皇が東京招魂社創建を命じて、薩長の戦死者を手厚く慰霊したのも当然でした。

薩摩藩と長州藩は、維新の大事業を牽引《けんいん》した車の両輪でした。長州藩は早くから兵制の改革にとり組み、高杉晋作《しんさく》は、農民や町民を集めて軍事教練を施《ほどこ》し、奇兵隊《きへいたい》を組織しました。高杉晋作や大村益次郎たちは、「刀と武士で戦う時代は終わった、これからの戦いに必要なのは、近代的な兵器と団体訓練で育てた強い兵士だ。そのためには国民から広く兵を集める徴兵制度を採用すべきだ」と考えていました。一方、薩摩藩や西郷隆盛は、徴兵令には断固反対で、兵は士族の身分の者に限定すべきという正規兵主義でした。兵制に関しては、長州藩と薩摩藩はまっこうから対立していたのです。そんな状況で、下手に徴兵令を実施したら、明治政府を支える土台そのものが、分裂崩壊するおそれがありました。

2　徴兵令の意味とは？

明治維新後、政府は、徳川時代の士・農・工・商という身分制度を廃止しました。そして、武士を士族、「農・工・商」を平民と呼んで、区別を認めました。徴兵令を実施して全国から平民の子弟を集めて軍隊を編制したら、士族という存在自体が不要になります。

徳川末期に各藩が私有していた藩兵すなわち武士は約四〇万人でした。明治政府は、この藩兵の存在を無くすためには、「廃藩置県」を断行するしかないと考えました。役所あっての役人ですから、役所そのものを廃止して、役人の首を切ることにしたのです。考えてみると、徳川時代は完全地方分権制でした。藩主と領地と領民を備える藩は、一種の独立国家で、「おらが国」でした。この藩を廃さないかぎり、明治政府は、中央政府としての行政を実施できません。全国一斉に兵制・税制・学制・司法制度等を定めるためには、早急に藩を廃し、その代わりに郡と県を置く必要があったのです。しかし廃藩置県と徴兵制度は、士族の特権を奪い、失業に追い込むことです。政府に不平や不満を抱く士族たちが暴動や内乱を起こし、結集して新政府に対してクーデターを起こすかもしれません。不平不満士族は政府にとって無視できない危険な抵抗勢力でした。

この抵抗勢力をおさえて無事に廃藩置県を断行できる人物は、薩摩藩の西郷隆盛しかありません。もともと薩摩藩の藩士や西郷隆盛は徴兵制には反対でした。その薩摩藩の西郷隆盛を説得して政府側につけることにしたのです。明治天皇は岩倉具視《ともみ》を使いとして、西郷隆盛のところへ差し向け、上京して政府に入って、国家のために尽力《じんりょく》してほしいと、頼みました。天皇をはじめ政府の要人も頭を下げて頼みました。

一八七一年（明治四年）二月、西郷隆盛は重い腰をあげて上京し、政府に入りました。それと同時に、薩摩・長州・土佐三藩の藩兵で御親兵を組織して、これを東京に置きました。薩摩・長州・土佐三藩の兵力と、西郷隆盛を手に入れた政府は、四月に東山道・西海道に鎮台《ちんだい》を置きました。こうして全国に暴動が起きてもこれを鎮圧できるような軍事態勢を整えた上で、明治天皇は、七月一四日に「廃藩置県の詔書《しょうしょ》」を渙発《かんぱつ》しました。

これによって、各藩が私有していた軍隊を解散させると、天皇は大元帥になり、その下に元帥・参謀を置いて幕僚《ばくりょう》としました。軍令機関を設け、将官・佐官・尉官《いかん》（それぞれ大・中・小の三階級）を任命して、軍隊を統率させることにしました。翌年二月に兵部省《ひょうぶしょう》を廃止し、陸軍省・海軍省を設置して新しい兵制の整備を進めました。

3　徴兵制度の精神

一八七二年（明治五年）一一月二八日、明治天皇はついに念願の「全国徴兵の詔《みことのり》」を渙発して、士族四〇万人を完全失業させた大義名分を明らかにしました。そして翌年の一月一〇日に、徴兵令を公布しました。徴兵令によって、国民は否応なく兵隊にとられ、戦死したら靖国神社に祀られることになったのです。その「全国徴兵の詔」を紹介しておきます。

「全国徴兵の詔」

朕惟《ちんおも》るに古昔《こせき》郡県の制全国の丁壮《ていそう》（働きざかりの男性）を募り軍団を設け、以《もっ》て国家を保護す。もとより兵農の分なし。中世以降、兵権武門に帰し、兵農始《はじめ》て分《わか》れ、遂に封建の治を成す。戊辰の一新は実に千有余年来の一大変革なり。この際に当《あた》り海陸兵制もまた時に従い宣《のり》を制せざるべからず。今本邦古昔の制に基《もとづ》き、海外各国の式を斟酌《しんしゃく》し、全国募兵の法を設け、国家保護の基を立んと欲す。汝《なんじ》百官有司《ゆうし》、厚く朕が意を体し、普《あまね》くこれを全国に告諭《こくゆ》せよ。（原文は旧漢字・片仮名・句読点無し）

これをわかりやすくいうと、次のようになります。

「朕（天皇の自称＝私）が考えるには、大昔の郡県制度のもとでは、全国の成年男子を募集して軍団を組織して、国を守ってきた。もともと武士と農民の区別はなかったのである。しかし、中世から、兵士を統率する権利は、征夷大将軍のものとなり、武士と農民は区別され、ついに封建制の時代になった。だが、戊辰の明治維新は、実に千年以上も続いた封建制と武家政治を一新した。この一大変革に際して、陸海軍の兵制も新時代にふさわしい兵制に定めなければならない。そこで、我が国の古い昔の兵制にもとづき、さらに欧米諸国の兵制も参考にして、全国から兵士を募る法律をつくり、国家防衛の基礎を固めることにした。汝ら官僚役人は、全国に徴兵令を知らせその趣旨を徹底させよ」

「全国徴兵の詔」の中の、「本邦古昔の制に基き」は、第一代天皇神武天皇の時代、つまり、皇国史観による二、五〇〇年前に神武天皇が定めた兵制を復古するという意味です。

いくらなんでも、一気に二、五〇〇年も昔に戻すことはないと思いますが、もちろんそれにには理由があります。明治天皇は、「全国徴兵の詔」を渙発してから一〇年後の一八八二年（明治一五年）一月四日に、「軍人勅諭《ちょくゆ》」を渙発して、それについて詳しく説明しました。

「軍人勅諭」の原文はかなりの長文でしかも難解です。そこで『時局編纂《へんさん》御詔勅謹解』（御詔勅衍義謹纂會《えんぎきんさんかい》謹纂・一九三八年＝昭和一三年）によって、わかりやすく説明しておきます。

――日本の軍隊は代々天皇が直々に統率するものである。昔、神武天皇が自ら大伴《おおとも》、物部《もののべ》などの軍隊を率いて、大和地方の皇威に服さない賊徒どもを討ち平らげ、大和の橿原《かしはら》の宮で即位し、天下を統治してから二千五百余年が経過した。この長い間に、世の中の移り変わりにともない、たびたび軍隊の制度を変革した。古《いにしえ》は天皇自身が軍隊を率いる定めであった。時によって皇后や皇太子が天皇の代わりに軍隊を率いることもあったが、軍隊統帥《とうすい》の大権を臣下に任せたことは、かつてはなかったのである。

大化改新以後になって、文官武官の制度はすべて中国の唐の制度に模倣《もほう》し、京都には六衛府《ろくえふ》を置き、左右の馬寮《めりょう》を建て、九州には守備のために防人《さきもり》を設け、軍隊の制度を完備した。けれども、長く続いた天下太平の世に慣れて、朝廷の政治は次第にゆるみ、朝臣なども怠惰《たいだ》で軟弱になった。その結果、兵農一致の習わしが、いつのまにか崩れてしまった。こうして、古の国民皆兵《かいへい》の制度は、いつからともなく体力と武力のすぐれた兵事専門家の軍隊とする制度に変わり、ついに、武士というものができ、軍隊の統率権はもっぱら武士たちの首領の手におちた。世の中の乱れとともに天下統治の大権までもが、武家の手におち、約七百年間の武家政治が行われた。このような世の中の情勢の移り変わりを、人の力ではくいとめることはできないともいえるが、一方から見ると、天祖《てんそ》天照大神《あまてらすおおみかみ》が、明らかに示された、「我が国体の本義」に反し、他の一方からいえば、我が歴代天皇の定められた掟《おきて》に背《そむ》くことである。——

明治維新当時は、国民の圧倒的多数は農民です。徴兵令を施行して農民を兵にすることにしたのです。これは農民たちの希望ではありません。「なんでワシらに鉄砲や刀を持たせるんだ？」という疑問が必ず出てきます。明治天皇はその疑問に答え、説明する責任があります。そこで、

日本という国の掟は、神武天皇創業のときから、次のように定められている。

一　代々の天皇が国を統治し、軍隊を統率する。

二　兵制は、兵農一致にもとづく国民皆兵制である。

三　天皇が軍隊を動かすとお決めになったら、農民は鍬《くわ》や鋤《すき》を刀や弓矢に持ちかえて、天皇のもとに駆《か》けつけて、国家と天皇のために戦う。

と述べ、明治天皇も、掟を守って兵農一致、国民皆兵制度をとることに決め、「全国徴兵の詔《みことのり》」を渙発《かんぱつ》したから、士族も農民もこの掟をよく理解して、徴兵令を喜んで受け入れなければならない、と説明したのです。

明治天皇が「全国徴兵の詔」を渙発すると、太政官《だじょうかん》は「徴兵告諭《こくゆ》」を出しました。その中に、

——およそ天地の間、一事一物として税あらざるはなし、もって国用に充《あ》つ。しからば即ち人たるもの固《もと》より心力を尽くし、国に報ぜざるべからず。西人《せいじん》これを称して血税という。その生血《いきち》をもって国に報ずるの謂《いわれ》なり。——

という一節がありました。これは「はるか昔から、国はありとあらゆる物や事柄に税をかけ、税を国のために使ってきた。したがって人の力を兵力として軍用に提供するのも税の一種と考えることができる。西洋ではこれを血税といっている。自分の血を流して国家に報いるという意味である」というのです。

これは、国家が国民を徴兵することを、納税にたとえて正当化したものです。ところが、太政官《だじょうかん》の役人が翻訳した「血税」を、農民たちは文字通りに「血の税」と受けとめて、「政府は、農民の生き血を搾《しぼ》りとって、国が使う」と解釈したのです。これでは政府はまるでドラキュラです。非常な不安と恐怖を覚えた農民たちは、全国各地で徴兵令を拒否する暴動や事件を起こしました。かねてから徴兵令に反対していた士族も一緒になって暴動を起こしました。

兵隊になって、戦争をすることを、「国家のために血を流す」といいます。国民の生命と生き血を、国家の軍用に提供させるために、徴兵制度を実施し、国民に兵役の

義務を課したというのが、政府の本音だったと思いますが、それではあまりにもリアルで露骨です。誰だって「冗談じゃないよ、そんなことはイヤだ」と反対の声をあげたくなります。

徴兵令を施行した翌年、明治天皇は、初めて東京招魂社に参拝しました。そして、「我国の為をつくせる人々の　名もむさし野にとむる玉かき」という短歌を詠《よ》みました。この短歌に詠まれた戊辰戦争の官軍側の戦死者は、徴兵制度で戦争に駆り出された人ではありません。自らの意志で朝廷側に立って戦った勤王《きんのう》の志士たちです。

徴兵制度がいよいよ施行されると、兵隊たちは、自らの意志で朝廷側に立った人たちを見習うことを強制されるようになります。徴兵令という法律で、無理矢理兵隊にさせられて、「血税」を搾りとられる。このような血税観に立つと、自然に血税の使い道に対して厳しい目を向けます。反戦思想を生む土壌になります。

政府や天皇にとって危険な「血税観」を国民の意識から消し去るために、登場したのが別格官幣社靖国神社です。天皇の思《おぼ》し召《め》しで戦死者を靖国神社の神にする。これを、ありがたい、もったいない、こんな名誉なことはないと、国民に思わせ信じさせて、危険な血税感覚を消し去ったのです。そして恐ろしいことにやがて国民は、血税を払うという感覚そのものをなくしてしまいました。日中戦争が泥沼化し長期戦になって戦死者が激増しました。まさに血税を搾りとられるようになったのです。

日本は血税を湯水のごとく使って戦争をしたので、靖国神社の祭神も激増しました。戦争が長引き、激しさを増すと、靖国神社が果たす役割はさらに重要になりました。太平洋戦争が始まる頃には、出征兵士たちは「天皇陛下のために戦って、名誉の戦死を遂げてまいります。靖国神社でまた会おう」と、挨拶《あいさつ》するようになったからです。

一九四五年（昭和二〇年）から日本は、敗戦への道をひた走りに走り、しまいには日本中が神懸かり状態になりました。神風特攻隊員は、戦死する前から、靖国の神の如くに振る舞うように求められました。新聞雑誌は、特攻隊員は生前から靖国の神のようだと書き立てました。靖国神社に祀られることを前提とした遺書のひな形があらかじめ用意されていました。特攻隊員は、それを参考にして、故郷への思いや、家族への別れの言葉を書き加えて、遺書にしました。江田島《えだじま》出身（海軍兵学校卒業者）で最後の特攻隊員だった信太正道《しだまさみち》さんは、そのことを新聞に書いて明らかにしました。つまりやらせだったのです。信太さんは、そんな遺書を見て「感動した」と涙ながらにいう小泉純一郎さんは、変だといっていました。そんな遺書を書かされて、片道だけの燃料を搭載《とうさい》した特攻機で、死にに行かされた若者の本当の気持ちを理解していない。はっきりいってほめ称《たた》えてほしくないというのです。私も本当にその通りだと思います。

今日の日本国憲法は交戦権を否定し、軍隊を持つことを禁止しています。けれども、そのことが不満で、日本国も「他の国のように交戦権を認め、軍隊を持って戦争ができる国に変えるべきだ」と、主張する人たちがいます。国家が軍隊を持つとなると、兵制を定めなければなりません。そうなったとき、「日本は昔から国民皆兵制、徴兵制度だったから」という理由で、「徴兵制度」を復活させるのでしょうか？

また「戦前は徴兵検査があり、軍隊で鍛《きた》えたから、しっかりした人間ができた。だから徴兵制度を復活させた方がいい」と主張する人がいます。そういう主張をする人たちの多くが、首相の靖国神社参拝に賛成したり、靖国神社を国家が特別待遇することを要求しています。

日本を再び戦争ができる国に変え、戦争をやって戦死者が出たら靖国神社に祀《まつ》る。これを当然だと思っている人が増えたら、間違いなく徴兵制度は復活すると思います。それはものすごく怖いことです。

西南戦争で田原坂《たばるざか》は最大の激戦地であった。
土蔵にいくつも残る弾痕《だんこん》。戦闘直後に撮影された。

第一〇問

なぜ西郷隆盛は靖国神社に祀られないのですか?

1　征韓論をめぐる内治派と武断派の対立

一八七三年（明治六年）、征韓論をめぐって、政府内部は激しく対立し分裂しました。征韓論の「征韓」は朝鮮半島征伐《せいばつ》の意味です。徳川幕府は鎖国政策をとっていましたが、日本と朝鮮はお互いに使節団を交換したり、長崎の出島《でじま》、朝鮮の草梁《チョリャン》にかぎって、貿易を行いました。徳川時代は、日本と朝鮮の関係は、決して悪くありませんでした。

維新後、国名が大日本帝国に変わったこと、国家元首は明治天皇になったこと、幕府に代わって明治政府が成立したことなどを告げる親書を、朝鮮の国王に送りました。日本は朝鮮に、開国を求め、修好通商条約締結を要求しました。そのとき、政治の実権を握っていた朝鮮国王の父の大院君《テウォングン》は、鎖国を主張して、日本の要求を拒絶しました。政府は、朝鮮は無礼だと怒り、武力制裁を加えて征韓すべきだといいだしました。けれども問題は征韓軍を派兵する時期でした。今すぐ朝鮮半島に征伐軍を派兵すべきだと主張する「征韓論」者と、国内政治を優先し、国内を安定させてから征伐軍を派兵すべきだと主張する「非征韓論」者の二派に分かれました。「征韓論」者を武断派、

「征韓論」が「非征韓論者」を内治派ともいいます。維新当初から政府内部で、この「征韓論」がくすぶっていました。

一八七一年（明治四年）一一月、条約改正のために、岩倉具視を全権大使とし、木戸孝允《たかよし》、大久保利通、伊藤博文たちは、欧米諸国歴訪の旅に出ました。彼らが留守の間に、征韓論がわき起こったのです。今回は、維新の大英雄の西郷隆盛が、征韓論を強く主張したので、政府は征韓の議を決めました。

けれども欧米から帰国した大久保利通や岩倉具視たちは、まだ征韓の時期ではないと猛反対しました。一度は決まった征韓の議を審議しなおし、天皇も同席の上で、内治派と武断派は激論を戦わせました。その結果、国内政治を優先させ、征韓軍を派遣しないことに決めました。

内治派に敗れた西郷隆盛、板垣退助、副島種臣《そえじまたねおみ》、江藤新平、後藤象二郎たちは、辞表を出して政府を去りました。陸軍少将桐野利秋《きりのとしあき》、篠原国幹《しのはらくにもと》をはじめ薩摩出身の少壮士官たちも辞職して西郷隆盛とともに鹿児島に帰郷しました。

西郷隆盛は帰郷すると、一八七四年（明治七年）六月、鹿児島の城山《しろやま》の麓《ふもと》を借り受けて、桐野利秋・篠原国幹たちと私学校を開きました。ここで徴兵制度や正規の陸海軍に対抗するかのように、軍事教育を施《ほどこ》したのです。銃隊および砲隊の二科を設け、戦闘技術を教え始めたので、不平不満士族はこぞって西郷の下に集まりました。悪いことに鹿児島には政府の弾薬庫があったので、政府にとって私学校と西郷隆盛の存在は、次第に大きな脅威になりました。

内治派に敗れて政府を去った江藤新平は、帰郷すると佐賀の乱を起こしました。続いて熊本、秋月《あきづき》、萩と、西南地方に内乱が続きました。そのたびに政府は鎮圧しましたが、近い将来に不平不満士族たちが、西郷隆盛を担いで、大規模な内乱を起こすのではないかと警戒しました。政府が薩摩に密偵《みってい》を送りこむと、逆に私学校の生徒たちが密偵を捕らえてしまいました。生徒たちが厳しくとり調べると、単なる偵察ではなく、西郷隆盛を暗殺するための刺客《しかく》だとわかりました。生徒たちは激昂《げっこう》し、一八七七年（明治一〇年）一月三〇日、海軍の造船所や弾薬庫を襲い、事態は一気に緊張し戦争に突入したのです。

西郷は、ちょうどこのとき狩猟《しゅりょう》から帰る途中で、大隅《おおすみ》の高山《こうやま》にいました。知らせを聞いて城山に帰ったときは、もはや止めようもない勢いでした。二月一五日、西郷隆盛は「政府に尋問の筋あり」といって、一万五、〇〇〇の薩摩軍を率いて鹿児島から熊本に進撃しました、これに対して明治天皇は、一九日に「暴徒征討令」を出し、有《あり》栖川宮《すがわのみや》熾仁《たるひと》親王を征討総督に任命し、陸軍中将兼陸軍卿山縣有朋、海軍中将兼海軍大輔《たいふ》川村純義《すみよし》たちに、征討軍を率いて鎮定《ちんてい》に向かうよう命じました。それから七か月にわたって、激しい攻防戦を繰り広げました。これが西南戦争です。

官軍は、九月二四日に薩摩軍の最後の拠点である城山に総攻撃をかけました。西郷隆盛はもはやこれまでと覚悟を決め、城山で自刃《じじん》しました。維新の大英雄西郷隆盛は城山の露《つゆ》と消え、西南戦争は官軍の勝利で終結しました。西南戦争は、維新後最大規模の内戦でした。政府は兵隊を大量動員し、巨額な軍費を使いました。『戦争・事変』（一九九一年・教育社）および、白柳秀湖《しろやなぎしゅうこ》の『明治大正国民史・明治次編』（一九三四年・千倉書房）によると、

☆陸軍の兵力　　兵員五万八、六〇〇名余り（内《うち》臨時徴募兵六、七〇〇名）
☆海軍の兵力　　軍艦一九隻、運送船四四隻。兵員二、二〇〇余名
☆政府軍の戦死者　　六、八〇〇名
☆負傷者数　　九、五二三名
☆軍費　　四、一五六万七、七〇〇余円

軍費の調達方法は、大きく分けて、次の三方法です。増税、国債《こくさい》または外国債を発行する、紙幣を発行する。政府は軍費を調達するために、華族銀行を設立させ、その資金一、五〇〇万円を借りることにし、華族銀行に紙幣を発行させました。靖国神社の遊就館は華族会館が病院建設のために集めた義捐金《ぎえん》の残りで建設しました。

西南戦争は内乱とはいえ、明治政府の存亡をかけた大戦争でした。天皇は一八七七年（明治一〇年）一一月五日、西南戦争の戦没者の合祀を命じ、一一月一二日の夜、

戦没者六、五〇五人のための招魂式を行い、翌日の一三日、一四日、一五日の三日間にわたって臨時大祭（合祀祭のこと）を行いました。一二日から一五日まで、境内《けいだい》で相撲、競馬、射撃、花火などを開催したので、境内は、見物や参拝をする人たちでぎっしりと埋まり、大賑《にぎ》わいでした。

明治天皇は、これから先は、毎年九月二四日に祭典を挙行することを命じました。臨時大祭の二日目一四日に天皇が参拝し、一五日、天皇皇后は幣帛《へいはく》料として一、〇〇〇円を下賜《かし》しました。

勝った官軍に対して、敗戦した薩摩軍の戦死者はどうなったでしょうか？『明治偉人の面影《おもかげ》』（一九四〇年・松栄閣編・内外出版社）は次のように書いています。

――官軍に従った南洲《なんしゅう》（西郷隆盛）生前の知己《ちき》は、争うて西郷以下薩摩軍将士の遺骸《いがい》を埋葬せんことを請《こう》たが、同時に鹿児島県庁より同一の請願があったために、その許可は岩村県令の手に下ったので、南洲以下二九名の遺屍《いし》を集め旧浄光寺《じょうこうじ》に仮葬し、その他の一二九名を旧不断光寺に埋め、明治一三年に至り薩軍残将永田純章、加治木常樹《かじきつねき》等は、城山付近に散在する当時の戦死者二二〇名の遺骨を集め浄光明寺に改葬し併せて参拝所を設け、明治一六年に至って河野主一郎・野村忍介《おしすけ》等は、日向《ひゅうが》、大隈、肥後および豊後《ぶんご》等の各地に戦死せる一、九一七名の遺骨を収拾し、同じく浄光明寺に改葬して、南洲生前の親朋副島種臣伯の碑銘《ひめい》を建てた。

かくて西郷隆盛は一時賊軍の巨魁《きょかい》（首領）たりしとはいえ、朝野《ちょうや》（日本中）多大の同情と哀悼《あいとう》とを受けて安らかに城山の一角に永久の平和を得ることとなった。

――

東京招魂社は、明治天皇の命令で戦って、戦没した人たちを、天皇の命令で合祀《ごうし》します。天皇に逆らって征討された西郷隆盛を、東京招魂社に祀《まつ》ることはできません。西郷隆盛は、故郷の城山の地下に永眠しましたが、「西郷はひそかにイギリスの軍艦に乗って薩摩を逃れた」とか「西郷は生きのびて中国にいる」という英雄伝説が生まれました。義経《よしつね》伝説と同じような英雄伝説が生まれるくらい、西郷隆盛には人気とカリスマ性がありました。

明治天皇は一八八九年（明治二二年）二月一一日、大日本帝国憲法を発布しました。西郷隆盛は、この日出された大赦令《たいしゃれい》によって、叛乱《はんらん》の大罪を許されました。その後、明治天皇は西郷隆盛に特に正三位を追贈しました。また、西郷隆盛の未亡人や遺児や親族たちは、逆賊の一族として扱われ、困窮を極めていました。天皇は、西郷隆盛の罪を許し、その名誉を回復すると、長男寅太郎《とらたろう》を侯爵《こうしゃく》に叙《じょ》して華族に加え、東京に召しだしました。

2　賊軍の巨魁西郷とは？

王政復古により、天皇親政を復古しましたが、維新当時、天皇はまだ少年で、今の中学生くらいでした。それで天皇親政は名ばかりで、薩長の横臣《おうしん》（悪い臣下）たちが、自分たちの都合のよい政治をやるのではないか、という疑惑が、諸藩の間に広まっていました。また維新や戊辰戦争は、薩長が政権を握るためにやったのだ、薩長の私利私欲をかくし、大義名分を得るために、幼い明治天皇を利用したに過ぎないと、非難する藩主もいました。

実際に、幕末から維新にかけて、薩長は、そう非難されてもしかたがないようなことをやってきました。明治政府を樹立した薩長は、この疑惑と非難を一掃するためにも、天皇親政の実を挙げる必要があったので、天皇親政と公議尊重を新政府の大方針にしました。

けれども、薩長に対する疑惑と非難を一掃するために、最大の貢献を果たしたのは、西郷隆盛です。西郷隆盛は、大久保利通や木戸孝允《たかよし》とならぶ維新の三傑です。西郷隆盛は、政治的能力では同郷の大久保利通に劣る、軍人としての才能も大村益次郎に及ばないなどと、欠点を数える者もいました。けれども西郷隆盛には、それらの欠点を補ってなお余りある魅力がありました。庶民は「西郷ドン」と親しみをこめて呼び、西郷ドンの独特な風貌は人々に強烈な印象を与えました。西郷の人気、人徳、カリスマ性は特別でした。維新といえば西郷隆盛で、西郷隆盛抜きには語れません。

『西郷南洲遺訓《なんしゅういくん》』といわれる書は、西郷隆盛の人徳を次のように書いているそうです。

——命もいらず、名もいらず、官位も金もいらぬ人は始末に困るもの也《なり》、この始末に困る人ならでは、艱難《かんなん》を共にして、国家の大業《たいぎょう》は成し得られぬぞ——

西郷隆盛は、「金や名声や地位のために動くような人物ではない。そういう人物だから、艱難を乗り越え、維新という国家の大業を成し遂げることができたのだ。西郷が重大なことを決行しようとするときは、いつでも命がけで、一身をなげうつ覚悟で行った」そうです。西郷は征韓軍を派兵するについては、次のように考えていました。「まず、朝鮮の従来の無礼を責め問いただすための使節を派遣する。無謀《むぼう》な国朝鮮は、日本の使節を必ず殺すだろう。そのとき、それを名分として、兵を挙げて朝鮮を攻める。征韓の立派な大義名分が明らかになれば、朝鮮経略の策を行うことができる。そして自分がその使節になるから征韓軍の派兵を認めてほしい」と政府のメンバーを説得したのです。

つまり、征韓軍派遣の口実をつくるために、西郷隆盛は進んで人柱《ひとばしら》になるといったのです。これからわかるように、征韓論は、まぎれもなく朝鮮半島侵略論です。維新までは、日本は断固鎖国すべしと叫び、「攘夷《じょうい》」といっては幕府の役人や外国人を斬《き》り殺していました。その日本が開国したとたんに、朝鮮の鎖国攘夷政策を無礼だと責め立て、征伐するというのです。それではあまりにも身勝手で、大義名分になりません。けれども朝鮮が、日本の正式な外交使節・西郷隆盛を無謀にも殺したら、開戦や派兵の立派な理由・大義名分になります。朝鮮を征伐する立派な大義名分があれば、他の諸国も日本を非難できません。つまり、西郷隆盛は征韓軍を派兵する大義名分を作るために、我が身命《しんめい》をなげうつ覚悟を決めたのです。

3　西郷赦免のわけは？

考えてみると、明治政府が、廃藩置県や徴兵令を無事に実施できたのは、西郷隆盛のおかげです。維新後、西郷は郷里の鹿児島で訓練した四個大隊の薩摩兵を、朝廷に献上して朝廷の御親兵にしました。これが後の近衛《このえ》師団です。また警察制度を確立するために、薩長の士族各々一、〇〇〇名を徴募《ちょうぼ》し、これに諸県の志願者一、〇〇〇名を加えて、東京の警戒にあたらせました。これが後に警視庁になります。また宮中の改革も行い、華美で軟弱な風潮を一掃しました。西郷隆盛は、皇室と明治政府のために尽くし、多大な功績を残しました。

維新の大英雄の西郷隆盛は、征韓論に敗れて政府を去り、最期は、賊軍の総大将として城山で自決しましたが、明治天皇は憲法発布の大赦《たいしゃ》によって、西郷隆盛を許しました。なぜ天皇が許したか、その理由について、海軍大将山本英輔《えいすけ》が「靖国と大西郷」（前出『護国の書』に収録）で次のように説明しています。

——このように、天皇中心主義の大西郷は図らずも西南戦争を引き起こしたが、これは、西郷の本心ではない。たまたま留守中に起こったことで、こと志と違い、あくまでもこれを制しようとしたが、もはや勢いをくい止めることはできない状況なので、我が事終われりと諦《あきら》めた。今や勢いは、円石《えんせき》を千仞《せんじん》の谷に転がすがごとき有様だから、とうていこれをくい止めることはできない。

せめてはその方向を指導し、なるべく被害が少ないよう、敗軍に導こうと決心して軍を起こすや、上策たる海路四国に推し渡り、土佐の有志を糾合《きゅうごう》して、大阪に打って出るとする作戦計画を採らずして、熊本鎮台《ちんだい》を踏みにじって、わざと陸路東上の下策をとった。これは、始めから熊本城の攻撃に手間取る間に、官軍に兵力整備集中の余裕を、与えるためであったと思う。しかして、戦争中、一言も作戦について口出ししなかったということである。

遂に意志通りに、明治一〇年九月二四日、城山の露《つゆ》と消えたが、これにより、いかに声望高き大西郷の力をもってしても、錦旗《きんき》（天皇下賜《かし》の旗から転じて、天皇の軍隊）に対しては、まことに微力のもので、とうていこれに敵するものでないという実証を示して、明治初年以来、しばしば起こった内乱で、国内不安定であったのを、一挙に治めてしまった。したがって、外に現れた姿は謀叛《むほん》でもあっても、その精神は、あくまで、天皇陛下の御ために、大義名分を明らかにし、再び、かかる騒乱の起こらぬよう、そして、一刻も早く国内を安定して、諸外国に対する処置を講じなければならぬとの靖国の精神に燃えていたからこそ、遂に、その罪を許されたのである。——

海軍大将山本英輔は、「西郷隆盛は常に天皇と国家のために尽くすことを考えていた。それで、官軍を勝たせて国家を安定させるために、我が身命を犠牲にしたのだ、西郷は靖国精神に燃えていたから、天皇は西郷の罪を許したのだ」と、説明しています。この余りにもご都合主義的な解釈を薩摩軍の戦死者たちが聞いたらなんと思うか、首をひねってしまいます。

徳川家康は、戦国時代を終わらせ、国内を安定して天皇を安心させたという理由で、別格官幣社《べっかくかんぺいしゃ》の神になりました。家康とよく似た理由で、西郷隆盛の罪を許したのでしょうか。それはともかくとして、維新最大の功労者で国民的英雄の西郷を、葬《ほうむ》り去るわけにはいかなかったようです。実際問題として、「国家と皇室に功績あり」という評価を、いつ誰がするのかは、きわめて政治的な問題でした。

西南戦争の勝因と敗因について、白柳秀湖《しらやなぎしゅうこ》は、『明治大正国民史・明治次編』（前出）で、次のような興味深い解説をしています。

――薩摩軍は戦略上初めから、非常に大きい欠陥があった。それは、政府が瀬戸内海・土佐洋はもとより、九州の沿岸一円を制する軍艦・汽船を、手に握っていたにもかかわらず、薩摩軍には、その軍隊および軍需の輸送に任ずべき一隻の汽船も軍艦もなかった。西郷が一万五、〇〇〇位の兵を率いて、薩摩から、肥後に進出し、熊本城を包囲するということは、初めから誤っていた。もちろん当時、西郷の威望は天下を圧し、薩摩にしてもし立たば、九州の諸県は道を開いてこれを迎うべく、高知の立志社・彦根の大東派・金沢の島田派・庄内の酒井派・和歌山の陸奥《むつ》派など饗応《きようおう》して立つべしと、信じられていたのでもあろうが、中には、熊本鎮台《ちんだい》包囲の下策を憂うるものもあり、西郷小兵衛《こへい》のごときは、初めから長崎を襲撃し、政府の軍艦を奪い船舶を収め、馬関《ばかん》を擁して義を天下に唱うるにしかずと主張し、野村忍介のごときは、若州小浜《じやくしゆうおばま》に上陸するの策を立てたほどである。

しかるに小兵衛や忍介の上策が、遂に行われなかったのは、薩摩軍の幹部に、天下の大勢を達観して戦略を立てるほどの人物がなかったのによること勿論《もちろん》であるが、もしその人物があったにしたところで、一隻の軍艦も汽船も持ち合わさない薩摩軍としては、手も足も出なかったわけである。もし薩摩軍の手に若干の軍艦と汽船とがあり、少数の兵を留《とど》めて熊本の控制《こうせい》とし、ただちに神戸を衝《つ》くか、横浜に上陸するかしたならば、明治・大正の歴史もどうなっていたか、何人にもちょっとは想像がつきにくいであろう。

すなわち、西南の役における政府の勝利は、主として政府の把握していた金力と、大衆の力（鎮台兵）とによるものであることはいうまでもないが、その金力、その大衆の力も、運輸交通の機関が、確実に政府の手になかったならば、十分にその能力を発揮させることはできなかったのだ。すなわち、政府の把握していた兵力と金力とに翼をかして、十分にその能力を発揮させたものは、三菱会社の船舶であった。これでみても、三菱会社の存在が西南戦争における政府軍の勝利にいかに重大の関係があったかを知るべきだ。

維新戦役を原動とすれば、西南戦争は反動だ。原動があれば反動がある。……維新戦役で朝軍が幕軍に打ちかつことができたのは、三井組を中心とする小野組・島田組その他近畿《きんき》諸富豪の金力が、その手中にあったからだ。しかもその反動としてやってきた西南戦争では、政府が三菱会社の輸送力を、その手《しゅ》裡《り》に収めていたことによって、容易に薩摩軍に打ちかつことができた。維新戦争と西南戦争、三井組と三菱会社、なんという素晴らしい歴史の条理だ。――

私たちは戦争、内戦を問わず、その歴史を考える際に、どうしても衝突の原因となった政治的主張の差であるとか、勝ち負けへの経過を戦史的図上演習の概念でとらえがちです。**しかし、その裏には必ず実利的な経済問題があることをわざと見落とすのか、問題にしたがりません。**もちろん当事者もそのことは戦争を正当化する装いを崩す危険性があることを知っていますから、口にしませんが、これは歴史を考える上できわめて重要なことだと思います。戦争の歴史はきれい事ではありません。戦争の裏には醜い欲望が息づいているのです。**経済的理由を根底とした、国益と国益の経済摩《ま》擦《さつ》が大義名分を振りかざした武力行使による解決という形で現れるのが戦争です。**靖国神社は戦争の根底にある経済的欲望を隠蔽《いんぺい》し、作られた大義名分だけで戦争を考えさせる愛国心高揚装置だったのです。

西郷隆盛、副島種臣、江藤新平、板垣退助らが征韓論を主張。

第一一問

韓国と靖国神社の関係は？

首相の靖国参拝に、韓国からクレームがつくたびに「内政干渉だ、大きなお世話だ」と反発する人がいます。また、先日、テレビを見ていましたら、かなり著名なジャーナリストが「韓国や北朝鮮では、小さい子どもたちに歴史教科書で反日を教えていますからね」と発言していました。恐らく、この人たちは朝鮮王国末期・大韓帝国の近・現代史を学んでいないのではないかと思います。**もし学んでいたら、これはもう、「朝鮮人の主権・国土・文化・人権・民心を日本が如何《いか》に悪辣《あくらつ》なやり方で踏みにじったか」という歴史を学ぶことになるのが当然なのです。そして、靖国参拝問題がどれほど韓国の国民感情を逆なでしているかがわかります。**それなのに不幸なことに、日本人の中には歴史を学ぼうともせずに、いまだに「列強の植民地になるところを日本が救ってやったのだ」と、侵略を美化する戦前の皇国史観を、平気で主張する者が少なくありません。今の中学や高校の歴史教科書は、たしかに朝鮮や韓国と日本との関わりについて一応概括的な記述を載せていますが、現実には、時間切れで明治以降のその歴史について、きちんと学習せずに終わることが多いようです。つまり韓国や朝鮮のことがわからないと、靖国神社参拝問題もわからないので、朝鮮王国・大韓帝国と日本の歴史を手短にまとめておきます。

1　隣国朝鮮王国の開国開化問題

豊臣秀吉は朝鮮侵略戦争（文禄《ぶんろく》・慶長の役）を行いましたが、徳川家康は朝鮮との国交を修復しました。日本と朝鮮王国は鎖国政策をとりましたが、日本は朝鮮に連絡使節を、朝鮮は日本に通信使節を派遣して、両国間の交歓を深めました。朝鮮の通信使節は、日本に朝鮮の技術や文化をもたらす貴重な文化使節でした。

その一方で、朝鮮王国は、陸続きの中国の王朝に、儀礼的な朝貢《ちょうこう》を続けました。朝鮮王国の宗主国《そうしゅこく》（従属国を管理する国）は清朝であるという形式をとることで、清朝の侵略を防ぎ、朝鮮民族の安全保障と繁栄を図り、中国の歴代王朝と交易を行ったのです。これを事大《じだい》外交といいます。

朝鮮王国は、一六世紀末から両班《ヤンバン》（封建的エリート階級）を中心とする朋党《ブンダン》政治を行ってきました。ところが、一九世紀に入ると、両班の朋党政治がすたれ、勢道《セド》政治に変わりました。勢道とは、国王の信任を得て、特定の人物や家門が権力を独占することです。日本でいえば、自分の娘を天皇の皇后にして、政治の実権を握って栄耀栄《えいようえい》華《が》を極めた藤原氏が、勢道家にあたります。朝鮮国王の正祖《チョンジョ》が急逝《きゅうせい》して純祖《スンジョ》が即位すると、金祖淳《キムジョスン》が王の後見人になり、自分の娘を王妃にして外戚《がいせき》になり、政治的基盤を強固にしました。そして、金祖淳一族の安東金《アンドンキム》一族を政府の要職に就《つ》かせて、安東金一族の専権体制を固めました。こうして国王を抱えこんだ勢道家門は、政府の高位官職を独占し、公然と官職を売買しました。官僚たちは、自分の地位を守るために勢道家の機嫌をうかがいました。官職を買った役人はその費用を回収するために不正を行い、あらゆる手段で蓄財に励みました。民衆に不当な税金をかけて搾取《さくしゅ》したり、無実の罪を着せて民衆の財産を掠奪《りゃくだつ》しました。勢道政治は、純祖、憲宗《ヒョンジョン》、哲宗《チョルジョン》の三代にわたり六十年余りも続きました。その間に政治の綱紀《こうき》は乱れ、民衆を苦しめ疲弊《ひへい》させました。

一八六三年、哲宗《チョルジョン》が亡くなり高宗《コジョン》が即位しました。高宗は一二歳の少年だったので、実父の李是応《イハウン》が、興宣大院君《フンソンテウォングン》（一般に大院君と略称、大院君は王の父の尊称）の称号を贈られて政権を握りました。大院君は、王の外戚《がいせき》による勢道《セド》政治に改革を加え、人材登用の道を開き、国家の綱紀を正して王権強化を図る一方で、欧米諸国の侵略を防ぐために鎖国政策を強化しました。

一八六六年、アメリカ船シャーマン号（商船説と海賊船説がある）が大同江《テドンガン》を遡航《そこう》して通商を強要しました。平壌《ピョンヤン》の役人はこれを拒否したのでトラブルになり、乱暴した乗組員たちに怒った市民軍が、シャーマン号を座礁《ざしょう》させて焼き払うという事件が起きました。

また、大院君はこの年、天主教《てんしゅ》（キリスト教）に大弾圧を加え、フランス人神父九人と数千の信徒を処刑しました。これに抗議して、フランス東洋艦隊が江華島《カンファド》（漢江《ハンガン》の河口にある島）を攻撃し占領し、漢城《ハンソン》（現在のソウル）に進撃してきましたが、大院君はこれも撃退しました。この二つの事件を丙寅迫害《ピョンイン》と丙寅洋擾《ピョンインヤンヨ》（丙寅《ひのえとら》の年の西洋の侵略）といいます。

一八七一年（明治三年）、アメリカは軍艦五隻を率いて江華島に碇泊《ていはく》し、シャーマン号事件を調査する必要があるから、通商交渉を開始せよと迫りました。朝廷が拒否すると、アメリカ軍艦は報復に江華島を攻撃しました。朝鮮軍はこれとも交戦しました。これを辛未洋擾《シンミヤンヨ》といいます。アメリカとフランスを撃退したと思いこんで自信を得た大院君は、「洋夷《ようい》の侵犯に対し戦わないことは妥協することであり、妥協することは国を売ることである」と刻んだ記念碑を全国に建て、一層鎖国政策を強化しました。

2 征韓論と朝鮮王国の鎖国

徳川時代は、日本も朝鮮も鎖国を国是《こくぜ》としていました。日本は、オランダ人と清国人にかぎって長崎に来航を許し、長崎の出島を居留地にしました。これと同じように朝鮮は、釜山《プサン》の近くの草梁《チョリャン》の倭館《わかん》（長崎のオランダ屋敷や唐人《とうじん》屋敷に相当）で、特許貿易を行わせました。特許貿易は、朝鮮が発行した特許状と、対馬《つしま》藩主の特許状の二つを持っている対馬藩の船と人だけに、倭館で貿易をすることを恩恵的に許したので、対馬藩の宗《そう》氏は、朝鮮に臣下の礼をとっていました。

一八六八年（明治元年）一一月、明治政府は、慣例に従って、宗対馬守に命じて朝鮮に使節を派遣して、明治天皇が即位して政体が変わったことなどを書いた国書を提出させました。その使節が釜山の草梁で、朝鮮側の役人に国書を渡すと、役人は徳川時代の国書と書式が異なること、将軍の「大君」に代り「天皇」や「勅《ちょく》」の字があることを怪しみ、こんな文書は中央政府に送付できないと、国書の受理を拒否しました。

実は朝鮮は、明治政府とは従来通りの恩恵的な特許貿易しか認めないという方針を決めていたのです。これに対して、明治政府は、近代的で対等な国交関係と、自由な通商貿易を突然「天皇」の名で要求しました。誇り高い朝鮮側は、明治政府に征韓の意図があることも知っており、国交交渉が難渋を極めたのは当然でした。

　また日本の対馬《つしま》藩も、日本と朝鮮の国交交渉を妨害しました。対馬藩の代官は、特許貿易を円滑に行うために朝鮮側の役人に賄賂《わいろ》を贈ったり、彼等と共謀して特許外貿易つまり密貿易をやって儲《もう》けていたのです。草梁《チョリャン》では、朝鮮側の役人と旧対馬藩代官（吏員《りいん》）と、対馬の特権商人の利害は一致していたので、三者が共謀して、朝鮮中央政府と明治政府の直接交渉を妨害しました。

　そのことに気がついた明治政府は、草梁の対馬藩の代官は、日本の国益よりも封建領主の宗《そう》対馬藩主の利益を優先させていると憤慨します。一八七一年（明治四年）に、廃藩置県を断行して対馬藩を廃絶しますが、朝鮮側は従来通り特許状がない船の入港を許しません。やむをえず旧対馬藩知事宗重正を外務大丞《だいじょう》にして、外務省の官吏が直接交渉できるように朝鮮側に要請させますが、現地では宗氏代官と対馬商人は妨害を続けました。

　難渋する国交交渉と、特許貿易の弊害にうんざりした明治政府は、禁じ手を打ちます。特許状なしの貿易は密貿易ですが、政府はこれを、「実は公然通商の貿易」つまり民間人による自由貿易とみなして奨励したのです。外務省はこの密貿易に、税金もかけずに大いに奨励したので、一八七三年（明治六年）四月頃には三井組をはじめ、東京や大阪の大手商人も釜山に進出を始めました。

こうまで露骨になると朝鮮側も黙ってはいません。同年五月末、朝鮮側は草梁倭館《わかん》の監視員たちに、密貿易の取り締まり強化を厳命し、その命令書を倭館の門前に掲示しました。その文中で、明治維新後の日本を次のように非難したのです。

「日本は制を人に受くるといえども恥じず、その形を変じ俗を易《か》う、これ即ち日本の人と謂《い》うべからず、我境に来往するを許す可《べ》からず」

これは、「日本は西洋の制度を取り入れ、西洋に心酔してまねをし、風俗を安易に変えたことを恥とも思わない。そんな者はもはや日本人とはいえないから交際はしない」という意味です。「日本は制を人に受くるといえども恥じず」に関していえば、日本は断髪洋装を奨《すす》め、とにかく「洋」のつくものならなんでもありがたがりました。これを西洋かぶれだと憤慨した日本人もたくさんいたのです。しかし、六月一二日、太政官《だじょうかん》に草梁館の命令書が届くと、政府内でこれを「無礼」「侮日《ぶにち》」だと決めつけ、政府内で一気に征韓論が盛りあがりました。

不平等条約改正のために岩倉具視や大久保利通らが訪欧していたので、留守を預かる太政大臣三条実美《さねとみ》は参議を集め、「朝鮮での無礼亡状《ぼうじょう》（亡状も無礼と同じ意味）は、朝廷の威信を脅かし、国辱に係《かか》わること大であるから、断然征伐せねばならぬ。しかし兵事は重大であるから、まず陸軍若干、軍艦数隻を朝鮮に派遣し、その上に使節を差遣《さけん》して正々堂々と談判したい」と閣議に提議しました。

この閣議に参列した参議は、西郷隆盛・板垣退助・大木喬任《たかとう》・大隈重信《おおくましげのぶ》・後藤象二郎・江藤新平でした。

人望の厚い西郷は強く征韓論を主張しました。その上、西郷は「自分を全権大使にするよう」申し入れ、自ら朝鮮側に殺されて人柱になるとまでいうので、誰も反対はできません。しかもそのとき、朝鮮をとりまく国際政治状況は日本に有利でした。外務卿副島種臣《そえじまたねおみ》は、「清国政府は、朝鮮国に内治外交の自主・自治を許しているから、朝鮮の無礼亡状に対して清国は責任を負わないと述べて、朝鮮国の独立を認めている」と報告しました。また、在日ロシア公使は、副島に「日韓の間に有事が起きても、ロシアは一切干渉も妨害もしない」と明言しました。

朝鮮国が小国であること、無礼であること、さらに、清国とロシアが征韓に対して文句をつけないといっていることなど、これらが征韓論を合理化することになりました。閣議の結果は西郷の征韓論を肯定し、明治天皇もこれを許可しました。ただし、使節差遣《さけん》に関しては、欧米に派遣した岩倉具視たちが帰国してから、閣議で熟議を重ねて決めるように命じました。

一八七三年（明治六年）九月、欧米から岩倉具視、大久保利通らが帰国すると、征韓論をめぐって閣議は紛糾《ふんきゆう》しました。大久保利通は、七つの理由をあげて全権大使の差遣に反対しました。最大の理由は、「今、我々は欧米諸国との不平等条約の改正の目処《めど》もたたず、列国と不平等で屈辱的な国交や通商に甘んじている。欧米の屈辱には耐え忍びながら、朝鮮の非礼を咎《とが》めるのは理由にならない。朝鮮に非礼があるとしても、征討の大義名分というほどのものではない。このような薄弱な理由で、国家の安《あん》危《き》を顧《かえり》みず、人民の利害を計らずに事を起こすのは納得できない。廃藩置県後、政府の基礎は、いまだ確立せず、国民は新しい制度や法律に慣れず、常に疑《ぎ》惧《ぐ》の念を抱いている。内治を優先して国民を安堵《あんど》させるべき時機に、外国に征討軍を派遣すべきではない」という理由で断固反対しました。

政府は征韓派と非征韓派に分裂し、激論の末、征韓派が敗れ、閣議は使節差遣を否決しました。一八七三年（明治六年）一〇月二四日、明治天皇も閣議決定を認めました。自説を否決された西郷隆盛ら征韓派五名は、参議を辞職して政府を去りました。

3 常識とされた大陸発展主義

朝鮮の大院君《テウォングン》は明治政府の高官たちが、武力による国威伸張論を支持していたことを、維新の前から知っていました。佐藤信淵《のぶひろ》は、一八二三年（文政六年）に『宇内混《うだいこん》同秘策《どうひさく》』を著し、天皇親政の下に完全な統一国家を組織し、日本が発展するためには、満洲《まんしゅう》・朝鮮をとり、中国大陸を征服して、「宇内混同」せよと主張しました。さらに、通商と武力によってイギリスとロシアを征服し、全世界をことごとく日本が所有すべしと論じました。「宇内混同」は後の「八紘一宇《はっこういちう》の顕現《けんげん》」と同じ意味です。

佐藤信淵の影響を強く受けた吉田松陰《しょういん》は、獄中からの書簡『治心気斎《ちしんきさい》先生に与えて獄舎問答を寄する書』の中で次のように説きました。

「ロシア・アメリカと条約を結んだ上は両国の前ではネコをかぶり、相手が気をゆるしたら、そのすきに満洲をとり、ロシアを圧迫し、朝鮮を日本のいうままにさせ、清・東南アジアをとってインドを襲え。これらのうちで一番弱いところからとれ。これは日本が世界萬世に引き継ぐ大業《たいぎょう》である」と。

佐藤信淵に影響を受けた吉田松陰・橋本左内《さない》・平野次郎などの大陸発展論思想に、勤王の志士たちは強く共感していました。明治政府の実力者たちは、もとは勤王の志士です。彼らの意識の根底に、「朝鮮・満洲・清を分捕らないと大日本帝国の将来はない」という大陸発展論があり、それが侵略だとは思いもしませんでした。**靖国神社は、安政の大獄《たいごく》で処刑された吉田松陰・橋本左内たちを祀っています。**

一八七三年（明治六年）の征韓論をめぐる争いは、内治優先派が武断派（征韓派）を制しただけで、朝鮮問題を解決したわけではありません。朝鮮帰属問題をめぐって朝鮮はもちろん、清国・イギリス・ロシア・フランス・ドイツなどとの紛争の火種となり、日清戦争・日露戦争の原因になりました。

その理由について『明治大正史・2・外交篇』（一九三〇年・朝日新聞社編）は、概略次のような説明をしています。

つまり、

――朝鮮半島はアジア大陸から黄海《こうかい》と日本海の間に突き出て、いかにも「日本の心臓を狙《ねら》った短刀」のような格好をしている。これがあくまでも独立していれば、日本にとってそれほど恐ろしい短刀ではないが、一度他の国にわたった暁《あかつき》には、日本にとって脅威となる。反対にこの地を領有するものは、よく極東の死命を制することができる。朝鮮は、清国とロシアと日本の中間に存在して緩衝《かんしょう》地帯を形勢すべきものであるが、中国は幾世紀も前から宗主国《そうしゅこく》として臨んできた。またロシアも東方経営のために絶えず領有を狙ってきた。中国やロシアが朝鮮半島を占領したら、そのときの日本はどうなるだろうか。それは脇腹《わきばら》に匕首《あいくち》を当てられたようなもので、絶えず日本という国家の生存は脅かされるであろう。朝鮮問題が明治史のほとんど全部を通じて、終始重大問題を孕《はら》んだのは、実にこの日本国家の生存という根本に触れたためであって、日清戦争も日露戦争も、まったく朝鮮問題を中心として惹起《じゃっき》されたのである――

と、いうのです。

幕末の大陸発展論は、西南戦争以後は大日本帝国の生存を左右する問題になります。それは朝鮮半島を足がかりにして大陸進出をするには、大きな障害がありました。それは朝鮮の属邦問題です。

朝鮮は相変わらず西洋を模倣《もほう》している日本を軽蔑し、宗主国の清国に頼ろうとしました。清国もまた朝鮮に対して宗主国の態度をもって臨み、これを属邦視していました。朝鮮と清国が属国・宗主国の関係にある以上、日本はうかつに朝鮮に手出しをできません。

しかし、「朝鮮が清国に頼っているのは、ただ強大な清国の侵略や討伐から免れるためである。そのために貢《みつ》ぎ物を贈り、正朔《せいさく》を奉じている（臣民になっている）だけである。朝鮮にとって、外交手段の一つとして宗主国の関係を維持しているに過ぎない。したがって清国が朝鮮を属国だと称するのは随意《ずいい》だが、日本がそれをそのまま認めなければならぬという義理はない」と政府は考えていました。この理屈から、大日本帝国の生存と安全と発展のためには、まず、朝鮮を清国から引き離して独立国にする、その後、親日的な国家にするか、もしくは日本に隷属《れいぞく》させるというシナリオを作ったのです。これを実現するためには、日本にとって都合の良い政権を樹立する必要がありました。なんだか今のアメリカが、平和と安全のために、イラクのフセイン政権を打倒して、親米的な民主的政権を樹立しなければならない、といっていたのとよく似ています。

4　明治政府が朝鮮王国にしたこと

鎖国主義者の大院君《テウォングン》は、一八七三年（明治六年）、高宗王《コジョン》の妃の明成皇后《ミョンソン》（閔妃《ミンビ》）と閔氏一族の勢道《セド》勢力によって執政権を奪われました。閔氏一族は大院君の改革を否定し、政治を昔通りの両班《ヤンバン》大地主の支配に戻そうとしました。朝鮮王宮に内紛が起きると、日本は謀略的にトラブルを起こしました。

一八七五年（明治八年）九月、日本の軍艦雲揚《うんよう》号は、無断で朝鮮沿岸の測量をし、清国に向かう途中で、江華島《カンファド》に碇泊《ていはく》し、薪《たきぎ》や飲用水を要求しました。幕末にアメリカが江戸湾に軍艦を率いて碇泊し、脅威を与えたのと同じことを朝鮮にやったのです。しかし、徳川幕府と違って、朝鮮はすかさず砲撃を加えました。これは日本側の予想通りの反応で、待ってましたとばかりに日本軍が応戦しました。これが「江華島事件」です。

江華島事件の日本側の戦死者は、雲揚号の一等水夫松村千代松一名だけでした。明治天皇は、翌年一月、たった一名のために東京招魂社に招魂式と合祀祭を行うように命じました。

一八七六年（明治九年）一月、日本は軍艦八隻を連ねて、江華島事件の談判に乗りこみます。賠償の代りに「日朝修好条規（江華島条約）」を締結することを強要し、回答次第では戦争をすると脅《おど》しました。そして、欧米諸国に押しつけられた不平等条約よりもさらに苛酷《かこく》な不平等条約を朝鮮に押しつけたのです。

こうして同年二月、日本は維新以来の念願だった日朝修好条約を締結させて、朝鮮の独立を明らかにしました。清国の朝鮮に対する宗主権を否定して、門戸《もんこ》を開放させたのです。

この江華島条約は、朝鮮人にとって屈辱と苦汁《くじゅう》の歴史の幕開けでした。日本は朝鮮を無理矢理開国させると、日本人が商売をするのに都合がよく、かつ多大な利益をもたらす措置を押しつけました。日本貨幣の流通、日本人外交官の旅行の自由、開港場での日本人居留民の居留地の設定、日本の輸出入商品の非課税、穀物の無制限輸出などを認めさせました。これまで草梁《チョリャン》でやっていた密貿易を公貿易にしたので、朝鮮は国内産業を保護できなくなりました。朝鮮にとっては、これは経済的侵略以外の何物でもなかったのです。また産金国であった朝鮮の金は、めちゃくちゃな安値で日本に流出しました。日本は、幕末に欧米にしてやられた以上のあくどいやり方で、朝鮮の国富を収奪していったのです。

朝鮮は日本に門戸を開いた以上、欧米諸国にも門戸を開かないわけにはいきません。アメリカ、イギリス、ドイツ、ロシア、フランスなどとも条約を締結して外交関係を結びます。その結果、朝鮮の民衆は外国の経済的侵略から、いかにして自主独立するかという問題と、近代的国民国家の樹立という民族的課題を同時に担《にな》うことになりました。

一八八二年（明治一五年）、日本が、朝鮮の近代的軍隊創設を援助するという理由で軍制に介入すると、壬午《イムオ》軍乱と呼ばれる武装蜂起《ほうき》が起きました。軍民は、閔《ミン》氏政権の高官や日本人教官を殺害し、日本人居留民をも襲いました。そのとき日本の花房義質《はなぶさよしもと》公使たちは逃げましたが、日本側の死者は一二名で、半数は巡査でした。明治天皇はこの人たちを靖国神社に祀るよう命じました。

武装蜂起軍は、王宮を占拠すると屈従的外交をすすめた閔氏政権を打倒し、鎖国主義者の大院君《テウォングン》を復帰させました。日本政府は、日本人居留民の保護を口実にして、軍隊の派遣を決めますが、清国は、日本より先に軍隊を派遣しました。日本軍が軍事介入すると面倒なことになるので、先手を打ち、漢城《ハンソン》を占領して、大兵を駐屯《ちゆうとん》させました。そして閔氏政権を復活させ、大院君を軍乱責任者として清国へ拉致《らち》して、事態を収拾しました。

日本政府は壬午軍乱について、花房公使に強引に談判させて、朝鮮との間に済物浦《チェムルポ》条約を締結させました。これによって、朝鮮から賠償金五〇万円を取り立て、公使館付近に兵舎を建てて、警備兵の駐屯を認めさせました。それ以来、日清両国が朝鮮に兵を駐屯させたので、これが日清衝突の原因になりました。

江華島《カンファド》条約や済物浦条約は、日本が朝鮮を植民地にするための貴重な足がかりになりました。朝鮮を日本の植民地にすることは、日本にとって最大の国益でしたから、明治天皇は、江華島事件や壬午軍乱の戦死者や巡査たちを、靖国神社の神にしたのです。朝鮮からみれば自分の国を侵略して、植民地にした人たちですから神と崇《あが》めることなぞ、絶対にできません。

明 成《ミョンソン》皇后＝閔妃《ミンビ》（1851-95）

金玉均《キムオクギュン》（1851-94）

第一二問

日清戦争と靖国神社の関係は？

1　朝鮮が抱えていた複雑な問題

敗戦後の日本国は、憲法第九条「戦争放棄」にもとづき、戦争をやらないことを国《こく》是《ぜ》にして、政治や外交などを行ってきました。これと同様に徳川幕府は鎖国を国是とし、外国と国交を結ばない、外国人を国内に自由に出入りさせない、外国と勝手に貿易をさせないなどの鎖国政策をとってきました。鎖国の利点は、外国に邪魔されずに、国内の利益を護《まも》り、安定を図ることができることです。

一九世紀半ばになると、欧米諸国は、日本や朝鮮に対して鎖国をやめて、開国をするように迫ってきました。欧米諸国は近代化が進み、産業・工業を発展させました。大量の商品を生産できるようになると、原材料（羊毛・綿花など）、エネルギー資源（石炭）、工場や機械を造るための資源（鉄・銅・錫《すず》など）が必要になります。また大量に商品を生産したら、今度はどこで商品を売って儲《もう》けるかが問題になります。その商品の輸出先を得るために、清国、日本、朝鮮を開国させる必要があったのです。

港湾の背後の、豊富な資源を持ち、かつ大量の商品を販売できる人口の多い地域——つまり活発な経済活動が見込める地域を、「ヒンターランド」といいます。ヒンターランドを獲得すれば、大儲けができます。欧米諸国にとって、清国はまさにヒンターランドでした。それで欧米諸国は、清国を武力で威嚇《いかく》し、武力闘争（阿片《アヘン》戦争など）をしかけて、清国に不平等な条約を結ばせ、自分たちに都合のいい権益を獲得しました。

欧米諸国が、日本、清国、朝鮮に開国を迫ったとき、いずれの国も政治が乱れ国家の財政も窮乏を極め、民衆は疲弊《ひへい》していました。支配者や政治に不平や不満を抱く人たちは、封建制度を打破し近代的な国家に改革すべきだと、考えるようになりました。国内改革問題に、外国の開国要求という内政干渉がからんだので、問題はきわめて複雑になり社会は混乱しました。

日本の場合は、その問題に「維新」という答えを出して解決を図りましたが、朝鮮には、次のような複雑な問題があったので、日本や清国の干渉を受け、独立国家として近代化を推進することができませんでした。

清国の宗主権問題　日本はアメリカに開国させられました。その日本は、アメリカのやり方を習って朝鮮を開国させました。日本は江華島《カンファド》事件を起こし、一八七六年（明治九年）、朝鮮に日朝修好条規（江華島条約）を結ばせて開国させました。そのとき朝鮮は清国を宗主国《そうしゅこく》としていました。独立国家の三要素は、「領土・人民・独立した統治体」を有することです。それで日本はまず、朝鮮と宗主国清国との関係を絶ち、朝鮮を独立国家にする必要があったので、江華島条約の第一条を、「朝鮮国は自主国として、日本と平等の権利を持っている」と、規定しました。けれどもそれは日本がそういっているだけで、清国は宗主権を放棄したわけではありません。それ以来日本と清国は、宗主権をめぐって争い、一八年後に日清戦争を始めました。

大院君と閔氏一族の政権争い

大院君《テウォングン》というのは、国王の父の称号ですが、一般に大院君といえば、高宗《コジョン》王の父をいいます。高宗は一二歳で王位に就いたので、大院君が代わって政治を行いました。大院君は王権の確立、中央集権政治の確立を目ざしました。民衆を動員し巨額を投じて王宮を再建し、地方勢力の書院（朋党《ぶんだん》の根拠地として民衆を収奪してきた儒生の塾のようなもの）を弾圧しました。また徹底した鎖国政策をとり、攘夷《じょうい》を強行しました。ところが一八七三年に大院君は政権の座から追われ、息子の国王高宗が親政を宣言し、高宗の王妃明成《ミョンソン》皇后（閔妃《ミンビ》）と閔氏一族が勢道《セド》になり、政権を握りました。

一八八二年（明治一五年）に日本が軍制に干渉し、新式軍隊の幹部養成に日本人教官を送りこみました。その間に旧式軍隊の間で給与問題から壬午《イムオ》軍乱が起きました。旧式軍隊は大院君に援助を求め閔氏政権の高官や日本人教官たちを殺害しました。大院君が再び政権をとり、壬午軍乱は治まります。清国は日本軍の介入を牽制《けんせい》するために、ただちに派兵し、大院君を壬午軍乱を起こした責任者として清国に拉致して、高宗に政権を戻しました。

この結果、明成皇后は政権を維持するために、宗主国の清国を頼り、親清国派で穏健的な開化政策をとると、清国は宗主国として積極的に内政干渉をするようになりました。一方日本は、壬午軍乱での日本人の死傷者を出した責任を問い、朝鮮と日本との間で、済物浦《チェムルポ》条約を結び、賠償金を取り立て、日本公使館の警備兵の駐屯を認めさせました。日本はこれによって、また一歩朝鮮に踏みこんで、侵略の駒《こま》を進めることができました。靖国神社は、壬午軍乱に巻き込まれて死んだ日本人教官や巡査を神に祀《まつ》っています。

開化派の対立　明治政府は、徳川幕府の勢力を一掃すると、文明開化を国策とし、開化政策を一気に断行し、近代化に成功しました。それに対して朝鮮は、開国後、開化政策をめぐって国内で政変が起きました。

○**穏健改革派**　閔氏政権のもとで、清国の洋務運動を手本にして、漸進《ぜんしん》的な改革を推進しようとした。

○**急進改革派**　金玉均《キムオクギュン》、朴泳孝《パクヨンヒョ》、洪英植《ホンヨンシク》、徐光範《ソグァンボム》は開化党を結成しました。彼らは、清国の内政干渉と清国に依存する、政府の伝統的な事大《じだい》主義的政策を攻撃しました。開化党は日本の明治維新を手本にし、急進的な開化改革を目ざしました。清国の干渉を排し、自主独立を確立するために甲申《カプシン》政変を起こしました。

甲申政変後、日本と清国は天津《てんしん》条約を結び、この条約によって日本は清国と対等に朝鮮への派兵権を獲得しました。のちにこの天津条約をめぐって日清戦争が起きます。ここで甲申政変について少し詳しく説明しておきます。

甲申政変　壬午軍乱後、開化党の活動は活発化し、危険な反政府勢力になったので、閔氏政権は開化党を弾圧しました。開化党の金玉均らは、日本の援助をあてにして、日本の明治維新のような政権奪取を試みようとしましたが、日本政府の態度は冷淡でした。金玉均らは政府の弾圧を受け、開化政策を推進するどころではありません。窮地に追い込まれた開化党は非常手段に訴え、クーデターを計画しました。彼らが日本公使館に支援を要請すると、日本公使は支援を約束して彼らを煽《あお》りました。

一八八四年（明治一七年）一二月四日、王城で漢城《ハンソン》郵政局開局祝賀宴が催され、各国公使や政府高官たちが出席していました。金玉均《キムオクギュン》らは突如その祝賀宴に乱入し、「清国軍が反乱を起こした」と偽《にせ》の情報を伝え、国王を擁して大政一新を叫びました。国王を景祐宮《キョンウグン》に移し日本兵に守備させると、閔氏一族の守旧勢力の事大党の要人たちを殺害して、開化党政府の樹立を宣言しました。

しかし清国派の閔氏は、すぐに清国に助けを求めました。清国公使袁世凱《えんせいがい》は、二、〇〇〇の兵士を連れて王宮に押しかけ、日本兵を撃退しました。清国と朝鮮の兵が、日本公使館を包囲すると、これに反日的で保守的な民衆が参加して、日本公使館に投石したり、居留地を襲撃し日本人四〇名を殺害しました。清国の武力介入で、開化党政府は三日で倒され、甲申《カプシン》政変は失敗に終わりました。金玉均らは、日本公使館に逃れた後、日本に亡命しました。清国依存派の閔《ミン》氏政権が主導権を握っている以上、日本は朝鮮と清国を完全に切り離すことはできません。そこで日本公使たちは、金玉均らのクーデターを支援したのです。

甲申政変の日本側戦死者は磯林真三大尉以下六名で、これまた靖国神社に祀《まつ》られています。

日本人の死者が出たので、日本側はすぐに謝罪を要求しますが、朝鮮側は、甲申政変は日本公使の陰謀で、金玉均らを煽動《せんどう》してやらせたと、談判に応じません。しかし、清国の助言で、結局朝鮮は折れて、日本に謝罪し、賠償金一三万円を支払い、公使館の新築費用も負担しました。

甲申政変の翌一八八五年（明治一八年）四月一八日、清国で李鴻章《りこうしよう》と伊藤博文と西郷従道《つぐみち》が折衝して、天津条約を調印しました。これによって、「朝鮮半島から日清両国軍が撤兵する。もし将来朝鮮へ派兵する場合は、相手国にそれぞれ文書で知照《ちしよう》する。朝鮮兵の訓練は日清両国人が行う」ことを決めました。清国はこれから先も、日本が勝手に派兵するのを牽制《けんせい》し、朝鮮から日本軍の脅威を取り除くことにしたのです。

甲申政変で、一族を殺された明成皇后《ミョンソン》は、日本政府に金玉均の引き渡しを要求しました。政府は引き渡しを拒みますが、外交上の紛争になることを恐れ、金玉均に国外退去を命じました。このとき、福沢諭吉は亡命中の金玉均を支援しました。金玉均は、日本政府に裏切られ冷遇されて絶望し、暗殺を覚悟の上で一八九四年（明治二七年）三月に、清国の上海《シャンハイ》に向けて出国しました。上海に落ち着いたとたん暗殺され、その遺体は朝鮮に送られ、バラバラに切り刻まれて、晒《さら》しものにされました。

日本国民は、金玉均暗殺の詳細を知ると、清国を首謀者とみなして、その横暴を責め、閔氏の残虐を憎みました。日本国民は、清国政府が日本政府の威信を傷つけた、それなのに、手をこまねいていると、日本政府の軟弱さを責めました。日本の世論は怒りに沸騰《ふっとう》し、横暴な清国を膺懲《ようちょう》（こらしめる）すべきだという声が上がりました。こうして国民が日清戦争を支持する下地が作られていったのです。

2　甲午《カブオ》農民戦争から日清戦争へ

もともと朝鮮の農民は勢道《セド》政治のせいで役人から厳しい収奪を受けて疲弊《ひへい》していました。開国すると、日本商人たちが進出して、農民たちをさらに苦しめました。日本商人たちは、朝鮮の米、大豆、小豆などの穀物を投機の対象とし、先物買いをして大量に買い占めました。それを日本に輸出して高値で売って大儲《もう》けをしました。けれども朝鮮の穀物価格は騰貴《とうき》し、貧農層や都市の下層階級が打撃を受けたので、しばしば政治的紛争の原因になりました。

一八八九年（明治二二年）に、朝鮮の地方官の一部が、「穀物輸出禁止令」（防穀令）を出しました。日本商人は、先物買いで買い占めた穀物を、日本に輸出できなくなりました。日本政府は、「防穀令」は居留日本商人たちに、巨額な損害を与えたと抗議し、朝鮮政府から賠償金を強奪しました。また日本商人は、治外法権で保護されているので、犯罪的な行為で暴利をむさぼっても、とがめられませんでした。

日本は欧米諸国と不平等条約を結び、不利な関税を押しつけられていました。清国は欧米列国がすでにがっちりと権益を押さえているので、日本企業や商人たちは簡単に進出できません。朝鮮の門戸を開いた日本は、朝鮮に不平等条約を押しつけ、日本の企業や商人たちはやりたい放題にやって儲けました。維新後、急速に発展した日本の資本主義は、朝鮮を食い物にしてますます発展したのです。そんなわけで、開国の弊害《へいがい》のすべてが、朝鮮農民に重くのしかかりました。その苦しみは農民戦争となって爆発しました。

甲申《カプシン》政変から一〇年後の一八九四年二月、全羅道《チョンラド》の古阜《コブ》郡で、悪辣《あくらつ》な郡守《ぐんしゅ》趙《チョ》の虐政に対して暴動が起こりました。この暴動のリーダーになった東学の新指導者全琫準《チョンボンジュン》は、「郡守の虐政は全羅道だけではなく、朝鮮全土の問題だ。虐政の根本原因は勢道《セド》政治にある。中央官僚の権臣らは、売官や売爵《ばいしゃく》をし公然と汚職をやっている。これを改め権臣たちを追放しないかぎり、朝鮮の民衆は救われない」と訴えました。古阜郡の暴動は、初めは東学信徒が中心だったので、「東学党の乱」といいました。しかし、東学のもとに、一、〇〇〇名を超す農民たちが集結して農民軍を組織したので、「古阜《コブ》民乱」といいます。農民軍は、悪質な官吏を処分して、彼らが横領していた米を奪い返して解散しました。

ここで「東学」について、簡単に説明しておきます。東学は崔済愚《チェジェウ》が始めた民間宗教です。西欧の天主教（キリスト教）や儒教を排撃し、「東国（朝鮮のこと）」の学を極《きわ》めようとしたので、西洋の「西学」に対して「東学」というようになりました。東学は、勢道政治のもとで苦しんでいた農民や庶民の心をとらえました。また、東学思想は、「人は天そのものである」という思想をもとにして、平等主義や人道主義の実現を説き、天の運勢思想を打ちたてました。これは、衰退する朝鮮王朝を否定する革命思想を含んでいました。民衆的で民族的な東学は、急激に信徒を増やしたので、政府は東学を弾圧しました。

一八九四年（明治二七年）二月に起きた「古阜《コブ》民乱」が一段落すると、閔《ミン》氏政府は民乱調査と称して軍隊を派兵しました。閔氏政府＝勢道《セド》政治にとって、「古阜民乱」は反政府民乱ですから、調査と称して農民軍に加わった男たちを捕らえ、弾圧しました。東学の新指導者全琫準《チョンボンジュン》は、弾圧に憤激し、再度武装蜂起を呼びかけました。徳川家康は、農民とゴマの油は搾れるだけ搾りとれといいましたが、朝鮮の政府は民衆が生きてはいけないくらい重税を課しました。民衆は政府の圧政に耐えかね、再び武装蜂起をし、「輔国安民」、「除暴救民」の旗印を掲げて、政府軍と戦いました。これが朝鮮近代史上、最大の内乱で「甲午《カプオ》農民戦争」の始まりです。

同年五月三一日、農民軍は官軍を撃破し、全羅道《チョンラド》の首府で国王の李《イ》王家の本貫地《ほんがんち》である全州《チョンジュ》を占領しました。これは閔氏政府崩壊の危機です。追いつめられた閔氏政府は、武力で東学農民軍を鎮圧できないので、東学農民軍と全州和約を結び、改革要求を受け入れることを決めました。けれども、その一方で、閔氏政府は国王の内命で、清国の袁世凱《えんせいがい》に救援のために派兵を依頼しました。これが日清戦争の引き金になりました。

清国が派兵すると、日本もすぐに大軍を朝鮮に派兵しました。日本軍は、「朝鮮の独立と内政改革」を口実にして朝鮮にいすわり続け、同年七月二五日、ついに日清戦争を始めました。いったんは解散した東学農民軍は、一〇月、武装蜂起をし、忠清《チュンチョン》南道《ナムド》の首府公州《コンジュ》を占領し、漢城《ハンソン》（ソウル）を制圧しようとしました。一〇月二六日、日本軍は公州の防御態勢を整え、朝鮮政府軍とともに、第一次公州攻撃に参加した農民軍を撃滅しました。農民軍の第二次公州攻撃は、一二月四日から始まりましたが、近代化された日本軍の圧倒的な火力兵器の前に農民軍は敗れました。甲午農民戦争は、朝鮮の内戦でしたが、最後は朝鮮の農民軍対日本軍の戦いになり、日本軍が鎮圧した形で終わりました。

朝鮮の穀倉地帯の慶尚《キョンサン》、全羅《チョンラ》、忠清《チュンチョン》の三道、黄海《ファンヘ》、平安《ピョンアン》の二道は日清戦争と甲午農民戦争のために荒廃を極めました。日本公使は朝鮮の内政改革を円滑にするために、東学党のリーダー全琫準《チョンボンジュン》を利用しようとしましたが、彼は断固拒否して、一八九五年四月二三日、処刑されました。朝鮮民衆の反封建闘争は失敗に終わりましたが、東学農民軍の生き残りは全国各地に潜伏して、反日義兵闘争の中核となり、日本と戦い続けました。

日清戦争に勝った日本は、一八九五年（明治二八年）四月一七日、清国と下関《しものせき》講和条約を結び、朝鮮の独立を認めさせました。日本は朝鮮を独立させ、内政改革を行わせるという名目で、植民地化を進め、最後は韓国を乗っ取ってしまいました。甲午農民戦争のリーダー全琫準は、朝鮮の民衆革命を指導した悲劇の英雄として現在も韓国で語られています。また甲午農民戦争を鎮圧した日本軍は、近代的な兵器を使用して、容赦のない殺戮《さつりく》を行い村を焼き払いました。「逃げる者は追わず」をモットーにした東学党に比べると、日本軍は恐ろしく残虐な軍隊でした。その恐ろしい日本の軍隊のことを韓国は今でも歴史教科書で教えています。韓国側から見ると、その恐ろしい軍隊の戦死者を、靖国神社は神として祀《まつ》っているというのです。

甲午農民戦争は、今から一〇〇年以上も前のことですが、日本政府や日本軍のしたことは、アメリカがイラク戦争でやったこととそっくりだと思います。イラクを空爆で破壊したアメリカに対して、イラクでは親米感情よりも、反米感情が高まっていますが、当時の朝鮮で反日感情が高まったのは、いうまでもありません。その反日感情は今日まで続いています。

首相が日本国憲法に違反して、靖国神社に公式参拝することは、見すごせない問題ですが、それ以前に日本側の戦没者というだけで、神様に祀ること自体が、問題だと思います。国家が外国に派兵をしたり、開戦をする理由や動機は決してきれい事ではないからです。その点をよく考えるためにも、韓国や中国と日本の歴史をしっかりと学ぶ必要があります。日本軍によって殺された朝鮮の農民は四万とも五万ともいわれており、とにかく農民軍死傷者数は膨大なものでした。

この後、全羅道《チョンラド》を中心に、作者不詳の民謡で、農民軍の指導者であった全琫準《チョンボンジュン》の死を悼《いた》む歌が広がりました。

　鳥よ、鳥よ、青い鳥よ

君はどうして出てきたの
松葉、竹葉、青々として
春と思って出てきたか
白雪がひらひらと飛ぶ
あの向こう、あの青松、緑の竹が
私をだましたよ

★

鳥よ、鳥よ、青い鳥よ
緑豆《ノクトゥ》（全琫準の幼名）の畠《はたけ》に下りたつな
緑豆の花がホロホロ散れば
青舗《チョンポ》（緑豆で作る豆腐の一種）売りの婆さん（私たち民衆）泣いて行く
（『ものがたり朝鮮の歴史』一九九八年・池明観《チミョンクァン》・明石書房）

この民謡について、著者の池明観は、次のように解説しています。
――立ち上がっては抑圧され、悲惨な状態に陥っている民衆の中には〝恨《ハン》〟が積《つ》もります。いたしかたなしに生き続けるけれども、その悲しみは胸にずーっと沈殿していき、言葉に表現できず、堪《こら》えられないほど苦しいのです。そしてそれを自分だけの悲しみ、苦しみとしないで、人間としての運命、民族的運命と考えます。

〝恨〟が積もり積もって爆発していく。これが民衆の抵抗だ、といえます。この全琫準を悼《いた》むうたなどには、くじかれた未完の民衆革命に対する悔《くや》しさがこめられている、と私は解釈しています。――

この「民衆の中の〝恨〟」を積もらせた原因の中に、朝鮮農民にとっては「悪鬼」のような日本軍がいて、農民がぎりぎり生きていくための民衆の抵抗を情け容赦なく圧殺したのです。彼ら朝鮮農民にとっての正当防衛の抵抗による、微々たる仕返しで死んだ日本兵が神様として靖国神社に祀《まつ》られている以上、この〝恨〟が消えることはないと思います。

日清戦争での戦没者の合祀を行った臨時大祭の様子。山本松谷画。

日清戦争での黄海海戦の絵。
上は海軍軍令部長・樺山資紀と西京丸（明治二七年撮影）。
樺山は後に初代台湾総督となった。

第一三問

日清戦争で
靖国の神は変わりましたか？

1　出火点の朝鮮

欧米諸国と結んだ日本の不平等条約は、締約国全部が、条約改正に同意しないと改正できません。欧米諸国側に譲歩した条件は日本国民を激怒させ、逆に日本国民が満足する条件を欧米諸国側に示せば、今度は欧米諸国が改正に同意しません。政府にとって条約改正は難事業でした。条約改正に行き詰まった外務大臣陸奥宗光《むつむねみつ》は、「条約を改正して欧米諸国と対等の関係に立つためには、日本はアジアの中で、特別例外的な文明強力国であることを、実証しなければならない」と力説するようになりました。条約改正は日本の国益に関わる重大問題なので、下手な条約改正をすれば、国民の不満が爆発し、政府を窮地に追いこみ、国内危機を招きかねません。そのために福沢諭吉は、「内輪《うちわ》の難局を救う手段として、政府は東洋攻略を覚悟すべきだ」と主張しました。

そんなとき、清国の上海で金玉均《キムオクギュン》暗殺事件、朝鮮で甲午《カプオ》農民戦争が起きました。日本政府は金を冷淡に扱ったくせに、金の遺骸《いがい》の引き渡しを申し入れました。清国はこれを拒否し遺骸を朝鮮に送りました。甲申《カプシン》政変で金玉均たちは閔《ミン》氏一族を殺害しました。閔氏政府はその恨みをはらすために金の死体を切り刻み、晒《さら》しものにしました。日本の世論は金玉均事件で沸騰《ふっとう》し、清国と朝鮮の非道を責め立てました。日本政府は、これをチャンスとみて甲午農民戦争を利用して清国との戦争を決意しました。甲午農民戦争の目的は封建体制と閔氏政権を倒して、民衆のための政治を実現することでした。けれども宗主国の清は清国派閔氏政府が倒され、民衆による革命が成功することを喜ぶはずがありません。清国は閔氏政権を助けるために、必ず朝鮮に派兵する。そのとき、日本も朝鮮に派兵して、清国と戦争をしようと決めたのです。

日本政府は、清国と戦争をやると、次のような国益を得られると考えました。

○戦争になれば愛国心が高揚し、日本国内は一致団結する。内閣支持率が上がり、政局が安定する。

○清国に勝てば、欧米列国は日本を見直して、条約改正に応じる可能性が高い。

○清国の宗主権を完全に否定し、朝鮮を自由に支配できる。

日本は壬午《イムオ》軍乱、甲申政変に派兵しましたが、清国の宗主権を否定できませんでした。そこで今度こそ、清国と決着をつけ、朝鮮を大陸進出、東洋攻略の足がかりにすることにしたのです。けれども、日本を嫌う閔氏政府が、日本に派兵救援を要請するはずがありません。また日本国民に開戦を納得させ、国庫から戦費を出させるためには、先に清国に派兵させ、その後で日本が派兵した方がよいと判断しました。

一八九四年五月三一日、東学農民軍が、全州《チョンジュ》を攻略占領すると、閔氏政府は、清国の袁世凱に出兵救援を依頼しました。日本は清国に、大量出兵の意志はない、清国と武力衝突するおそれはないと、油断させました。その一方で、日本政府は、日本公使館と日本国民の保護を目的として、出兵の準備を決定しました。六月三日、清国の袁世凱は、日本は大規模出兵をしないと判断し、朝鮮に対して公式に清国に派兵救援を請願させました。六月五日、清国が出兵すると、日本は、まだ戦時でもないのに、戦時大本営令にもとづき大本営を設け、天皇は混成旅団を朝鮮に派遣することを許可しました。六月六日、清国の軍隊が出発したと聞くと、日本も歩兵一大隊を急遽《きゆうきよ》朝鮮に派遣しました。そして、清国と日本は、天津条約第三条の規定に従い、互いに出兵を通知しました。

六月一〇日、日本の大鳥圭介公使は海軍陸戦隊の護衛をつけて、首都漢城《ハンソン》に入りました。一方清国も農民軍が漢城に進撃するのを防ぐために、八日から一二日にかけて、国防の要衝《ようしよう》の地である牙山湾《アサンマン》に軍隊を上陸させ、忠清道《チュンチョンド》一帯に布陣しました。

つまり、この時点で、朝鮮国内に閔《ミン》氏政府軍、農民軍、日清両軍が相対峙《たいじ》することになり、事態は緊迫し極めて危険な状況になりました。閔氏政府が、あわてて農民軍と和解して、全州《チョンジュ》から農民軍を引き揚げさせると、代わりに政府軍と清国軍が全州に入城しました。つまり、「農民戦争はすでに終わり、治安は回復し平穏に戻った。日本が兵力を使って農民軍を鎮圧する必要はなくなった」という状況を作ったのです。

その上で、清国の李鴻章《りこうしょう》は、清国軍と日本軍の衝突を避けるために、朝鮮から共同撤兵をすることを提案しました。日本はこれに対抗するように、六月十六日、陸奥宗光《むつむねみつ》外相は、清国側に「朝鮮内政の共同改革案」を手交《しゅこう》しました。この改革案は、日本が、朝鮮の内政に深く関わることを清国に認めさせ、清国の宗主権を実質的に否定する内容でした。清国側が絶対に受諾できない共同改革案を突きつけ、清国が拒絶したら、日本は単独で朝鮮の内政改革を行うと宣言する。そうなれば、清国は宗主権を守るために日本と戦争をするしかありません。外相陸奥宗光と軍部は、あくまでも、清国を戦争に追いこむための外交を行いました。

日清戦争を決意した日本にとって一番の心配は、欧米列国の武力干渉でした。清国はロシアに調停を依頼し、イギリスは、そのロシアの南下を牽制《けんせい》する必要がありました。イギリスは、朝鮮が清国の宗主権から脱して独立国になれば、ロシアが朝鮮に手を伸ばす機会が増大する。したがって日清戦争は日本にとって得策ではない、やめた方がよいと、日本を説得しました。

イギリスが、朝鮮の現状維持を求めて日清戦争に反対し、武力干渉を行ったら、日本は開戦できません。日清戦争を回避するために、欧米列国はそれぞれの国益に立ち、外交的駆け引きを行いながら調停を続けました。けれども日本と清国の間に入って、あえて武力干渉をすれば、戦争に巻き込まれます。結局、欧米列国は武力干渉を控え、イギリスも、日本をロシアの南下を防ぐ障壁《しょうへき》として有効だと考え、武力干渉をしないと決めました。

予定通りというべきか、日清共同撤兵交渉は破綻《はたん》して、開戦へ一歩を進めました。七月二〇日、日本の大鳥公使は、朝鮮政府に実質的な最後通牒《つうちょう》を突きつけました。清国と朝鮮の宗主国・属国関係を破棄すること、朝鮮の独立を妨げる清国との条約を破棄することなどを要求し、二二日までに承知すると回答しない場合は、日本軍は王宮を占領すると通告したのです。二三日、日本軍は通告通りに、王宮を占領しました。朝鮮軍を武装解除させ、大院君《テウォングン》を執政とし、清国派の閔《ミン》氏政権を打倒しました。こうして日本は清国が戦争せざるをえない状況を作って、開戦の瞬間を待ちました。

2 日清戦争と日本の勝利

一八九四年（明治二七年）七月二五日未明、日本艦隊は豊島沖を航海中の清国艦隊に攻撃を加え、開戦しました。豊島《ブンド》沖《おき》の海戦に続き、二九日、成歓《ソンファン》で陸上戦を起こしました。七月三一日、日本政府は清国と戦争状態に入ったことを各国に通告しました。

ここで、開戦の方法について説明しておきます。

○宣戦布告または最後通牒《つうちょう》の交付により、戦意を明らかにして開戦する。

○戦争状態にしか認められない敵対行為によって開戦する。

日本は清国の軍艦を攻撃し、敵対行為によって七月二五日に開戦しました。三一日に世界各国に、日本は清国と戦争状態に入ったことを通告しました。そして八月一日、天皇は公式令にもとづいて、詔書《しょうしょ》（宣戦の詔書）を渙発《かんぱつ》し、日本国民に日本は清国と戦争状態に入ったことを布告しました。天皇が渙発した詔書は、敵国に対する宣戦布告ではありません。帝国臣民への告知なのです。

一方清国は、七月三〇日、清国にある各国公使に、日本が国際法を犯して、敵対行為によって開戦したことを告げ、開戦の責任は日本側にあると説明しました。七月三一日、日本に国交断絶を通告し、八月一日、清国皇帝は開戦の勅諭《ちょくゆ》を下し、「日本は条約に従わず、公法を守らず、ほしいままに侵略政策を推しすすめ、もっぱら詭計《きけい》を行い、兵端を日本から開いたことは、公論のすべて認めるところである」と清国民に説明しました。日本は、日清戦争開戦の理由を「朝鮮の独立と内政を改革するため」といいました。よく考えてみると、これはかなり欺瞞《ぎまん》的な説明です。

日清戦争は欧米列国の予想に反して日本軍が陸戦に海戦に圧倒的な強さを発揮しました。平壌《ピョンヤン》を攻撃し、黄海海戦に勝利して制海権を奪い、旅順口を占領し、威海衛《いかいえい》を占領し、清国の北洋艦隊を降伏させました。一八九五年(明治二八年)三月三〇日、日清休戦条約に調印、四月一七日に下関講和条約を調印して、戦争を終結しました。

下関講和条約

一、朝鮮国の完全無欠な独立自主の国であることを承認する。
二、遼東《りようとう》半島、台湾、澎湖《ほうこ》列島を割譲する。
三、軍費賠償金庫平銀二億両(約三億円)を支払う。
四、清国と欧州各国間条約を基礎として、日清通商航海条約および陸路交通貿易に関する約定《やくじよう》を締結すること、その実施まで清国は日本国政府、臣民に最恵《さいけい》国《こく》待遇を与える。
五、新たに日本に沙市《さし》、重慶、蘇州、杭州《こしゆう》を開市、開港する。
六、宣昌・重慶間および上海・蘇州、杭州間汽船航路を承認する。
七、開港場における各種製造業従事権の承認、内国運送税、内地賦課《ふか》金、取立金についての特典を与える。
八、批准《ひじゆん》後三か月以内に、日本軍は撤退し、条約を誠実に履行《りこう》することの担保としての威海衛を占領する。

ロシアは、日本が清国から遼東半島を割譲されることを知ると、これを阻止するために、欧米列国に共同で干渉することを提案しました。ロシアは、大規模な中国分割の開始をなるべく遅らせ、その間にシベリア鉄道を満洲に導きいれ、清国北部一帯に、ロシアの独占的通商圏を設定しようとしていました。遼東半島の割譲は、日本に黒竜江州を攻撃できる基地を与えることを意味します。ロシアの国益のためには、清国北部は日清戦争前の状態を維持することが最善でした。そこで友誼《ゆうぎ》的に日本に遼東半島（南満洲）の放棄を勧告し、もしも日本がその勧告に従わない場合は、ロシアの利益を守るために武力攻撃を加えることを決めたのです。

イギリスは、ロシアと違い、清国における権益は、上海とその付近に集中していました。そのために遼東半島割譲に関しては、ロシアほど利害の対立はありませんでした。結局、イギリス・アメリカ・イタリアは共同干渉に加わらず、ロシア・フランス・ドイツの三国が武力干渉を行うことになりました。四月二三日、三国は、次のような理由で、遼東半島の放棄を勧告しました。

日本の遼東半島占領は、（一）清国の首都を危うくする。（二）朝鮮の独立を有名無実とする。（三）極東永久の平和に障害を与える。

この三国干渉は、背後に兵力を控えた干渉でした。日本政府は欧米列国の三国と戦争をやるのは、不可能と判断し、遼東半島全部を放棄しました。この決定は下関講和条約の締結後でしたから、日本国民は、不当な干渉に怒り、政府を責めました。そしてこのときの恨みが、一〇年後の日露戦争への導火線になるのです。

3　台湾民主国を抹殺

日本は遼東半島は放棄しましたが、台湾と澎湖列島の割譲に関しては絶対に妥協しないと決めました。日本は清国に台湾割譲を要求して認めさせましたが、これを知った台湾全島民は、一八九五年（明治二八年）五月二三日、「台湾民主国独立宣言」を行いました。台湾民主国総統に唐巡撫《じゅんぶ》を選び、二五日、台北《タイペイ》で独立式典を挙行し、台北を首都、年号を永清、藍《あい》色に虎を描いた国旗を定め、議院をおいて立法府としました。台湾全島民は、日本に割譲されて占領される前に、独立宣言をしたのです。日本は台湾民主国が独立国家として安定し、欧米列国の承認を得たら、外交上、台湾占領がむずかしくなると考えました。そこで五月二九日、台湾に進撃しました。六月二日、日本側と清国側は、日本軍艦上で、台湾を日本に割譲するための手続きを行い、国際法上の日清間の台湾授受が完了しました。

日本の樺山資紀《かばやますけのり》総督は、独立宣言したばかりの新政府を撲滅《ぼくめつ》するために軍隊を台北に進めました。台北が陥落して、台湾民主国が事実上崩壊すると、民衆の本格的抵抗が始まりました。台湾独立運動に結集した人々は抗日軍を組織し、一般民衆も参加してゲリラ戦術をとって抵抗しました。その抗日軍討伐を指揮した樺山総督は、沿道住民とゲリラ民兵との見分けがつかないので、残酷ではあるが、徹底掃討するしかないと判断し、無差別に住民の家屋を焼き払い、住民を殺害しました。つまり、後の中国戦線の「三光作戦《さんこう》」のはしりのようなものでした。

実は日本軍は一八七四年（明治七年）に、台湾に漂流した日本人や琉球《りゅうきゅう》人の漁民を殺した台湾島民を征伐するという理由で、台湾征伐軍を派兵しました。そのときも台湾住民の激しい抵抗にあい、戦死者一二名、疫病《えきびょう》による病死者五六一名を出しました。この数字は、武器や食糧の補給や、衛生管理や疾病《しっぺい》対策をおろそかにした結果でした。予想以上の住民の抵抗に加えて、雨期の河川氾濫《はんらん》、猛暑に悩まされ、マラリアや赤痢《せきり》など疫病や伝染病の大流行で病死者が続出しました。このために戦闘力を失うほどでした。一八九五年（明治二八年）一〇月二八日、近衛《このえ》師団長北白川宮能久親王《きたしらかわのみやよしひさ》が病死しました。

樺山総督は一一月一八日、日本軍が台湾全島を完全制圧したと大本営に報告しました。台湾を占領するために、四万九、八三五名の兵力を動員し、台湾授受から五か月かかってやっと占領し、軍政を施行しました。けれども、抗日武装闘争はなお続きました。一八九六年三月に台湾総督府条例を公布して、軍政から民政に移しました。台湾総督府は住民の生活習慣や伝統や文化を無視し、住民たちを差別して弾圧しました。

一八九八年（明治三一年）から一九〇二年（明治三五年）までに、日本は、抗日叛徒《はんと》一万二、〇〇〇名を、処刑もしくは殺したことを公式に認めたと『日清戦争』（一九七三年・藤村道生・岩波新書）が書いてます。

日清戦争は日本にとって初めての対外大戦争でした。台湾占領戦を含む日清戦争の全期間（一八九四年七月二五日から翌年九五年一一月三〇日）に、動員した全兵力は二四万〇、六一六名で、海外に派兵した軍隊は一七万四、〇一七名、死亡者総数は、一万三、四八八名でした。日清講和条約直後の一八九五年五月三〇日までの死亡者は二、六四七名で、戦争の全期間の約二割に過ぎませんでした。死亡者全体の七六％（一万〇、一三六名）は、台湾占領戦で病死しました。

日本軍は清国陸軍との戦闘よりも、台湾の住民とのゲリラ戦と疫病で多くの兵士を失いました。出征中入院加療を受けた者は延べ一七万名に達しましたが、その中で戦闘で負傷した者は、わずか四、五〇〇名余りで、ほとんどが赤痢、マラリア、コレラなどの伝染病および脚気《かっけ》で入院しました。そのうち重症で日本に移送した患者は海外派兵軍の約三分の一に当たる六万七、六〇〇名に達したという驚くべき数字です。戦争で敵と戦う前に伝染病で戦闘力を奪われてしまったのです。

日本軍は、出征兵士に、天皇陛下とお国のために、身命《しんめい》をなげうって戦うことを強制しました。敵陣めがけて勇敢に突撃させることを重視しました。人命を尊重するどころか、最初から軽んじていました。衛生に配慮し疫病《えきびょう》を予防して兵士の生命を守ること、前線の兵士の食糧補給体制を整備することなどを考慮しないで兵士を海外の戦地へ派遣した結果、戦病死者を多数出したのです。このような陸軍の体質は、アジア・太平洋戦争まで変わりませんでした。

靖国神社は、一八九五年（明治二八年）一二月一五日、日清戦争の戦没者一、四九六名の招魂式を行い合祀《ごうし》しました。臨時大祭には天皇が行幸《ぎょうこう》し拝礼しました。翌一八九六年（明治二九年）五月五日・一一月五日に、日清戦争ならびに台湾・朝鮮における戦没者を合祀しました。一八九八年（明治三一年）一一月四日、日清戦争ならびに台湾・朝鮮における戦死者三六二名、戦病没者一万一、〇一九名他二名を合祀し、臨時大祭に天皇・皇后が行幸啓して拝礼しました。

台湾まで連れていかれ、戦地についたとたんにマラリアや赤痢にかかって病死した人たちは靖国神社の神様に祀られて、本当に喜んでいるのでしょうか。

台湾や朝鮮の人たちからみれば、日本軍の兵士は、祖国独立の道を閉ざし、植民地化に手を貸し、同胞を殺した憎い兵士です。戦争は立派な大義名分に隠れて、対手《あいて》国の国民を殺すことです。日清戦争の戦死や戦病死者を靖国神社の神様に祀ることで、日本の国益の意味や、日清戦争の実態を隠したのです。それを知らなければ、朝鮮や台湾の人たちの恨みや怒りを理解することは不可能です。国家にしてみれば、戦争なんだから余計なことを考えないで、敵国の人々を殺せば、それでよいのでしょう。だが、そんな簡単に割り切って人を殺せるものなのでしょうか。

このように日清戦争は、外務大臣陸奥宗光や陸軍の参謀本部が中心になって強引にレールを敷いて開戦しました。天皇親政を重んじていた明治天皇は、「今度の戦争は大臣の戦争であって、朕《ちん》の戦争ではない」と不満をあらわにしました。開戦に関して十分な論議を尽くさず、不本意であると言明し、伊勢神宮と父孝明天皇陵《りょう》へ、開戦報告の勅使《ちょくし》を差し向けることを拒絶したくらいでした。

けれども伊藤博文の進言で、九月一五日、広島の師団司令部に大本営を設置すると、明治天皇は、大元帥として積極的に先頭にたって戦争を指揮しました。天皇自らがリーダーシップをとって戦っていることを、国民に見せた効果は絶大でした。新聞記者たちは、明治天皇を絶賛し、「天皇陛下万歳」と書きました。壮年の天皇が、凛々《りり》しい軍服姿で陣頭指揮をとる様子は、国民を熱狂させました。皇后も陸軍病院に行啓《ぎょうけい》して傷病兵を慰問し、熱い御慈悲を示しました。

国民に「軍人勅諭」の精神とは、いかなるものであるかを理解させ、天皇のために忠義を尽くすことを教える絶好のチャンスでした。広島大本営で明治天皇が戦争を指導したことで、天皇陛下万歳の声とともに復古神道の理念を国民の間に広めることができました。

日清戦争に戦勝して下関講和条約を締結し、日本は清国から欧米列国と同一の特権を与えられました。「脱亜入欧《だつあにゅうおう》」を実現し、日本がアジアで特例特別の国であることを示すことができました。維新以来問題になっていた琉球《りゅうきゅう》帰属問題に最終的結論を出しました。またイギリスと日英通商航海条約を締結し不平等条約を実質的に改正できました。さらに復古神道の理念にもとづく東洋攻略の足がかりとして朝鮮を獲得し清国へ進出することもできました。日清戦争を契機に日本は大きく変わりましたが、天皇と国民の関係も、それまでのよそよそしさが消え、天皇を絶対とする政治体制が大きく一歩踏みだしたのです。

それと同時に、今日の台湾問題の禍根《かこん》を日本が作りだしたことを理解しなければなりません。日本の強引で雑駁《ざっぱく》な侵略の手口が、複雑でデリケートな国際問題の温床になったのです。靖国神社公式参拝問題の陰には、そうした問題があることも、知っておくべきでしょう。

事件　ひと　話題

毎日新聞

小泉流「抜き打ち参拝」

今年も靖国へ

「例大祭」幕開け直前

「一番いい時期選んだ」

日本の立場冷静に考えて

首相は自分の言葉で説明を

8月を避けるのは姑息

English garden

トライアス

ニュース、話題の情報は

平成一四年四月二一日、
小泉首相の例大祭直前の参拝を報じる毎日新聞。

第一四問

靖国神社の例大祭とは
どういうものですか?

1　参拝の意味

小泉首相は中曽根康弘《なかそねやすひろ》元首相の公式参拝から一六年ぶりに、二〇〇一年（平成一三年）八月一五日に公式参拝を行うと公約しました。韓国や中国は厳重に抗議し、中止を求めました。そして日本の国内からも批判の声が高まりました。しかし、小泉首相は、八月一三日に突然靖国神社に参拝し、「内閣総理大臣小泉純一郎」と記帳しました。公的か私的かについては明言を避けた曖昧《あいまい》な参拝でした。

翌二〇〇二年は、前年八月の騒ぎを避けるためもあって、**春季例大祭**《れいたいさい》の四月二一日の清祓《きよはらい》に参拝しました。これも突然の参拝でした。年に一回は必ず靖国神社に参拝すると公約した小泉首相は、二〇〇三年は一月一四日に、突然靖国神社に参拝しました。過去二回と同じように、「二拝二拍手一拝」という神道《しんとう》の正式な拝礼を行わず、本殿で一礼しただけでした。玉串《たまぐし》料の代わりに、献花料として私費で三万円を払いました。公用車で乗りつけ、「内閣総理大臣小泉純一郎」と記帳しました。政府側は公式参拝ではなく、私的な個人的な参拝であると強調しましたが、中国と韓国は激しく抗議しました。

神社の祭神のために行う最も重要な祭祀《さいし》が例大祭です。今日の靖国神社は神道の一宗教法人ですから、靖国神社の例大祭に参拝することは、まぎれもなく宗教的行為です。内閣総理大臣という公式の身分で特定の宗教的行為に関《かか》わることは、憲法に違反します。小泉首相が宗教法人靖国神社の例大祭に続けて参拝すれば、憲法違反に問われて当然です。

たしかに仏教やキリスト教に比べると、「神道」そのものがわかりにくいので、多くの人は例大祭や祭祀の意味を理解できません。それで小泉首相がなぜ八月一五日ではなくて、靖国神社の例大祭に参拝したのか、わけがわかりません。そこで例大祭や祭祀について簡単に説明しておきます。

●祭祀　「祭祀」の「祭」という字は【肉の意】と【右手の意】と【示・神前に置く机の形・神の意】から成り立ち、右手に肉を持って神に捧げるという意味です。「祀」という字は示（神）に巳（シという音符）を付けた字で、中国では「祭」も「祀」も神をまつることを意味するので、日本の「マツリ」に「祭」「祀」という字を当てました。

この「祭祀」は漢語で神事とらいい、祭儀・祭典・祭礼《さいれい》・礼祭《れいさい》は神事の儀礼的な面を表現しています。本居宣長は『古事記伝』で「祭事《まつりごと》」と「政事《まつりごと》」は同語で、「その語源は奉仕事《まつりごと》から来たのであろう。天皇に仕え奉ることを服従《まつろう》といい、神に仕え奉ることを祭《まつり》というが、本《もと》は同じである」と説明しています。

これを簡単にまとめていうと、「祭祀」とは、人が神霊《しんれい》を招き鎮《しず》め、不浄《ふじょう》を避け、慎《つつし》んでおそば近くにかしづき、ご接待申し上げてお慰《なぐさ》めすることです。したがって、祭祀には、次の三つが必要とされています。

一、神を招き鎮めること——神社や神棚を設けて常に神霊を鎮める。臨時には神籬木《ひもろぎ》（神霊がこもる木）を立てる。

二、不浄を避け慎むこと——斎戒《さいかい》して慎《つつし》む。

三、接待をする——尊い人を接待するのと同じように、神様に着物（幣帛《へいはく》・玉串《たまぐし》はこれの代用）と食物（神饌《しんせん》）を供《そな》える。言葉を改めてご挨拶の祝詞《のりと》を奏上《そうじょう》する。

祭神に神饌を供え、幣帛や玉串を奉奠《ほうてん》（供えたてまつり）し、ご挨拶の祝詞をあげるという祭祀《さいし》の一連の儀式を祭儀といいます。旅館では宿泊客を真心をこめて失礼のないようにもてなします。これと同じように神社の祭儀を厳粛に真心をこめて行い、祭神はその真心を受けとることで、祭神と人は近づき交《まじ》わり、遂に神人一体の境地に達することができます。神と人間が一体になることで、神は人間の願いを我が願いとして、かなえてくれるわけです。それで私たちは、神社に参拝して交通安全、家内安全、合格などを祈願をするのです。

仏教ではお念仏を唱え、キリスト教は神に祈りを捧《ささ》げますが、神道《しんとう》では念仏や祈りはなく、あくまでも基本は接待です。私は日本独特の接待のルーツは神道の祭祀の精神だと思います。それはさておき、徳川時代の祭祀《まつり》は、ほとんど今日と変わらない「お祭り」でした。京都の祇園《ぎおん》祭・江戸の神田《かんだ》祭・大坂の天神《てんじん》祭・津島の提灯《ちょうちん》祭・賀茂の葵《あおい》祭など、全国各地にさまざまなお祭りがありました。

祭祀には華道や茶道のような流派があり、一人一家の祭祀で、やり方もそれぞれ自由に行っていました。しかし明治になると、それでは国家の祭祀にならないといいだし、祭祀を公・私に分けたり、帝国の神祇《じんぎ》を神社の祭神にして祭祀や祭儀を国家が干渉するようになりました。国家の法令（宮中祭祀令・神宮祭祀令・官国幣社《かんこくへいしゃ》以下神社祭祀令）で定めた祭祀を公の祭祀といいます。復古神道にもとづいて、公の祭祀を行う祭日、祭式（儀式の順序）、神饌《しんせん》（供え物の魚・米・塩・水その他・祝詞奏上）、奉仕の作法などを細かく定めました。政府は公式マニュアルを作って神社に厳粛な祭祀を行わせたのです。国家による国家のための祭祀を行わせたので、神社神道を国家神道といいます。

2　祭祀の公・私とは何か？

「私の祭祀」は国家の法令で定めない多種多様な祭祀です。

1　さまざまな祈願祭、奉告祭
2　地鎮祭《じちん》・上棟祭《じょうとう》の類《たぐい》
3　各種の神事を伴う儀式、神前結婚・除幕式・落成式の類
4　葬祭・慰霊祭の類・家庭の諸祭祀

これでわかるように、今日、私たちが普通にやっている神道式の儀式が「私の祭祀」です。

「公の祭祀」を行う日を祭日といいます。今日でも「休業日・日曜及び祝祭日」と書いてある看板を見かけます。これは、一九二七年（昭和二年）に勅令《ちょくれい》で次の宮中祭祀《さいし》（大祭）を行う日を「祝祭日」とし、休日にしたことのなごりです。日中戦争が始まると、この祝祭日に日の丸の旗を掲揚《けいよう》するようにやかましく指導したので、庶民は祝祭日を旗日《はたび》といいました。この旗日は次のように決まっていました。

一月三日　　　元始祭　　　（祭日）

二月一一日　　　　　　　　　　　　　紀元節祭《きげんせつさい》（祝日）
春分（三月二一日または二二日）　　　春季皇霊祭《こうれいさい》（祭日）
四月三日　　　　　　　　　　　　　　神武天皇祭《じんむてんのうさい》（祭日）
四月二九日　　　　　　　　　　　　　天長節《てんちょうせつ》（祝日）
秋分（九月二三日または二四日）　　　秋季皇霊祭（祭日）
一〇月一七日　　　　　　　　　　　　神嘗祭《かんなめさい》（祭日）
一一月三日　　　　　　　　　　　　　明治節祭（祝日）
一一月二三日　　　　　　　　　　　　新嘗祭《にいなめさい》（祭日）
一二月二五日　　　　　　　　　　　　大正天皇祭（祭日）

これで公の祭祀とはどういうものか見当がつくと思います。公の祭祀は、国家が帝国の神祇《じんぎ》を、国家が決めた祝祭日に、お接待することです。そこで問題になるのは、接待費の使い方です。誰にどれくらい接待費を使うかという基準が必要になります。その基準が神社の社格です。神社に社格を定め、それに応じて神様を接待することにしたのです。

国家や皇室から祭祀の接待費を出す神社の社格を「官幣社《かんぺいしや》・国幣社《こくへいしや》・別格官幣社」といい、まとめて「官国幣社」といいます。官国幣社の祭祀は、「官国幣社以下神社祭祀令」で定められ、大祭・中祭・小祭の三種類があります。大祭は最も丁寧《ていねい》な最上のご接待で、お供《そな》えのお膳《ぜん》の数を最高にします。大祭は祈年祭・新嘗祭・例祭・遷座《せんざ》祭・臨時奉幣《ほうへい》祭と、別格官幣社靖国神社の合祀《ごうし》祭の六種に限っています。ただし神社の例祭は、大祭で行うので例大祭といいます。

ここで注意しておきたいのは、別格官幣社靖国神社の合祀祭（臨時祭）は特別扱いだということです。明治天皇が、招魂式や合祀祭を命じ、新たな神霊を靖国神社に奉安しますが、天皇の命令で、合祀祭を大祭で行わせることがあります。それで大祭で行わない合祀祭と区別するために、臨時大祭といいます。靖国神社の臨時大祭は、特に立派な合祀祭のことで、たいていは天皇が靖国神社に行幸《ぎょうこう》して参拝することを国民は知っていました。

3　神社の例大祭とは？

例祭は、神社の祭神《さいじん》の神徳を称《たた》え、祭神の御恩に感謝する祭祀です。神社を代表するお祭りなので、儀式は最高に丁寧な大祭式で行うので、例大祭といいます。例大祭は一年一回が普通ですが、年に二回、三回行う神社もあります。例大祭を行う祭日は、神社によって違います。多くの神社は祭神に縁故ある日、または、神社に由緒《ゆいしょ》ある日を選んで例大祭《れいたいさい》日に定めています。神社の例大祭の日には、境内には出店《でみせ》が並び、社前は参拝者で賑《にぎ》わいます。祭神は、大勢の参拝者が余興《よきょう》や出店を楽しむ様子を見るとお喜びになるので、お祭りは、威勢がよく賑やかで派手なものが多いのです。普通私たちが「お祭り」といっているのは、例大祭のことです。

靖国神社は、東京招魂社《しょうこんしゃ》→別格官幣社《べっかくかんぺいしゃ》靖国神社→宗教法人靖国神社と変遷したので、例大祭日を何度か変更しました。

①一八六九年（明治二年）七月一二日、兵部《ひょうぶ》省は招魂社例祭日を次のように定めました。

●正月三日（鳥羽・伏見の戦いの勃発《ぼっぱつ》の日）　例大祭
●五月一五日（上野彰義隊壊滅の日）　例大祭
●五月一八日（箱館の旧幕府軍降伏の日）
●九月二三日（会津藩降伏の日二二日）

＊九月二二日は明治天皇生誕の天長節に当たるので、二三日に改めました。

招魂社例祭日のうち、正月三日を特に大祭日として、勅使参向《ちょくしさんこう》と奉幣《ほうへい》を行うこととしました。

②一八七三年（明治六年）二月一八日、太陽暦に改暦したので、それにともない例祭日を改定しました。明治七年から、例大祭は、この三回になりました。

●一月二七日
●七月四日
●一一月六日　（勅使参向）
③一八七九年（明治一二年）六月四日、別格官幣社靖国神社になりました。神社の例大祭は普通は年一回です。それもあって例大祭の年三回を、二回に改めたのでしょう。
●五月六日
●一一月六日　（勅使参向）
④一九一二年（明治四五年・大正元年）一二月三日、例大祭日を春秋二回に改めました。
●四月三〇日　（日露戦争陸軍凱旋《がいせん》観兵式の日）
●一〇月二三日（同海軍凱旋観艦式の日）
春秋両例大祭に勅使が参向します。

なぜ日露戦争後に例大祭日を変更したかは、戦没者数をみれば納得できます。一九九八年（平成一〇年）一〇月までに靖国神社に合祀された主な事変・戦争などの戦没者数を挙げると、次のようになります。

西南戦争、その他の内乱　　六、九七一柱

日清戦争　一万三、六一九柱
日露戦争　八万八、四二九柱
第一次世界大戦（日独戦争）　四、八五〇柱
満洲事変　一万七、一七四柱
日中戦争　一九万一、二一五柱
太平洋戦争　二一三万三、七四八柱

これでわかるように、日露戦争で靖国神社の祭神は激増しました。日清戦争は戦没者の八八％が戦地で伝染病やマラリアなどに感染した戦病死でした。戦死よりも戦病死の方が圧倒的に多かったのです。日清戦争に比べると、日露戦争は桁《けた》違いの戦死者を出しました。元号が大正にかわったとき別格官幣社靖国神社の祭神の大多数が日露戦争の戦没者でした。しかし列強の仲間入りができたことや、明治天皇の遺徳を称えるためもあって、例大祭日を改めたわけです。それではなぜ、日本はロシアと戦争をして大量の戦死者を出したのかを簡単に説明しておきます。

4　朝鮮をめぐっての日露戦争

日本は「朝鮮の独立と内政改革」を大義名分に、日清戦争を始めましたが、朝鮮の内政改革はあくまでも建前でした。もともと日本政府には朝鮮の内政改革に関する確固たる方針がなく、反閔妃《ミンビ》派の大院君《テウォングン》を復活させただけでした。一八九五年（明治二八年）七月六日、閔妃側がクーデターを起こして、大院君と親日派を追放しました。甲申《カプシン》政変以来、日本政府に不信感を抱き嫌悪していた明成《ミョンソン》皇后（閔妃）と国王は、ロシア派になりました。ロシアに接近して、内閣から日本派を追放し、親日派の武力集団を解散させて、日本の「内政改革」を清算しようとしました。明成皇后はロシアの威《い》を借りて、朝鮮国内から日本勢力を排除しようとしたのです。

そうなれば、日清戦争を戦った意味がなくなってしまいます。日本政府にとって閔妃は邪魔な存在でした。同年一〇月八日、新任の三浦梧楼《ごろう》公使は、公使館員たちと共謀してクーデターを起こし、日本守備隊の護衛のもとに大院君の王宮に侵入しました。このとき、三浦公使の同行者は俗に大陸浪人といわれた壮士《そうし》（いわゆるゴロツキ）たちで、彼らは明成《ミョンソン》皇后を斬殺《ざんさつ》し、その死屍《しし》に石油をかけて焼却しました。これを乙未《ウルミ》事変といいます。

日本公使はれっきとした外交官です。その公使が独立国の国王妃の殺害に関わり、さらに事変を、朝鮮軍隊内部の紛争のように偽装工作したのです。しかし、当時王宮内にいた外国人が事件を目撃しており、皇后殺害の実行犯は、日本の大陸浪人たちだと証言しました。欧米諸国が三浦公使の犯行を非難すると、政府はすぐに三浦公使を帰国させ、三浦の官位をとり消し、型通りの裁判を行いました。しかし、証拠不充分で釈放し、しばらくするとまた官位を戻しました。つまり日本政府も、朝鮮政策を遂行するためには、邪魔な皇后は消すしかないと考えていたので、三浦に寛大だったのです。この荒っぽい犯行の手口は、日本政府の朝鮮侵略の本音そのものでした。皇后殺害の結果、朝鮮王国の官民はますます反日的になったので、さすがの日本も朝鮮に内政干渉するのを一時的に手控えました。

一八九七年（明治三〇年）朝鮮王国は、国号を「大韓帝国」と変え、国王を皇帝と称し、世界に独立国であることを声明しました。

朝鮮と清国の満洲地方の権益をめぐって、日本はロシアと激しく対立するようになりました。佐藤信淵《のぶひろ》の大陸経略《けいりやく》では、「日本は、まず手近な朝鮮をとり、次は満洲をとり、中国を手に入れよ」と教えていました。日清戦争で清国が敗戦国になると、欧米列国は本格的に中国の分割にかかりました。三国干渉で日本から遼東半島を返還させたロシアが、それを租借《そしゃく》し、さらに満洲（中国の東北地方）の鉄道敷設《ふせつ》権をもぎとり、シベリア鉄道が縦断できるようにしました。これでロシアの満洲経営が大きく前進しました。

ロシアが遼東半島をもらうなら…とばかりに、ドイツは膠州《こうしゅう》湾、フランスは広州湾、イギリスは威海衛と香港島の対岸の九龍の租借権を手に入れました。アメリカは清国の経済的市場の門戸開放と機会均等を約束させました。

欧米列国が清国を食い物にしているのをみて、清国に反政府運動や排外民族主義運動が広がりました。いわゆる義和団《ぎわだん》事件が起き、一九〇〇年（明治三三年）六月二〇日、義和団が北京《ペキン》の欧米列国の公使館を包囲しました。初めは静観していた清国政府は、この暴動を鎮圧せずに、突如、列国と開戦するという詔書《しょうしょ》を渙発《かんぱつ》しました。そして清国の官兵が外国公使館への攻撃を始めたのです。イギリスを始めとする列国は、短期間に大兵力を派遣できる日本に、一〇〇万ポンドの資金を提供する条件をつけて、日本軍の大量派遣を要請しました。日本軍は、すぐに大量の兵力を派遣し、清国軍を敗退させました。これを「北清事変《ほくしんじへん》」といいます。この勝利によって恩を売り、日本は欧米列国の仲間入りを果たしました。

北清事変で日本軍を主力とする日・英・米・独・仏・露・伊・墺《おう》（オーストリア）の八か国連合軍に降伏した清国にまわされたツケは大変なものでした。四億五、〇〇〇万円の賠償金を列国に三九か年賦で支払うこと、大沽《タークー》砲台を破壊し大沽から北京に至る間に外国軍隊駐屯権を認めること、北京の外国公使館区域内の中国人居住を禁止するというものでした。このときから、日本は中国に軍隊を駐留させるようになり、駐留軍が中国軍とたびたび武力衝突を起こし、日中戦争の原因を作りました。

北清事変を口実にロシアも満洲へ大兵力を送り、同年一〇月には満洲全域を占領しました。ロシアは清国とひそかに条約を結び、駐兵権や鉱山採掘権を手に入れ、満洲経営に乗り出しました。当然日本は、清国に警告しロシアに抗議しました。イギリスはロシアの極東政策を危惧《きぐ》し、日英同盟を結びます。ロシアは清国と「満洲還付条約」を結び、満洲から順次撤兵することを決めました。

けれどもロシアは、満洲に兵力を置いたままで撤兵を実行しません。一九〇三年（明治三六年）八月一二日、日本政府は朝鮮における日本の地位と権益を守る必要から、極東における日露両国各自の利益を確定するために、満韓両問題にわたって協定を結ぼうとロシアに交渉をもちかけました。ロシア政府は、日本の提案に対して、「満洲およびその沿岸は、日本の利益範囲外であること、朝鮮の独立と領土保全を日露間で認めた上で、韓国における日本の商業上の優越なる利益は認めるが、軍事上および政治上における日本の特権は認めない。韓国における日本の自由行動に制限を加える」という内容の対案を示しました。つまり、満洲は日本の利益範囲圏外と主張して協定を拒絶し、韓国に関しては日本の権利を制限するという内容でした。これは日本が絶対に承知できない条件でした。

日本とロシアは交渉を重ねましたが、進展はなく、ロシアの態度は変わりません。当時ロシアは列強の一角を占め、最強の陸軍・海軍を保有していることを自他共に許すあなどりがたい強国でした。

一九〇四年（明治三七年）一月一二日、日本政府が送った最後の修正案をロシアが無視すると、二月四日の御前会議で、日本はロシアに対する開戦を決定しました。二月六日、日本政府はロシア政府に交渉断絶を通告し、二月八日から九日にかけて日本の連合艦隊は、機先を制して仁川《インチョン》沖と旅順《りよじゆん》口でロシア艦隊を攻撃しました。二月一〇日、明治天皇は国民に向けて詔書《しようしよ》を渙発《かんぱつ》、「韓国の安全はまさに危急に瀕《ひん》し、帝国の国利は将《まさ》に侵迫せられんとす」と開戦理由を述べて、ロシアと戦争状態に入ったことを、日本国民に告げました。

5　ロシア軍の機関銃が大量の戦死者を出した

日本は初めから大国ロシアとの長期戦は無理だと考えていました。ロシアの首都モスクワまで進軍して首都を陥落させることは、不可能です。そこで旅順付近で短期決戦を行い、早期にアメリカに斡旋《あっせん》してもらい、有利な講和を結んで戦争を終わらせたいと考えました。戦争を早期に終わらせるためには、まず旅順を海と陸から攻略しなければなりません。

旅順口は、天然の要害《ようがい》に、最新科学の粋《すい》を集めて防御《ぼうぎょ》を固めたロシアの軍港でした。東洋随一の難攻不落の旅順口を封鎖して制海権を奪う作戦は、初めから困難が予想されました。それもあって、日本の連合艦隊は、ロシア艦隊に打撃を与えて、作戦を有利に進めるために無通告で奇襲攻撃をかけたのです。このときの連合艦隊司令長官が東郷平八郎大将で、後に元帥の称号を贈られました。連合艦隊は二月二四日から三次にわたって旅順口閉塞《へいそく》作戦を実施し、第二次三月二七日、第三次五月三日で完全封鎖に成功し制海権を握りました。

陸軍は、旅順口に閉じこめられたロシア艦隊を陸から攻撃するために旅順要塞《ようさい》の攻防戦を開始しました。有名な「旅順攻略戦」（一九〇四年八月一九日～一九〇五年一月一日）です。

八月一九日に第一回旅順総攻撃を行いましたが失敗しました。このとき、ロシア軍は機関銃を装備していました。銃剣を構えて、突撃してくる日本兵めがけて堅固な要塞から機関銃を撃ちまくりました。日本兵は、敵の機関銃に向かって銃剣の突貫戦法を試みたので、大損害を出しただけで、敵の要塞を崩せません。旧式な銃剣と機関銃では勝負にもならず、日本軍は、七二時間で一万の死傷者を出したといわれています。

第二回総攻撃は、一〇月二六日から一〇月三一日まで行いました。今度は日本の要塞から二八インチ砲を持ってきて、敵の堡塁《ほうるい》めがけて雨霰《あめあられ》のように投下しましたが、本塁はがんとして動きません。

一一月二六日から第三回目の総攻撃を開始しました。このときは白襷《しろだすき》隊という決死隊が要塞《ようさい》突入を敢行《かんこう》しましたが、その効果はまったくなく、戦場は死体の山を築くばかりでした。そこで二七日に、攻撃方針を変更して、要塞の背後に位置する二〇三高地の奪略に全力を注ぐことにしました。ここでも大量の死傷者を出しましたが、一二月五日、ついに二〇三高地を落とし占領しました。日本軍はこれでやっと形勢を逆転できました。

一九〇五年（明治三八年）一月一日、ステッセル将軍が降伏の軍使を出して降伏しました。それまでの戦死者の記録をぬりかえた旅順戦はやっと終結しました。日露戦争では、ロシアの堅固な要塞と機関銃のために、日本軍は大量の戦死者を出しました。実はこのとき、日本は機関銃に対抗するために毒ガスの兵器使用を検討しました。実際には使用しませんでしたが、第一次世界大戦では、交戦国は毒ガス兵器を大量に使用しました。

また同年五月二七日から二八日にかけて戦った日本海海戦で日本の連合艦隊がバルチック艦隊の主力一七隻を撃沈して大勝利を収めると、六月九日、アメリカのルーズベルト大統領は日露両国に講和談判の開始を正式に勧告しました。両国政府はこれに同意し、日本側は外務大臣小村寿太郎《こむらじゅたろう》を首席全権とし、ロシアはウィッテを首席全権として談判を開始し、九月一日に休戦に関する議定書に調印し、九月五日、日露講和条約を締結し、明治天皇は一〇月一五日に批准《ひじゅん》しました。

日露戦争は、日本国民の予想をはるかに超えた戦死者を出しました。その最大の原因は新兵器の機関銃と鉄条網です。日本陸軍は日清戦争で効果をあげた突撃を最も得意としました。突撃は地上戦の攻撃の一種です。兵隊が銃剣を振りかざし、我が身命《しんめい》をなげうって飛び込んで、敵陣を崩す攻撃です。白兵戦《はくへい》、肉弾戦ともいいます。ロシア軍は、鉄条網に守られた強固な要塞から機関銃を撃って、日本軍の突撃を防御したわけです。機関銃と鉄条網のせいで、日本軍は大量の戦死者を出しました。それでも旅順を攻略し、奉天でロシア軍を敗走させることができたので、敗戦国にならずにすみました。日露戦争は日本が優勢なうちにアメリカに引き分けてもらっただけで、戦勝国になったわけではありません。ロシア軍に降伏の白旗を掲げさせたことで、日本軍は満足したのです。

日露戦争の目的は、大韓帝国の保護権（支配権）を日本が確立することでした。日露講和条約で、日本が韓国において、政治上、軍事上、経済上、卓越した利益を有することをロシアに承認させました。清国に続いてロシアという後ろ楯を失った韓国は、日本のいうことを聞くしかありません。日本は一九〇五年（明治三八年）一一月一七日、大韓帝国に第二次日韓協約を締結させ、韓国を日本の保護国にしました。その結果、韓国駐在の各国公使館は撤退し、韓国の外交権は完全に日本が握りました。翌一九〇六年（明治三九年）二月一日、韓国統監府《とうかんふ》の開庁式を行い、初代統監伊藤博文が就任しました。その翌年に韓国に抗日独立運動が起きると、日本は韓国皇帝を退位させ、一九一〇年（明治四三年）八月二二日、日韓併合協約を締結しました。この韓国併合……というより乗っ取りは、維新以来の日本の国策の実現でした。

日本は日清・日露戦争を行い、約一〇万の戦没者の犠牲を払って韓国併呑《へいどん》を実現し、朝鮮と台湾を植民地にしました。明治から大正に時代が変わると、靖国神社は明治天皇の遺徳を称《たた》え、一九一三年（大正二年）一二月三日に例大祭日を改めました。

●四月三〇日（日露戦争陸軍凱旋《がいせん》観兵式の日）

●一〇月二三日（同海軍凱旋観艦式の日）

この例大祭日は、日本がアジア・太平洋戦争に敗戦した翌年まで変わりませんでした。

別格官幣社靖国神社の例大祭日は、日清・日露戦争で戦死や戦病死した兵士の神霊を御接待して、明治天皇の遺徳を偲び、明治天皇の遺産を守り続ける決意を、靖国の神に誓う日です。我が身命をなげうてば、玉砕するしかないことを覚悟する日でもありました。

アジア・太平洋戦争に敗戦した結果、国家主義や軍国主義が禁止され、陸海軍は解体されました。一九四六年（昭和二一年）二月一日から宗教法人靖国神社に変わると、同年一〇月一一日、大正元年以来の例大祭日を変更しました。『靖国神社略年表』（一九七三年・靖国神社社務所）は、新しい例大祭日は、祖霊祭祀《さいし》の日として一般化された春分の日（三月二一日）と秋分の日（九月二四日）を選定するのがふさわしく、これを新暦に換算《かんさん》して、四月二二日・一〇月一八日を春秋二季の例大祭に決めたと記しています。

●四月二二日

●一〇月一八日

これはどう考えても、大正元年以来の例大祭日に近い日を選んだとしか思えません。例大祭日を変更し、靖国神社の祭神を祖先の霊にしたことで、戦没者の遺族の慰霊のための施設という面を強調したように思います。

日露戦争開戦時にパリで発行された政治まんが。

靖国神社臨時大祭の光景。日露戦争の勝利を祝って、奉祝塔が作られた。明治三八年頃と思われる。

東京裁判。東条英機らA級戦犯が被告席に並ぶ（昭和二二年）。

第一五問

なぜA級戦犯が靖国神社に合祀されたのですか？

1　ポツダム宣言の意味

戦争は国家と国家の間の武力闘争です。戦争は普通は次のような経過をたどって終了します。

平和な状態→宣戦（宣戦布告または最後通牒を交付する）→開戦（国家間の関係が戦争状態に入る）→交戦（陸戦法規・海戦法規などによって戦闘を行う）→降伏（交戦国間で降伏文書に調印）→占領→講和（平和条約を締結する）→戦争状態が終了する→平和な状態に戻る

アジア・太平洋戦争（日本側呼称は大東亜戦争）は、大日本帝国対連合国の戦争でした。戦争は交戦国の領域が交戦区域になります。日本は連合国のアメリカ・イギリス・中国・オーストラリア・オランダ等と交戦したので、交戦区域を地図で確認するとおどろくほど広大です。

一九四一年（昭和一六年）一二月八日、日本はハワイの真珠湾を奇襲攻撃して太平洋戦争を始めました。当初は日本が優勢でした。しかし一年後にガダルカナル島の攻防戦に敗れて撤退してからは、形勢は逆転しました。一九四五年（昭和二〇年）一月からは連合国アメリカ軍の日本本土空襲が本格的になり、日本の主要な都市が次々に空襲されます。三月一〇日の東京大空襲で、東京は焼け野原になり、たくさんの死傷者を出しました。空襲で家を失い、配給の食糧も乏しく、生活に必要な物資もなく、国民は飢えて疲れて、戦う気力も失《う》せるほどでしたが、天佑神助《てんゆうしんじょ》の神風に願《がん》をかけて、戦争に協力していました。四月から始まった沖縄戦も激戦の結果惨敗し、多くの沖縄県民が悲惨な防衛戦の犠牲になりました。

この東京大空襲で、靖国神社も被災しましたが、本殿・拝殿・社務所などは焼失を免れました。三月一八日、昭和天皇は東京空襲の惨状を視察しました。このとき天皇が、これ以上無駄な犠牲者を出さないために、降伏を決意していたら、広島・長崎への原爆投下もソ連（ソビエト社会主義連邦共和国＝現ロシアの前身）の参戦も無かったはずです。しかし、『侍従長《じじゅうちょう》の回想』（一九六一年・藤田尚徳・講談社）によると、天皇は「大正一二年の関東震災の後にも、馬で市内を巡《めぐ》ったが、今回の方が遙《はる》かに無《む》惨《ざん》だ。あの頃は焼け跡といっても、大きな建物が少なかったせいだろうが、それほどむごたらしく感じなかったが、今度はビルの焼け跡などが多くて一段と胸が痛む。侍従長、これで東京も焦土《しょうど》になったね」といっただけでした。四月二四日、靖国神社春季例大祭にあわせて、満洲事変の戦没者七五五名、日中戦争の戦没者三、五一〇名、大東亜戦争の戦没者三万七、〇五三名のための招魂式を行い、翌日臨時大祭を行いました。四月二八日、天皇は大元帥の軍服姿で、皇居から靖国神社へ向かい参拝しました。

戦局は絶望的で勝ち目はまったくありませんでしたが、六月二三日、政府は、国民義勇兵役法を公布して、一五歳以上六〇歳以下の男子、一七歳以上四〇歳以下の女子を国民義勇兵にすることにしました。本土決戦に備え、最後まで戦うことを決めたのです。

一九四五年(昭和二〇年)七月二六日、イギリス・アメリカ・中国(中華民国重慶政府)は、日本に対して、ポツダム宣言を受諾して無条件降伏するように勧告しました。日本がこの降伏勧告を拒否すると、アメリカは広島・長崎に原爆を投下し、ソ連も日本に宣戦布告をして参戦しました。日本はこれ以上戦争を続けることを諦《あきら》め、八月一四日、ポツダム宣言を受諾しました。天皇はそれを国民に告げるために「詔書《しょうしょ》」を渙発《かんぱつ》し、八月一五日の正午に「詔書」を読む天皇の肉声がラジオで放送されました。国民はその玉音《ぎょくおん》放送を聞いて、戦争に敗れたことを知りました。国民は敗戦を悲しみましたが、その夜から空襲がなくなったので、心からほっとしました。戦争の勝敗はつきましたが、国際法上の戦争は、一九五一年(昭和二六年)九月八日にサンフランシスコ平和条約に調印して、やっと終わりました。

日本が無条件で受諾した「ポツダム宣言」には、次のような条項があります。

（六）吾等《われら》は、無責任なる軍国主義が世界より駆逐《くちく》せらるるに至るまでは、平和、安全および正義の新秩序が生じ得ざることを主張するものなるを以て、日本国国民を欺瞞《ぎまん》し、これをして世界征服の挙に出づるの過誤を犯さしめたる者の権力および勢力は、永久に除去せられざるべからず。

（十）吾等は、日本人を民族として奴隷《どれい》化せんとし、又は国民として滅亡せしめんとするの意図を有するものに非《あら》ざるも、吾等の俘虜《ふりょ》を虐待せる者を含む一切の戦争犯罪人に対しては、厳重なる処罰を加えらるべし。日本国政府は、日本国国民の間における民主主義的傾向の復活強化に対する一切の障礙《しょうがい》を除去すべし。言論、宗教および思想の自由ならびに基本的人権の尊重は、確立せらるべし。

これをわかりやすくいうと、

「我々（連合国）は、無責任な軍国主義が世界から駆逐されないかぎり、平和、安全および正義の新秩序が生まれないと信じる。従って日本国国民を欺瞞し、軍国主義によって世界を征服するために戦争を始めるという過ちを犯した者の、権力や勢力は永久に除去しなければならない」

「連合国の俘虜を虐待した者を含むすべての戦争犯罪人に対しては、厳重な処罰を加える。日本国政府は、日本国国民の間における民主主義的傾向の復活強化に対するすべての障害を除去しなければならない。言論、宗教および思想の自由ならびに基本的人権の尊重は確立しなければならない」

ということでした。

GHQ（連合軍最高司令部）は一九四五年（昭和二〇年）一二月一五日、ポツダム宣言にもとづいて「神道指令」を発令し、国家神道＝神社神道を禁止しました。政治と宗教を分離するために、簡単にいうと、神社を明治維新の前の状態に戻した上で、神社を宗教法人にしたのです。

別格官幣社《べっかくかんぺいしゃ》靖国神社は他の神社と違い、陸軍省・海軍省・内務省の三省が管轄《かんかつ》する特殊な神社でした。境内には国防館や遊就館があり、屋外には兵器類が展示されていました。しかも祭神は戦没者の霊です。この軍国主義のかたまりのような靖国神社を、どうするかが問題になりました。

もともと日本政府は神社神道は宗教ではないと主張していたので、GHQは靖国神社の閉鎖を命じても、信教の自由の侵害にはならないと考えました。けれども、軍事的敗北と軍隊の動員解除と同時期に、靖国神社を強制的に閉鎖すると、反発を招きかえって靖国信仰を強めるおそれがあります。それを避けるために、GHQは、靖国神社を一宗教にして国家と分離させ、信教の自由の対象として存続させることに決めました。

ポツダム宣言を受諾したとき、太平洋戦争の戦没者のほとんどの霊が手つかずのままでした。戦争中は、戦死したら別格官幣社靖国神社の神にするから喜んで死ねと教えたのに、非宗教的なメモリアル・パークになったら、戦没者を神に祀《まつ》れません。政府はそれはまずいと考えたのでしょう。人間宣言をしても昭和天皇のカリスマ性は完全には消えません。それと同じように宗教法人になっても、靖国神社が戦前の姿そのままに存在していたら、靖国神社の特殊性は温存できます。

日本の政府は、明治から、国民に軍人勅諭《ちょくゆ》や教育勅語で「靖国精神」をたたきこんできました。ＧＨＱは、国家主義や軍国主義的な国家神道を禁止し、日本に民主主義を普及させることで、日本国民の意識を変えようとしました。国民の意識が変わり、靖国神社を宗教法人にして信教の自由の対象にすれば、戦前の「靖国精神」なるものを自然淘汰《とうた》できるはずだと考えたのでしょう。

靖国神社を戦没者追悼《ついとう》施設として、非宗教的で普遍的なメモリアル的な施設に性格を変えて存続させるか、それとも宗教的施設である「一個の神社」として存続させるかという問題に直面すると、政府は迷わず「神社」として存続させる道を選びました。円滑に占領政策を進めたいＧＨＱと、戦前の「惟神《ゆいしん》の道」にもとづく天皇制を温存したい日本政府の思惑がはからずも一致して、靖国神社は戦前からの場所に、戦前そのままの社殿を残すことになったのです。

靖国神社は一宗教法人として再出発しますが、宗教法人になってからも、戦争や事変の戦没者の招魂式を行い、合祀《ごうし》をして靖国神社の祭神に祀り続けました。別格官幣社が宗教法人になり、例大祭日や祭祀の名称内容などは変わりましたが、靖国神社の本質は戦後もそのまま残ったのです。つまり戦前の靖国精神を温存させ「惟神の道」を守り続けるという宗教の本拠になったのです。

2　戦争犯罪人とは？

第二次世界大戦中に、連合国は従来の「戦争犯罪」の概念を拡大し、「人道に対する罪」と「平和に対する罪」を犯した者を起訴して軍事裁判にかけることを決めました。

一九四二年（昭和一七年）八月、アメリカのルーズベルト大統領は、戦争に勝ったら、ヨーロッパとアジアにおける侵略戦争を調査の上、戦争犯罪人を犯罪行為を行った国の裁判所で必ず裁判するという声明を発表しました。

翌一九四三年一〇月のモスクワ会議で、アメリカ・イギリス・ソ連の三国は戦争犯罪に関する重要な協定を結び、従来の戦争法が規定した戦争犯罪人は勿論《もちろん》ですが、戦争指導者の責任を問い、侵略戦争を準備し、開始し、実行した者を戦争犯罪人として処罰するというモスクワ宣言を発表しました。当時の日本の新聞も、これを報道していますが、「空文《くうぶん》だ」とこばかにしていました。このような戦争中に出された声明や宣言をもとにして、ポツダム宣言に、「吾等《われら》の俘虜《ふりょ》を虐待せる者を含む一切の戦争犯罪人に対しては、厳重なる処罰を加えられるべし」という文言を盛り込んだのです。日本はこの条件を無条件で受諾して降伏し、軍事裁判で戦争指導者たちを裁いて処罰しても、日本は文句をいわないと約束したことを、私たちはよく理解し、記憶しておく必要があります。

そのためには、戦争が犯罪だということを、まず理解する必要があります。第一次世界大戦後に、国際連盟が創設されました。ちょうどこの頃から戦争は国際的犯罪であり、国家間の紛争《ふんそう》や国益の衝突を解決するために始めた戦争は「侵略戦争」だという認識が、国際社会の中で定着してきました。日清・日露戦争は、朝鮮や台湾の支配権と領有権をめぐる戦争でした。朝鮮や台湾の民衆の自主独立の願いは、まったく無視していました。弱肉強食を認め、強大国が弱小国を潰《つぶ》したり併合してもよいと認めると、紛争や戦争が絶えません。

二〇世紀に入ると、アメリカのウィルソン大統領は、「民族の自決」を尊重すべきだといいました。弱小国家といえども、自分の国のことは自分たちで決める権利がある。不当な武力干渉はやめるべきだ。国家間の紛争は国際連盟で平和的な方法で解決して、戦争はやめようと国際社会が考えるようになったのです。そのために世界中の主な国は国際連盟に加入し不戦条約に批准しました。

そういう流れの中で、「侵略戦争」の定義が決められました。これは簡単にいうと、国際法に違反して始めた戦争、先に武力攻撃を加えて始めた戦争を「侵略戦争」ということにしたのです。大義名分や領土的野心の有無は関係がなく、とにかく先に戦争をしかけたら「侵略戦争」です。独立国家の基本的権利として交戦権が認められているので、交戦権を発動して侵略戦争をしかけられた国家は、自動的に自衛のための戦争を戦うことになります。

結局戦争は「侵略戦争」と「自衛戦争」の二種類だけになると自然に「侵略戦争」は犯罪であると考えるようになりました。犯罪を犯した者を犯罪人といいます。第一次世界大戦で敗戦したドイツ皇帝ヴィルヘルム二世を戦争犯罪人として裁こうとした歴史的事実の延長線上に、日本のA級戦争犯罪人があるのです。突然連合国が勝者の奢《おご》りでいいだしたわけではありません。このように戦争に対する考え方が大きく変わったのは、第一次世界大戦の後です。戦争は国家総力戦で国民に多大な被害を与え、非戦闘員である一般市民を巻きこんで犠牲者を出すようになったからです。

日本は、満洲事変以来「不戦条約」に違反したこと、「開戦に関するハーグ条約」

に違反してアメリカ・イギリスに先制攻撃をかけて太平洋戦争を開戦したので、侵略戦争を始めた罪を問われました。ポツダム宣言と一九四五年（昭和二〇年）九月二日の降伏文書にもとづいて、連合軍最高司令官は「極東国際軍事裁判所」（東京裁判）の開廷を命令し、戦争犯罪人を裁くことにしました。

ここで「平和に対する罪」、「人道上の罪」について説明しておきます。

一、「平和に対する罪」

これは最も重大な戦争犯罪です。宣言され、または宣言されない侵略戦争を、もしくは国際法、条約、協定、誓約に違反する戦争を計画し、準備し、開始し、実行したこと、またはこれらの行為を達成するための共同の計画や謀議に参加したこと。

満洲事変、日中戦争、太平洋戦争はこれに該当するとされました。

二、「人道に対する罪」

戦争前または戦争中に、一般人民に対して行われた殺害、絶滅的な大量殺人、奴隷化、強制的移動、その他非人道的行為、人種および政治的理由による迫害。

中国の南京大虐殺事件、七三一部隊の人体実験、強制連行などもこれに該当《がいとう》します。

東京裁判では、主要な戦争犯罪人として次の二八名を起訴しました。

荒木　貞夫（陸軍大将・犬養毅《いぬかいつよし》内閣と斎藤実内閣の陸軍大臣、近衛文麿《このえふみまろ》内閣と平沼《ひらぬま》内閣の文部大臣）
土肥原《どひはら》賢二（陸軍大将・教育総監）
橋本欣五郎《きんごろう》（陸軍大佐・衆議院議員）
畑　俊六《しゅんろく》（陸軍大将・元帥《げんすい》・阿部信行内閣の陸軍大臣）
平沼騏一郎《きいちろう》（枢密《すうみつ》院議長・内閣総理大臣・近衛内閣の無任所大臣）
広田《ひろた》弘毅《こうき》（大使・斎藤内閣・岡田啓介内閣・近衛内閣の外務大臣・内閣総理大臣）
星野　直樹（満州国総務長官・近衛内閣の無任所大臣）
板垣征四郎《いたがきせいしろう》（陸軍大将・近衛内閣と平沼内閣の陸軍大臣）
賀屋《かや》興宣《おきのり》（近衛内閣と東条内閣の大蔵大臣）
木村兵太郎（陸軍大将・近衛内閣と東条内閣の陸軍次官）
小磯《こいそ》国昭《くにあき》（陸軍大将・平沼内閣と米内《よない》光政内閣の拓務大臣・内閣総理大臣・朝鮮総督）
松井　石根《いわね》（陸軍大将）
松岡　洋右《ようすけ》（近衛内閣の外務大臣・南満洲鉄道会社総裁）
南　次郎（陸軍大将・若槻《わかつき》礼次郎内閣の陸軍大臣・朝鮮総督）

武藤　章《あきら》（陸軍中将・陸軍省軍務局長）
永野　修身《おさみ》（海軍大将・広田内閣の海軍大臣、開戦当時の海軍軍令部長）
岡　敬純《たかずみ》（海軍中将・開戦当時の海軍省総務局長と軍務局長）
大川　周明《しゅうめい》（思想家）
大嶋　浩（陸軍少将・ドイツ駐在大使）
佐藤　賢了《けんりょう》（陸軍中将・陸軍省軍務局長）
重光《しげみつ》　葵《まもる》（大使・東条内閣と小磯内閣の外務大臣）
嶋田《しまだ》繁太郎《しげたろう》（海軍大将・東条内閣の海軍大臣）
白鳥《しらとり》　敏夫（イタリア駐在大使）
鈴木　貞一（陸軍中将・近衛内閣と東条内閣の無任所大臣）
東郷　茂徳《しげのり》（大使・東条内閣の外務大臣と拓務大臣）
東条　英機（陸軍大将・近衛内閣の陸軍大臣・内閣総理大臣）
梅津美治郎《よしじろう》（陸軍大将・参謀総長）
木戸《きど》　幸一《こういち》（近衛内閣以来の内大臣）

この中で松岡洋右、永野修身は審理中に死亡し、大川周明は法廷で精神に異常をきたしたので、審理から外《はず》されました。起訴された二八名の内、裁判で判決を受け刑が確定した者を「A級戦争犯罪人」または「A級戦犯」といいます。東京裁判を開廷する際に、連合国間で問題となったのは、昭和天皇の戦争責任でした。天皇を東京裁判に引き出して審理にかけるかどうかで、連合国の中で意見が分かれました。すでにアメリカとソ連の間で冷戦が始まっていました。アメリカは日本にポツダム宣言の条件を誠実に履行《りこう》させるための保障占領を円滑に実施して、日本を親米的な反共国家にする必要がありました。政治的配慮を優先して天皇の不起訴を強く主張したアメリカの意見が通り、開廷前に天皇を裁判にかけないことを決めました。それなのに「天皇は東京裁判にかけられなかったから、戦争責任はない、無罪である」と主張する人がいますが、アメリカの占領政策施行上の都合で起訴されなかっただけで、天皇に戦争責任は無いと判決されたわけではありません。

3　A級戦犯の合祀

宗教法人靖国神社は、一九七八年（昭和五三年）一〇月一七日、東京裁判で審理を受けた者の中で、刑死・獄死・未決病死したA級戦犯一四名（東条英機・板垣征四郎・土肥原賢二・松井石根・木村兵太郎・梅津美治郎・武藤章・永野修身・小磯国昭・平沼騏一郎・広田弘毅・東郷茂徳・松岡洋右・白鳥敏夫）を「殉難者」として密《ひそ》かに合祀しました。靖国神社の前身東京招魂社は、尊王派の志士たちを幕末の国事多難のために死んだので「維新前後の国事殉難者」として合祀しました。それと同じように東条英機等一四名を、敗戦という国難、東京裁判という不条理・理不尽きわまる災難のために死んだ「殉難者」として合祀したのです。

靖国神社は、Ａ級戦犯を合祀した経緯について、Ｂ・Ｃ級戦犯を合祀して、Ａ級戦犯を合祀しないと、戦勝国によってなされた一方的な東京裁判を認め屈することになり、靖国神社としての責任は大きい。崇敬者総代会に諮《はか》った結果、時機を選んで合祀することに決めたと、説明しました。

東京裁判は勝者の奢《おご》りで押しつけた不当な裁判で、断じて認めることはできないと考えている人たちは沢山います。その人たちの意志を尊重し、東京裁判の判決を無効にするために、靖国神社は、あえてＡ級戦犯を合祀して祭神にしたわけです。

確かに戦争そのものを犯罪とする根拠となる法規がありません。東京裁判でもインド人のラダビノット・パール判事は、東京裁判そのものに一、〇〇〇ページもの反対意見書を提出しました。彼は「人道に対する罪」や「平和に対する罪」を認めることはできない。ありもしない罪で、敗戦国日本の指導者たちを裁《さば》くこと自体が誤りであると主張したのです。しかし、これには第一次大戦後の歴史認識や日本の軍国主義に対する認識が欠落しているなどといわれ、主張は認められませんでした。

靖国神社は東京裁判そのものを否定していますが、これに共感し賛同する人たちが沢山います。そういう人たちは、パール意見書を金科玉条の聖典のように掲げ、戦争の敗戦国として賠償金や補償金を払うのは当然だが、謝罪する必要はないと考えているようです。けれども昭和天皇がポツダム宣言を無条件で受諾して降伏したから、東京裁判が開廷されたのです。その点をよく考える必要があります。

第二次世界大戦はそれまでの戦争とは桁違《けたちが》いの規模の大きな国家総力戦で、交戦国は膨大な死者を出しました。一九四一年（昭和一六年）以降は、すべての交戦国は、人口が集中する大都市への攻撃を容認しました。大規模な爆撃で非戦闘員の市民が犠牲になり、都市は焼け野原になり廃墟《はいきょ》と化しました。ソ連・東ヨーロッパ・南ヨーロッパの激戦地では非常に多くの市民が犠牲になりました。またアジアでも日本軍に殺された中国市民は一、〇〇〇万名、それ以上ともいわれています。『第二次世界大戦歴史地図』（一九九四年・原書房）によると中国と日本の死者は次のとおりです。

戦没者　中国　一三二万四、〇〇〇名
　　　　日本　一五〇万六、〇〇〇名
民間人の死者　中国　一、〇〇〇万名
　　　　日本　三〇万名

一九三一年（昭和六年）から一九四五年（昭和二〇年）まで日本軍は中国に駐屯《ちゆうとん》を

続け、中国全土を戦場にしました。日本国内の労働力が不足して生産力が低下すると、占領地の中国や当時植民地だった朝鮮や台湾から中国人・朝鮮人を日本に強制連行して、工場や炭坑で働かせました。朝鮮に志願兵制度を導入し、朝鮮の青年たちを半ば脅迫《きょうはく》的に志願させて戦争に参加させました。

また第二次世界大戦では、ナチス・ドイツによるユダヤ人虐殺、日本軍による南京大虐殺が起きました。戦争のせいで莫大な損害が発生しました。「平和に対する罪」や「人道に対する罪」を問わずにはいられない悲惨きわまりない戦争だったことをよく考えるべきです。

東京裁判を全否定する人たちは、東京裁判がポツダム宣言や降伏文書にもとづいて開廷されたという歴史的事実には目もくれません。それどころか、「日本が開戦したのは、アメリカが石油を禁輸したせいだ。日本が先に開戦するようにしむけたのはアメリカだ。アメリカは日本が敗戦すると日本人指導者を一方的に東京裁判にかけてA級戦犯にした。実は日本は被害者だ」と、自己中心的で身勝手な主張を曲げようとしません。そういう主張をする人たちは、中国や韓国に対しても、「アジア・太平洋戦争は侵略戦争ではない。南京で虐殺事件はあったらしいが、中国がいうほど被害者数は多くない。日本は敗戦国として戦後補償を済ませた。その日本に従軍慰安婦問題や強制連行に対して謝罪や補償を求めるのは筋違いだ。日本はアジアの自由と解放と平和のために戦ったのだ。アジア諸国が独立できたのは日本のおかげだ」と主張しています。そんな調子ですから、中国や韓国が謝罪を求めても素直に謝罪に応じようとはしません。

歴史を学び、侵略戦争の定義や戦争は犯罪であることを理解しないかぎり、中国や韓国やアジア諸国に謝罪する気にはならないのでしょう。日本人は「水に流す」という言葉が好きで、何でもすぐに忘れてしまいます。けれどもアジア・太平洋戦争では、日本はアジア諸国に、水に流して忘れることができない大きな傷を残したのです。私たち日本人は好むと好まざるとに関わりなく、大きな負の遺産を受け継いでしまったのです。

日本にとってアジア・太平洋戦争は聖戦だったかもしれませんが、中国にとっては侵略戦争です。中国・韓国やアジア諸国は、日本は「平和に対する罪」と「人道上の罪」を犯したと考えています。そのことを理解しないと日本はアジアの孤児になるおそれがあります。

東京裁判を否定し、首相の靖国神社公式参拝を要求する人たちの本当の狙《ねら》いは、「ポツダム宣言」そのものの否定かもしれません。軍隊の復活、教育勅語の復活、「新しい教科書をつくる会」の教科書の採択、教育基本法の改正、愛国心教育、有事法制、憲法の改正などの一連の動きをみていると、そう思わずにはいられません。

中国全土で排日運動が激化した。
大書された抗日文は
「暴力的日本の獣行に決死抵抗しよう」の意味（昭和七年・上海）。

第一六問

中国と靖国神社の関係は？

1　皇室による靖国神社の特別待遇

第一代の神武天皇は神祇《じんぎ》を重んじ、神々を崇敬《すうけい》したので、明治の王政復古と同時に皇室は、仏教から復古神道《ふっこしんとう》に宗旨《しゅうし》を変えました。五三八年に仏教が伝来して以来、天皇や皇室は神道よりも外来の仏教を重んじました。「小倉百人一首」の読み札の絵には、皇位を退位して僧形《そうぎょう》になった天皇の画像が何種もあります。天皇の仏門入りは珍しくなく、徳川幕府は、皇族を有栖川宮《ありすがわのみや》、伏見《ふしみ》宮、閑院《かんいん》宮、桂《かつら》宮の四親王家に限り、それ以外の皇族の分家分立を認めませんでした。四親王家の跡継《あとつ》ぎ以外の子女は、十歳前後で仏門に入ることになっていました。男子は宮門跡《みやもんぜき》になり、女子は公卿諸侯《くぎょうしょこう》に嫁ぐか、尼《あま》になって比丘御所《びくごしょ》などに移住しました。

一八六八年（明治元年）四月、政府は皇室関係者を僧徒となすことを止め、六月に、仁和寺《にんなじ》、梶井《かじい》、聖護院《しょうごいん》、照高院《しょうこういん》、知恩院《ちおんいん》宮の五親王を還俗《げんぞく》させました。一八七一年（明治四年）五月、それまで宮中に安置してあった仏像などは泉涌寺《せんにゅうじ》内に移しました。一、三〇〇年余りの間、仏教は皇室と密接な関わりを持ってきましたが、明治政府は、皇室から仏教を完全に排除し、皇室の葬儀は神道で行うようになりました。**天皇や皇**

室が神社を重んじるようになるのは、明治になってからです。

全国に神社は数多くありますが、伊勢の皇大神宮《こうたいじんぐう》を頂点にして官幣社《かんぺいしゃ》・国幣社《こくへいしゃ》、別格《べっかく》官幣社、府社、県社、郷《ごう》社、村社と社格をつけて、神社行政の対象とし、国家や皇室の待遇の差をつけました。天皇、皇室、華族は靖国神社を特別待遇しました。これについて、今泉定助は『護国の書』（前出）で特別待遇の意味を「明治天皇が伊勢の大神宮へ参拝に行ったのは、在位四五年間に僅《わず》かに四度に過ぎないが、靖国神社にはしばしば行っているからである」と述べています。伊勢の皇大神宮は、万世《ばんせい》一系の皇統の祖先で、天皇親政のお墨付きを与えた最高位の神である天照大神《あまてらすおおみかみ》を奉斎する所です。伊勢神宮とか皇大神宮といいますが、正式には「神宮《じんぐう》」といいます。「神宮《じんぐう》」は最高に尊い神社で、皇室と同等とみなしました。一般神社の上に超然と存在し、畏《おそ》れ多いので社格なぞ定めませんでした。それにもかかわらず、天皇の参拝回数は「神宮」よりも靖国神社の方が多い。今泉は、この事実は、天皇が靖国神社を重視し、特別待遇した何よりの証拠だというのです。

さらに今泉は「靖国神社の祭神《さいじん》は、中には位の高い立派な人もあるけれども、多くは兵士で、身分の低い人々である。それにもかかわらず、明治天皇がしばしば参拝し、大正天皇も、昭和天皇も臨時大祭に参拝しました。このような、他の神社には例のない特例を、明治天皇が開いたのは、靖国神社の祭神が、皇運扶翼《こううんふよく》の極地の戦争で死んだからである」とも、述べています。

たしかに、明治天皇は四五年の在位中、伊勢の皇大神宮には四回、靖国神社には六回（名代《みようだい》一回）参拝しました。皇居から近いという地の利もありますが、参拝回数の上では靖国神社が勝っています。大正天皇、昭和天皇も靖国神社に参拝しています。

○明治天皇　七回（内《うち》名代一回）　一八七四年（明治七年）一月二七日〜一九〇七年（明治四〇年）五月三日まで

○大正天皇　五回（内名代《みようだい》三回）　一九一五年（大正四年）四月二九日〜一九一九年（大正八年）五月二日

○昭和天皇　二一回　一九二九年（昭和四年）四月二六日臨時大祭〜一九四五年（昭和二〇年）一一月二〇日まで

それでは、なぜ天皇はしばしば別格官幣社靖国神社へ参拝したのでしょうか？　勿《もち》論《ろん》それには理由があります。

天皇が靖国神社へ参拝に行くまでのコースを簡単にまとめると次のようになります。

一　事変または戦争が勃発《ぼつぱつ》する。

二　天皇の命令で派兵する。

三　兵士は、靖国精神を発揮し、自分の身命をなげうって、天皇陛下と国家のために戦う。

四　多数の戦死者・戦病死者・戦傷死者が出る。

五　陸・海軍省は、靖国神社に合祀《ごうし》する戦没者の人霊を選び、霊璽簿《れいじぼ》を作成して天皇の裁可を得る。

六　天皇が招魂式、合祀祭または臨時大祭を行うように命じる。

七　臨時大祭（合祀祭を大祭式で行うこと）に天皇が参拝する。

戦争になっても天皇は直接戦場には行きませんが、精神的には、君民一体となって戦うという建前になっています。天皇は戦没者を靖国神社の祭神に祀り、参拝して祭神に拝礼します。靖国神社の拝殿で、帝国の神となった戦没者と、現人神《あらひとがみ》天皇が君民一体、帝国の神と神とが一体となるわけです。生存者も戦没者も、靖国神社を通じて天皇と一体化するのです。この君民一体感こそが、世界に例の無い日本独特の国体の表現だというのです。これはもう理屈や理性を超えたもので、現人神天皇に対する神懸《が》かりで強烈な信仰からくる恍惚感《エクスタシー》といってもよいと思います。

一九三一年（昭和六年）の満洲事変が始まる頃になると、国民の多くは、天皇に関わることは、すべて「もったいなくて、涙が出るほどありがたい」という心境になっていました。その心境は、満洲事変、日中戦争、太平洋戦争へと進むにつれて「日本人に生まれたから、天皇陛下のために死ねるのだ。これほどありがたいことはない」

とエスカレートし、ついには「天皇陛下万歳と叫んで名誉の戦死をして、靖国の神になります」と自分からいうまでになりました。

2 天皇の戦争はすべて聖戦

明治維新の推進者は、大陸発展論者でした。冷静に考えると大陸発展論は帝国主義的侵略論ですが、これを明治天皇は「対外平等開国進取」という言葉で肯定しました。朝鮮、台湾、満洲を侵略して支配することを、国策としました。したがって天皇が始めた戦争は理屈抜きで正しい聖戦ということになります。二〇世紀になると国際社会では戦争＝侵略戦争と考えるようになりましたが、日本国内では「戦争＝聖戦」です。政府は「聖戦」を疑うことを国民に許さず、戦争を公然と批判や反対する者を治安維持法で取り締まりました。

戦争とは自国民に敵国民を殺せと命令して、実行させることです。戦争は国家と国家の武力闘争ですから、個人的な恨みや憎しみとは関係がありません。国家は思いっきり敵国の悪口をいい、同時に「平和と自国の安全と利益を守るために戦え」と国民に命じます。いったん戦争が始まったら、自国の政府のいい分が正しいかどうか、戦争をやる必要が本当にあったかどうかなどを、問い直すことは困難になります。

日本独特の「天皇と国民の一体感」にひたらせ、「天皇陛下の始めた聖戦は、正義のための正しい戦争だ。天皇陛下のために戦死することは名誉だ」という信念を持って戦うことが靖国精神です。この靖国精神を最高に発揮した状態が、戦死、玉砕《ぎょくさい》です。日本の戦争指導者たちは、「日本の兵士は靖国精神に燃えているので迷いがない。迷いがないから死を恐れない。だから日本兵は世界で一番勇敢で強い」と、国民をおだてました。

日清戦争以後、靖国神社の臨時大祭に天皇が参拝するのが慣例となり、一九四五年（昭和二〇年）四月の臨時大祭まで続きました。昭和に入ると、一九三一年（昭和六年）九月一八日、日本軍は満洲事変を引き起こしました。満洲事変は、日中一五年戦争と太平洋戦争の発端です。日本は、満洲事変→日中戦争→太平洋戦争と戦争街道を歩みました。一九三七年七月に日中戦争を始めると、翌年からは春秋二回の例大祭にあわせて戦没者を合祀し、臨時大祭に天皇が参拝しました。それで靖国神社に参拝した回数は、昭和天皇が一番多くなり、二一回に達したのです。

3　排日抗日の原点

国家と国家の間の取り決めは、条約を結んで決めます。また国家間の武力闘争では、戦勝国は敗戦国に自分たちの要求を強制することができます。簡単にいうと、**勝者の奢《おご》りを条約の形にして敗者に押しつける**わけです。欧米列国は、鎖国を国是《こくぜ》としていた清国の門戸を開かせるために、武力で威嚇《いかく》したり無理難題を押しつけました。清国に麻薬の阿片《アヘン》を輸出し、それを禁止しようとした清国との間で阿片戦争が起きました。清国は阿片戦争でイギリスに敗戦したので、不平等な南京条約を押しつけられて、イギリスに門戸を開放しました。イギリスが南京条約で中国を半植民地化する扉を開くと、欧米列国の侵入が続きました。それに対して中国の民衆や農民たちが排外運動（義和団事件と呼ばれています）を起こしました。しかし清国は義和団事件に始まった北清事変にも敗戦して、欧米列国や日本との間に、天津条約を結ばされました。またその後で北京条約も結ばされ、中国は完全に欧米列国の半植民地にされてしまいました。日本人はそれを見て、「だらしない支那《しな》人」といって蔑視《べっし》したのです。

清国は日清戦争の軍費と対日賠償金を支払うために、欧米列国の外国資本に援助を求めました。欧米列国の資本家は、清国の関税を担保にして資金を貸しつけました。巨額の外債を抱えた清国は、欧米列国の求めるままに、貿易上経済上の特権を与えました。

また一八九五年（明治二八年）まで、欧米列国は中国で製造工業を営む権利を持っていませんでした。日清戦争に勝った日本は、下関講和条約を結んで、清国で製造工業を営む権利を獲得しました。その権利は、最恵国約款《さいけいこくやっかん》にもとづき欧米列国にも与えられることになりました。同年、英、米、独三国の資本家は上海に四つの紡績工場を作りました。日清戦争は、日本だけはなく、欧米列国に多大な利益をもたらしたのです。

中国の新興民族資本と欧米列国資本の対立の激化は、必然的に中国の近代化を求めるようになり、それが保守的な清国政府打倒運動につながります。一九一一年（明治四四年）一〇月、清国政府が鉄道国有令を出したことに反発して、辛亥《しんがい》革命が起きました。清朝政権は多臓器疾患で気息奄奄《えんえん》余命わずかという状態でした。革命は成功し、清朝政権は倒れ、共和制国家の中華民国が建設されました。

維新後、明治政府が廃藩置県を実施して中央政府の基礎を固めるために、四年もかかりました。辛亥革命で清朝政府を倒した後に、広大な領土を持つ中国を統一し中央政権を樹立するのは、容易ではありません。しかも清国時代に、欧米列国に半植民地化されていたので、維新＝徳川政権打倒＝明治政府樹立＝日本国内統一という単純な図式は辛亥革命にあてはまりませんでした。革命には常に内紛がつきものです。中華民国初代臨時大統領の孫文《サンウェン》から、全権を委任された袁世凱《ユアンシカイ》は、革命を裏切り、自ら皇帝になって帝政を施行しようと企《たくら》みました。日英独仏露五国は自国の権益を守るために、借款《しやっかん》団を結成し、袁世凱に革命鎮圧の資金として、二、五〇〇万ポンドの借款を与えました。辛亥革命後、中国の統一をめざして革命派と反革命派が争っている最中に、ヨーロッパで第一次世界大戦が起きました。

一九一四年（大正三年）六月に、セルビアのサラエボで、オーストリア皇太子夫妻が銃撃され死亡しました。このサラエボ事件がきっかけで、第一次世界大戦（一九一四年七月二八日～一九一八年一一月一一日）が始まり、四年にわたって【ドイツのプロシャ帝国・オーストリア＝ハンガリー帝国・オスマン帝国など】対【ロシア帝国・フランス・ベルギー・イギリス大英帝国・アメリカ合衆国・イタリア・セルビア・大日本帝国など】が交戦しました。

戦争は交戦国の領域を交戦区域にします。ドイツは中国の山東を領有し、青島《チンタオ》にドイツ海軍の軍港を持っていました。日本は、日英同盟にもとづき、イギリスの要請で八月二三日に参戦しました。その際に、イギリスは、日本の軍事行動を山東と青島のドイツ海軍根拠地に限定するという条件をつけ、日本が中国を侵略しないように牽制《けんせい》しました。日本がこの条件を拒否すると、イギリスは参戦要請をひっこめますが、日本は、これを無視して勝手に参戦し、青島を占領し、山東へも進駐しました。日本は第一次世界大戦を機会に中国に対して本格的な侵略を開始しようと決意したのです。日本にはヨーロッパにまで派兵して、参戦しようという意識は希薄《きはく》でした。その後、イギリスから何度も、欧州戦線への出兵要請がありましたが、日本は「日本の軍隊は、天皇の版図《はんと》を防衛するためにしか出動しない」と拒否し続けました。しかし最後は、大戦後の分け前にありつくために、日本海軍の駆逐艦《くちくかん》主体の第二特務艦隊を地中海に派遣して、太平洋のドイツ領南洋群島も日本の委任統治領にしました。この南洋群島は太平洋戦争で、日本海軍の根拠地になりました。

さて、日本は中国からドイツの勢力を駆逐して、山東省を占領すると、ドイツ権益を引き継ぎました。日本軍が占領地区を勝手に拡大すると、これには袁世凱も慌《あわ》てて、日本軍の山東からの撤退を求めました。日本政府（大隈重信内閣）は、それを無視したばかりか、一九一五年（大正四年）五月七日、最後通牒《つうちょう》をちらつかせながら袁世凱に「対支二一箇条要求」を突きつけました。

山東における日本の権益の確立、満蒙《まんもう》における鉄道の租借《そしゃく》期限の延長、日本の各種特殊権益の承認、中国沿岸の他国への不割譲、その他新たな多くの権利などを要求した「二一箇条」の要求は、中国における日本の地位を躍進させ、侵略を容易にして植民地化を図るために必要な条件でした。けれども中国国民にとっては、受け入れがたい屈辱的な条件でした。

日本が最後通牒を突きつけると、五月九日、袁世凱はやむをえず「二一箇条条約」を受け入れましたが、すぐに欧米列国に日本の非道を訴えました。アメリカは、日本に対して「中国共和国の政治もしくは領土的保全、門戸開放策などを害するものは承認できない」と主張して、厳重に抗議をしました。アメリカのこの主張は一貫して続き、満洲事変、日中戦争、太平洋戦争に至るまで変わりませんでした。

日本側は抗議に譲歩し条約文の一部を修正し、一六箇条に訂正しました。中国の共和制革命派の民衆、学生、青年たちは、袁世凱がこの条項を受諾した一九一五年五月九日を「五九《ウーチユウ》国恥記念日」にしました。

この「二一箇条条約」は、中国国民の反日抗日感情を激成し、日中国交の障害物になりました。また欧米列国は、日本の野心を見抜き警戒するようになりました。袁世凱が病死すると、中国各地方で勢力を持つ軍閥たちが後継者争いを始めました。日本政府（寺内正毅《てらうちまさたけ》内閣）は、「二一箇条条約」を円滑に実施させるために、反革命派の北方軍閥の段祺瑞《ツアンチユエイ》に、総額一億四、五〇〇万円に上る、いわゆる西原借款《しやつかん》を与えました。

西原亀三という一個人が斡旋《あつせん》した大借款は、日本政府の願った効果は一つもあげないどころか、「日本は、中国革命弾圧者に手を貸して、新たな利権を得ようとした」といわれて中国民衆の恨みと怒りを買っただけでした。後に政権をとった国民政府は、西原借款など個人的賄賂《わいろ》に過ぎないと断じて、元利償還《がんりしょうかん》を拒否したので、元利合計一億六、〇〇〇万円はどぶに捨てたも同然の結果になりました。

また第一次世界大戦中にロシア革命が起きると、日本は中国に「日華共同防敵軍事協定」を締結させましたが、これも後々まで日中国交の障害になりました。中国は「日本は北満出兵に名を借りて、これまで企《たく》んできた北満侵略政策を実行しようとしている」と反日感情を募《つの》らせたからです。

4　第一次世界大戦後の日中関係

第一次世界大戦は、中国における欧米列国の勢力図を変え、また対中国政策を変えました。第一次世界大戦は、人類が初めて経験した国家総力戦でした。自動車と航空機とそれを動かす石油が、戦闘の勝敗を決することがわかりました。第一次世界大戦以後は、石油と、自動車や航空機、重火砲や弾薬を製造するために不可欠な資源を獲得することが国策になりました。中国には、航空機や工業用機械の製造に不可欠なタングステンやアンチモン、桐油《とうゆ》（ワニスの原料）などの重要な資源が豊富にありました。イギリスやアメリカにとって中国の価値は増すばかりでした。

清国時代に中国は欧米列国の半植民地にされたので、中華民国の外交政策は、不平等条約の撤廃を中心とし、国際的平等を実現するために、帝国主義的勢力の排除に重点を置きました。一九二五年（大正一四年）六月に成立した国民政府は、「独立自主平等の中国を建設するために、まず不平等条約を撤廃する」と宣言しました。国民政府は欧米列国に与えた租借地《そしゃくち》や租界を回収し、一九三〇年に関税率自定権を回復しました。不平等条約撤廃運動の原動力は中国の民族運動の高まりでした。民族運動の最初の攻撃目標は、中国に最大の権益を持つイギリスでした。イギリスは中国と衝突を避けながら国益を護《まも》るために、譲歩政策に転じ、国民政府を支援することにしました。アメリカは二一箇条条約交渉のときから親好的な態度をとり、対中国協調政策をとりました。この英米の対中国外交を日本は追随外交といい、ばかにしていました。

日本にとって、中国は経済上、国防上の生命線だったので、英米のような追随外交をとりませんでした。そのために、中国民衆の矛先《ほこさき》は日本に向けられ、抗日・反日運動が激しくなり、日中間の抗争は絶え間なく起き、そのたびに日本は武力を行使したので、日中関係は悪化するばかりでした。

日露戦争後の二〇年余りの間に、満洲は大きな発展を遂げました。人口は山東その他からの移住者や移民を吸収して、二、七〇〇万名に増えました。産業や貿易も発展し、日本は満鉄（南満洲鉄道株式会社）を通じて一七億円もの巨額の投資を行い、多くの日本企業が満洲に進出しました。満洲には約二〇万名の日本人が居住していました。満洲は日本の国民経済の生命線でした。日本にとって満洲は特別な地域です。満洲における日本の権益を侵《おか》すいかなる外国勢力も反日勢力も絶対に許さないと決めていました。日露戦争後、英米勢力の侵入を防ぐために、ロシアと協定を結び勢力範囲を画定しました。ロシアに革命が起きてロシアが満洲から退くと、日本は全満洲と内《うち》蒙古《もうこ》を独占し支配下に入れました。日本は二一箇条条約の要求を、武力を背景に貫徹して満洲の支配体制を強化しました。その結果、満洲で排日感情が高まり、満洲に反日政権を樹立しようとする動きさえ出てきました。満洲は日本の生命線ですから、その生命線を脅かすものを許すことはできません。そうした状況下、一九二八年（昭和三年）六月、張作霖《チャンツァオリン》爆殺事件が起きました。

張作霖は北方軍閥《ぐんばつ》の実力者で、南方革命派に対抗するための経済的基盤を満洲に築こうとしました。南満洲鉄道の利益を脅かすような新鉄道敷設《ふせつ》権を外国資本に与えたり、日本居留民に重税を課しました。さらに日本の森林開発事業の認可をとり消した上に、法外な更新料を請求しました。このまま張作霖を放置しておくと、満鉄の経営基盤が崩され、日本が投資した巨額の資金が水の泡《あわ》です。これを食い止めるために、関東軍（日露戦争後、満鉄及びその権益防衛のために、遼東《りょうとう》半島南端の関東州に駐屯《ちゅうとん》した日本軍）はテロを行い、張作霖の乗った列車を爆破しました。関東軍は、列車を爆破したのは中国側ゲリラの仕業《しわざ》だと宣伝しましたが、すぐにばれてしまいました。

元満鉄総裁の松岡洋右《ようすけ》は「満洲は帝国の生命線だ」といい、このスローガンは流行語になりました。日本のマスコミは「満洲に於《お》ける日本の権益は、靖国の先達《せんだつ》たちが日清・日露戦役の血であがなったものであり、明治大帝の光栄ある御遺産であるから、満洲は断固防衛するべきだ」と、関東軍を擁護し、武力行使を煽《あお》るようになりました。それに応えるかのように、関東軍は、一九三一年（昭和六年）九月一八日の柳条湖《りゅうじょうこ》の満鉄線路爆破事件を起こしました。関東軍は花火まがいの少量の火薬を爆発させると、中国側ゲリラが線路を爆破したと大騒ぎして、張作霖《チャンツァオリン》の息子の張学良《チャンスエリャン》軍に攻撃を仕掛けました。これが満洲事変（中国側は恨みをこめて九一八《チュウイーパー》と呼称）の発端です。関東軍は、同年中に全満洲を制圧し、翌年には、張学良を錦州《きんしゅう》から撃退しました。こうして一九三二年三月一日、関東軍は傀儡《かいらい》国家「満洲国」を建国させ、一九三四年（昭和九年）三月一日、清王朝の最後の皇帝溥儀《ふぎ》を満洲国皇帝にしました。日本はこの満洲国に天照大神《あまてらすおおみかみ》を祀る神社を主要都市に造らせ、市民に参拝させました。

話は戻りますが、中華民国は国際連盟に、日本は満洲を侵略するため謀略事件を起こして、満洲事変を起こしたと訴えました。国際連盟はリットン調査団を満洲に派遣しました。リットン調査団は、中華民国の訴えを認める調査結果を連盟理事会に提出しました。一九三三年三月二四日、それにもとづいて作成された撤退勧告案を連盟加盟国の四二か国の賛成で採択しました。タイが棄権し、日本だけが反対し、日本は国際連盟を脱退しました。国際連盟は満洲国を独立国家と認めず、大日本帝国と満洲国は、国際社会から孤立しました。

一九二九年の秋に世界恐慌《きょうこう》が起きると、恐慌を乗り切るために、列国は、自国と自国の植民地に対して、さまざまな保護政策をとり、外国の経済攻勢を防ぐために、経済ブロックを作るようになりました。けれども中国はどの列国のブロックにも属さず、列国の経済攻撃に十分な防御力がなく、未分割な市場でした。

そこで日本は満洲国と中国と経済的に提携して日・満・支（中国のこと。当時は中国を支那と呼称した）経済ブロックを作ろうとしました。日本はまず満洲の通貨統一をはかり、満洲で日本円が使用できるようにしました。しかし、日本と満洲の円ブロックは、日本政府の期待するような効果も利益も生みませんでした。それどころか、日本の財界の中には「満洲足かせ論・お荷物論・切り捨て論」がささやかれるほどで、軍部主導の満洲国経営を批判するようになりました。けれども二・二六事件が起きると、軍部批判はできなくなり、一気に軍国主義化が進みました。

5　日中戦争から太平洋戦争への道

満洲事変以降は、日本と中国の関係は完全に悪化しました。中国軍と日本軍は北支で年中、武力衝突事件を起こしました。日本人や親日要人の暗殺事件もたびたび起こりました。日本と中国の間で武力衝突事件や暗殺事件が起きると、停戦協定や新たな協定を結んだり、中国から賠償金を取り立てて解決しました。「塘沽《タークー》停戦協定」「梅津・何応欽《ホインチン》協定」「土肥原・秦徳純《チンテエチュン》協定」を結ぶと、中国側は、新たな協定は日本の新たな攻勢、武力侵略であると解釈し、反日感情はそのたびに高まりました。中国国民の反日感情は誰も抑えることができない状態でした。

一九三五年（昭和一〇年）一一月、蔣介石《チャンチエシー》は、イギリスの援助のもとに法幣《ほうへい》（法定《ほうてい》紙幣《しへい》）改革を断行しました。それまで中国は金融や商取引の決済に銀を使用していました。銀の代わりに日銀券のような法定紙幣を使用する管理通貨制に変えることにしたのです。中国の幣制を統一し、通貨単位を「元」としてイギリスの「ポンド」とリンクさせ、一元＝一四ペンス半というレートを定めたのです。これによって日・満・支円ブロック建設の夢は破れてしまいました。

イギリスが、元とポンドをリンクさせ、中国を国際的なスターリング・ブロックの一員に入れてしまいます。対中国経済援助政策で、イギリスに遅れをとったアメリカは対中銀協定を結び、積極的に中国に経済援助を与えるようになりました。

イギリスやアメリカの援助のおかげで法幣改革は成功し、幣制統一によって国民政府は中央政府の経済的基礎を固めると、排日・排日貨運動をさらに強化しました。中国の法幣改革の成功は、日本の日満支円ブロック計画を完全に挫折させました。そのために日本は華北を中国から分離して、華北だけでも日本の円ブロックに入れることにしました。日本は一九三五年（昭和一〇年）一一月、通州の非武装地帯の治安に当たっていた殷汝耕《インルーゴン》に傀儡《かいらい》政権冀東《キトン》防共自治政府（後に自治政府と改称）を作らせ、国民政府から独立させました。また法幣の切り崩しを狙《ねら》って、日本軍の援護の下に大量に密輸や阿片《アヘン》密売をやらせました。そのために、中国経済は一時混乱状態になりましたが、法幣に決定的打撃を与えることはできず、逆に中国国民の反感を買っただけでした。当然のことながら、抗日運動はますます燃え上がり、中国軍の中に抗日民族戦線が結成されるほどで、反日抗日感情は爆発寸前にまで高まりました。

一九三六年に広田弘毅《ひろたこうき》外相が「広田三原則」（日支経済提携・満洲国の承認・共同防共）を声明して外交交渉を求めましたが、中国側は交渉に応じませんでした。

一九三七年（昭和一二年）七月七日夜、北京郊外の盧溝橋《ろこうきょう》付近で演習中の日本軍した。

と中国軍が武力衝突事件を起こしました。この事件が日中戦争の発端になりました。日本は中国大陸へ本格的な武力侵略を開始し、戦線を中国の華北から華南に拡大しました。

日中戦争勃発《ぼっぱつ》当時、日本政府は、政府声明で「中国側は帝国をばかにし、日本人居留民に対しても不法暴虐をやり放題にやっている。我が居留民の生命財産が危険に陥った。帝国としてはもはや隠忍《いんにん》の限度に達し、支那軍の暴戾《ぼうれい》（非人道的行為）を膺《よう》懲《ちょう》し（打ちこらし）、南京政府の反省を促すために、今や断乎《だんこ》たる措置を執《と》らざるを得なくなった」というように説明しました。

つまり中国軍の非道を打ちこらしめるための武力行使だというのです。ただし、それは表向きで、そもそもの事の起こりは、日本だけに有利な不平等条約を中国側に押しつけたことや、日中間の経済摩擦《まさつ》が原因でした。また日中間で武力紛争が絶えなかったのは、日本に大きな責任があります。日本は中華民国を独立国家と認めようとせず、中国の民族自決の原則を無視して、武力行使によって侵略を強行したからです。

日中戦争は、中華民国対日本の戦いでした。けれども国民政府には、日本が追随外交だとばかにしたイギリスとアメリカが味方についていました。アメリカとイギリスは中国国内の権益と、中国の重要な軍事資源を確保する必要があったので、中国を日本の好きなようにさせるわけにはいきませんでした。

日中戦争は、日本が初めて経験する国家総力戦でした。日本は短期戦で終わらせるつもりでしたが、中国国民の戦意はそれを許しませんでした。それほどまでに中国国民の反日抗日感情が高まっていたことは、日本の計算外でした。

日本軍は破竹《はちく》の勢いで中国の主要都市を攻略しました。蔣介石側は首都南京が落ちると漢口へ、漢口が落ちると重慶へ、というように、政庁を奥地へ移転させました。戦線が拡大すればするほど、戦争が長引くほど、戦没者は増え続けます。靖国神社の年に一回の合祀《ごうし》では、とても間に合わないので、一九三八年（昭和一三年）から昭和天皇は、春秋二回の例大祭にあわせて合祀を命じました。臨時大祭を年二回行ったので天皇の靖国神社参拝回数が増える結果になりました。

巨額の軍事費を消費して多数の兵士を動員しても日中戦争がいつ終わるのか、見通しもたちません。さすがに日本国民も長引く事変にいやけがさし、事変の原因や目的は何だったのかと疑問を抱くようになりました。それに対して政府は、実は外交政策や経済政策に失敗したからとか、経済摩擦が原因であるとはいえません。ましてガッンと脅せばいうことをきくと思ったら予想がはずれて敵は徹底抗戦に出たなどとは、とてもいえません。慌《あわ》てた陸軍省は、国民に説明するために、翌一九三九年四月、パンフレット『支那事変の真意義』を出しました。そこで持ち出してきたのが「惟神《ゆいしん》の道」の「八紘一宇《はっこういちう》の顕現《けんげん》」という神懸かりなスローガンでした。

――今次の事変は、他国の侵略戦争にありがちな領土や賠償金を本来の目的とする戦とは全然異なる特質をもつものである。真の正義人道に立ち、東亜積年の禍根《かこん》を一掃してその安定を図り、八紘一宇の大精神にのっとって皇道を宣布し、東亜諸民族厚生の実をあげ、其《そ》の存在発展を確保し、もって皇国の国是《こくぜ》を実現し、世界人類の平和と文化と福祉とに貢献せんとする真の聖戦であり、ここに厳然たる道徳的基礎が確立されている――

つまり日中戦争は「惟神の道」にもとづく聖戦だというのです。正直いって、これは神懸かり的な復古神道の信念がないと、理解も納得もできません。また日本が聖戦になかなか勝てないのは、アメリカ・イギリスが蔣介石の政府を援助しているからだ、日本の本当の敵は米英だといいだします。

外国から物資を輸入するためには、外貨が必要です。日本は原材料を輸入し、加工製品を輸出して外貨を稼ぎ、その外貨で原材料を輸入します。この循環を円滑にしないと、外貨を稼ぐことはできず日本経済は行きづまってしまいます。戦争に勝つために、軍事産業を優先し、平和産業を犠牲にすると、この循環が止まってしまい、一九四〇年頃になると、外貨は喪失し、軍事資源を輸入する余裕が無くなりました。

そこで日本は外貨を使わずに、直接、重要な軍事資源を獲得する戦略をたてました。つまりヨーロッパ戦線でフランスがドイツに占領されたのを好機として、カンボジア・ベトナムなどの仏領インドシナへ武力進駐して、石油やゴムを確保しようとしました。ゴムはアメリカの重要産業である自動車工業に絶対必要な資源です。また東南アジアの石油はイギリスとオランダとアメリカの石油会社が採掘していました。アメリカ・イギリス・中国・オランダは、その国名イニシャルをとったA・B・C・D包囲陣を作って（実際には、そんな協定は存在しませんでしたが）日本に圧力をかけ、アメリカは、日本に石油・くず鉄などを禁輸して経済的制裁を強化していると非難しました。

日本は、中国でだらだらと長期消耗《しょうもう》戦を続けたら、八紘一宇の顕現どころか自滅に追いこまれます。現状を打開するために、日本は太平洋戦争を始め、東亜からイギリス・アメリカの勢力を追いはらって、東亜全体を日本ブロックに入れようとしました。これが八紘一宇による大東亜共栄圏の建設です。

このように中国の近・現代史を語ると、大日本帝国の中国に対する悪辣《あくらつ》としかいいようのない露骨な侵略の歴史と中国側の反日抗日史を語ることになってしまうのです。

日本が聖戦だといっている日中戦争や太平洋戦争は、中国からみれば侵略戦争です。これはまぎれもない歴史的事実です。小泉首相は、靖国神社公式参拝問題について、「中国側にも理解していただきたい」と述べていました。これは中国に対して、「満洲事変、日中戦争、太平洋戦争、つまり日中一五年戦争は聖戦だったことを納得せよ」

というようなものですから反日感情が高まるのも当然です。明治以来日本は中国に絶対に理解できないこと、承認できないことを無理矢理押しつけたから、反日抗日運動が起こったのです。小泉首相は、日本が中国に深い傷跡を残した歴史を学んでいないし、理解してもいません。したがって反省する気など、さらさらありません。それを中国が怒るのはもっともだと思います。

それで中国は靖国神社公式参拝問題が起こるたびに「歴史をよく学んで反省しなさい」と抗議するわけです。

昭和天皇が大礼服で靖国神社を参拝（昭和一〇年）。

天皇参拝を待つ人々。
（『世界画報』昭和一七年一二月号）。

現在の遊就館前の特攻勇士の像。

第一七問

靖国神社の祭神は
なぜ増えたのですか?

1　太平洋戦争の敗因

第一次世界大戦後、戦争そのものが大きく変わりました。敵の前に銃剣をかざして突撃することで勝敗を決する時代は終わりました。勝敗を決するのは、交戦国の国力そのものになりました。機関銃と鉄条網、それに無煙火薬が発明され、航空機が最も重要な兵器になると、戦争の方法や戦略が大きく変わりました。それについて簡単に説明しておきます。

○石油が不可欠になり、石油の争奪戦になった

石油というエネルギー資源がないと、兵器（弾薬・軍艦・戦闘機・重火砲・戦車など）を製造することも、戦場で兵器を動かすこともできません。二一世紀のイラク戦争ではアメリカ軍の戦車はガソリンをがぶ飲みしながら、砂漠を走行しました。石油がないと爆撃機も航空母艦も使用できません。

第二次世界大戦当時、石油を産出する地域は限られており、その石油産地をアメリカ・イギリス・フランス・オランダ、ソ連などが支配していました。第二次世界大戦を、石油を持てる国（連合国）と持たざる国（日本・ドイツ・イタリアなど）の戦争

といったのはそのためです。

石油だけではなく、兵器製造に必要な鉱物資源（錫《すず》・無煙炭・ニッケル・クローム・アンチモン・タングステンなど）の争奪戦も行いました。日本は開戦当初、ニッケルとクロームを手に入れるために、ニューカレドニア島を制圧する作戦を立てました。それで戦闘区域が拡大しました。

日本軍の兵士は、石油や鉱物資源を獲得するために、日本からはるか遠い名前も知らないような太平洋の島嶼《とうしょ》に送られて戦死や戦病死しました。

○空戦を軸にして戦闘を行うようになった

第二次世界大戦は、まず空爆により先制攻撃をかけ、敵軍の兵力を減殺《げんさい》して優位に立ち、味方の安全を確保してから、地上戦を行うようになりました。海戦も戦艦同士の決戦ではなく、高速航空母艦に戦闘機や爆撃機を搭載《とうさい》し、その航空母艦を護衛する駆逐艦《くちくかん》その他の軍艦などで機動部隊を編成して戦うようになりました。日本海軍は開戦から一年の間に起きた珊瑚海《さんごかい》海戦、ミッドウェー海戦、ソロモン海戦などで、貴重な航空母艦、艦載機、パイロットを失いました。その結果、アメリカ軍に制海権や制空権を奪われ、撤退を余儀なくされ、最後は敗戦しました。

太平洋戦争では、日本軍とアメリカ軍は飛行場や滑走路を建設できる島嶼の争奪戦を行いました。ガダルカナル島には、飛行場を建設できる平らな土地がありました。

日本軍がガダルカナル島に飛行場を建設すると、アメリカ軍は大兵力を投入して日本軍からガダルカナル島を奪いました。ガダルカナル島の争奪戦に敗れた日本軍は多数の戦死者を出しました。日本本土を空爆するために、アメリカ軍は、ニューギニア島、ラバウル、マーシャル群島、サイパン島、硫黄島《いおう》などを日本軍から奪い、航空基地を建設しました。それらの島嶼の攻防戦で、日本軍は徹底抗戦して全滅するという玉砕戦法をとったので、多数の戦没者が出ました。

○補給戦に負けた

いつの時代の戦争でも、最後に勝敗を決めるのは「補給」といっても過言ではありません。軍隊は集団で移動をしながら戦闘を行います。家族で山にキャンプに行くとき、服装を整え、テントや食糧、飲料水、寝具、医薬品、燃料などを用意して持って行きます。この準備をするのはけっこう大変です。軍隊を海外に派兵する場合はもっと大変です。武器・弾薬・食糧・医薬品その他必要な物資をつけて、無事に戦地にまで送るのは、大変な仕事です。戦闘区域が拡大し、補給線が長くのびきると、補給線の安全を確保することが困難になります。戦争では補給線は兵隊の生命線です。太平洋戦争ではこの補給線が攻撃の対象になりました。何もない孤島で、食糧や武器弾薬の補給を絶たれたら、戦闘もできません。太平洋戦争の初めから、日本は物資を補給するための輸送船舶が不足していました。アメリカ軍は、ただでさえ足りない日本の輸送船を狙《ねら》い撃ちしたので、島嶼《とうしょ》にとり残された兵士たちは餓死したり、武器もなく戦わされて悲惨な最期を遂げました。

○無理で無謀な作戦を強行した

太平洋戦争で、日本兵は熱帯のジャングルで戦いました。その一例を紹介します。一九四二年（昭和一七年）の七月中旬から、陸軍はポート・モレスビー作戦を決行しました。パプアニューギニア島のブナから、スタンレー山系を越えてポート・モレスビー付近の飛行場を攻略するという作戦でした。真夏に、ものすごく険《けわ》しいスタンレー山系のココダ街道を徒歩で山越えさせました。山といっても熱帯のジャングルなので、砲兵部隊を連れて行けませんでした。苦難の末、ポート・モレスビーまであと少しのところで、オーストラリア兵の攻撃にあいましたが、日本軍は補給がまったく途《と》絶《だ》えていたので、九月二四日、退却を決めました。兵士たちはオーストラリア軍の追撃に苦しみながら、また険しい山越えをして、一一月下旬にやっとブナにたどり着きました。増援も補給もなかったので、たくさんの兵士が飢えや疫病《えきびょう》に苦しみ、最後は人の肉まで食べるところまで追いつめられ、悲惨な最期を遂げました。

太平洋戦争では、補給を無視した無謀な作戦を強行した例としては、ビルマのインパール作戦が有名です。他にも色々ありますが、日本軍は一八七四年（明治七年）の台湾征伐でも、日清戦争で清国から譲渡された台湾を占領するための戦いでも、マラリアや赤痢などの風土病や疫病でたくさんの兵士を死亡させました。陸軍は創設当時から補給を軽視していました。今日でもその傾向があり、補給活動や後方支援なら安全だと勘違いしている人がいます。

2　投降できなかった日本兵

交戦権を保有している国家は、国民を戦闘員（兵士）にするための兵制を法律で定めています。大日本帝国の徴兵制度は、簡単にいうと、個人的な意志とは無関係に、男子が満二〇歳に達したら兵役を課し、国家は必要に応じて、兵役期間中の者を召集できるという制度です。個人の思想や主義や信念などはまったく無視です。反戦平和主義者であっても、召集令状が来たら、イヤでも戦争に行くしかありません。もちろん行き先を選ぶ自由はありません。真夏に熱帯のジャングルを歩かされても、真冬にシベリアの雪原に立たされても、文句はいえません。

徴兵《ちょうへい》制度ではなく志願兵制度をとっている国や、志願兵制度では兵力が不足する場合にかぎって徴兵制度をとる国もあります。どんな兵制でも交戦国の戦闘員（兵士）になったら、自分の国を戦勝国にするために戦います。敵の兵士を戦死、負傷、俘虜《ふりょ》

（捕虜ともいう）にして戦闘できないようにします。戦死者はともかくとして、敵国の傷病者や俘虜をどのように扱うかが問題になりました。

古い時代には、俘虜を奴隷《どれい》にしたり殺したりしましたが、二〇世紀になると、たとえ戦争であっても、無駄な、無意味な死を防ぐために、人道的な立場から俘虜条約を作りました。第一次世界大戦の経験から、俘虜や傷病者のとり扱いに関するハーグ条約の規定だけでは、不充分なことがわかりました。そこで、一九二九年（昭和四年）七月一日、世界の四七か国の代表がジュネーブに集まり、「傷病者のとり扱いの改善」と同時に、「俘虜のとり扱いの改善と修正」を目的とする会議を開きました。そして赤十字条約と、全九七条から成る「俘虜の待遇に関する条約」（二七日に調印、俘虜条約という）が成立したのです。この俘虜条約に即日調印した国は三三か国、後に調印した国が一四か国で、批准《ひじゅん》を終えた国は一九三八年（昭和一三年）までに三〇か国以上に達しました。しかし日本はこの俘虜条約に署名しましたが、批准しなかったので、日本に対しては効力を持ちませんでした。日中戦争が勃発《ぼっぱつ》し、戦争の長期化が確実になったときも、日本は俘虜条約を批准していませんでした。

そもそも大日本帝国の軍人は、絶対に俘虜にならないという大前提があるので、俘虜条約を結ぶ必要はないわけです。日中戦争中、日本兵は中国人の投降兵をその場で射殺したり、軍刀で斬《き》り殺しました。それを目撃した外国人が、日本兵は残酷で恐ろしいと母国に伝えました。

一九三七年（昭和一二年）九月、日中戦争勃発直後、杉本五郎中佐は山西省宛平県の戦闘で戦死しました。軍刀を杖《つえ》にして立ったまま絶命した杉本中佐を、これぞ帝国軍人と称《たた》え軍神にしました。杉本中佐は、禅の奥義《おうぎ》を究《きわ》め、武士道に徹した軍人でした。その杉本五郎中佐の遺書は『大義』と題して出版され、広く読者を集めました。その中で、杉本中佐は「一度敵地を占領すれば、敵国民族なる所以《ゆえん》を以て殺傷して飽《あ》くなし、略奪して止《とど》まる所を知らず、悲しむべし、万端悉《ことごと》く、皇軍の面目更になし」と、衝撃的な事実を述べています。実は、この部分は、出版検閲《けんえつ》のときに削除されて伏せ字になっていました。伏せ字部分が明らかにされたのは、一九八五年（昭和六〇年）九月一三日の毎日新聞（夕刊）の連載『将軍の遺言《ゆいごん》＝遠藤三郎日記』によってです。このことから、日本軍は中国人捕虜の人権を認め、人道的に扱う気は初めからなかったことがわかります。

日中戦争が長引くと、現地の日本兵の志気が低下し、軍紀も乱れがちになりました。現地指揮官の要請もあって、一九四一年（昭和一六年）一月、東条英機陸軍大臣は「戦陣訓」を発表しました。これは、「軍人勅諭《ちょくゆ》」をもとにして説いた「戦場における軍人の心得」です。東条英機は「軍人勅諭」の「その操《みさお》を破りて不覚を取り、汚名を受くるなかれ」を「生きて虜囚《りょしゅう》の辱《はずかし》めを受けることなかれ」とストレートに表現しました。そのために戦後になっても、日本兵が投降できず玉砕を強制されたのは、東条英機が「戦陣訓」で「生きて虜囚の辱めを受けることなかれ」といったからだ、たくさんの兵隊を殺したのは東条英機のせいだと、いうようになりました。

日本兵が投降できなかった根本原因は、「俘虜《ふりょ》条約」を日本が批准《ひじゅん》しなかったことです。不幸なことに日本兵は太平洋戦争が始まる前に、「投降」すなわち生き延びるための最後の手段を奪われていました。また前線の指揮官の判断で、部隊を投降させることも許されなかったので、太平洋戦争末期になると、部隊全員が玉砕して全滅するようになりました。

「戦陣訓」で靖国神社への一本道を固めた東条英機は内閣総理大臣に就任して、太平洋戦争を始めました。太平洋戦争が勃発すると、敵国連合国の各政府は、「俘虜の待遇に関する条約」（俘虜条約）を日本にも適応すると宣言しました。日本は俘虜条約を批准していないので、俘虜条約の規定を守る義務はありません。日本は、俘虜条約には拘束されないが、俘虜条約を敵国の俘虜に準用すると宣言しました。また抑留した敵国の非戦闘員（一般市民）に対しても、次のような条件をつけて、準用すると通告しました。

一、敵国が日本と同様に準用すること
二、敵国にいる日本の抑留非戦闘員に強制労働をさせないこと連合国側は、日中戦争の最中に、日本兵が中国人捕虜を非人道的に扱ったことを知っていました。日本兵が、敵国人捕虜を虐待したり強制労働をさせるのではないかと、心配していました。敗戦後、日本軍が捕虜に対して非人道的な扱いをしたことが明らかにされました。軍事裁判所は、俘虜の扱いに関する罪を問い、B・C級戦争犯罪人を処刑したり、実刑を科しました。

3　神風特別攻撃隊

二〇〇一年（平成一三年）九月一一日、世界貿易センタービルにハイジャック機が激突したとき、アメリカのマスコミは「KAMIKAZE」と叫びました。「KAMIKAZE」は日本の「神風特攻隊」のことです。同時多発テロの前年、小泉首相は鹿児島の知覧《ちらん》を訪れ、特攻隊員たちの遺書を前にして涙を流しました。日本では「神風特攻隊」は祖国を守るために散華《さんげ》した悲劇のヒーローとされています。アメリカのジャーナリストが、ハイジャック機を「KAMIKAZE」と呼んだことに、ギャップというか違和感を感じた日本人は少なくなかったようです。

太平洋戦争の戦況は、一九四四年（昭和一九年）一〇月になると、アメリカ機動部隊（航空母艦を中心に編成した軍艦部隊）が沖縄、台湾、ルソン島北部を攻撃してくるようになりました。アメリカ軍は日本軍が占領していたフィリピンのレイテ湾に上陸し、フィリピン奪還を開始しました。フィリピンを奪われたら台湾、仏印、蘭印《らんいん》、マレー半島一帯が制圧されてしまいます。太平洋戦争の目的は、大東亜共栄圏の建設です。戦争目的の達成が不可能になることは、敗北を意味します。

日本の連合艦隊は、一〇月一八日、「捷《しょう》一号作戦」を発動し、二五日から全力をあげてレイテ湾のアメリカ軍を挟み撃ちにするために、総攻撃をかけることを決めました。ところがこのときフィリピンの基地航空隊には、実際に使用できる海軍機と陸軍機は、わずか三〇機程度で、熟練パイロットもわずかしかいませんでした。

そのわずかな航空機で、レイテ湾に進撃しつつある連合艦隊の主力部隊をなんとしても護《まも》り、援護しなければなりません。一〇月一七日に第一航空隊司令長官として、マニラに着任した大西瀧次郎《たきじろう》中将は、未熟なパイロットでも可能な特別攻撃戦法を採用することにしました。アメリカの艦船に体当たりして、確実に敵艦に損害を与える「必死必中」戦法なら、簡単な訓練でも実行できるからです。

大西は、航空特別攻撃部隊を編成すると「神風《しんぷう》特別攻撃隊」と命名しました。そして国学者の本居宣長が詠《よ》んだ「敷島《しきしま》の大和《やまと》心を人問はば朝日に匂ふ山桜花」にちなんで部隊を敷島・大和・朝日・山桜の四隊に分けました。元寇《げんこう》のときに、日本軍を助けるために「神風《かみかぜ》」が吹いたといわれていましたが、神風が吹かないので、特攻隊「神風」を作ったのです。

　最初の特攻隊の指揮官になった関行男大尉は、一〇月二五日、零戦《ゼロ》に二五〇キロ爆弾を装備し、自ら先頭に立って、レイテ沖海戦でアメリカの航空母艦に肉弾攻撃を敢行して戦死しました。連合艦隊司令長官豊田副武《そえむ》大将は、「忠烈万世に燦《さん》たり、よってここにその殊勲を認め全軍に布告す」と特攻隊員の勲功《くんこう》を公表して称《たた》えました。

　歴史上最大のレイテ大海戦で日本の連合艦隊は大敗し、超弩級《ちょうどきゅう》戦艦武蔵《むさし》も大破して沈没しました。フィリピンは、遂にアメリカに奪還されました。けれど予想以上に神風特攻隊が、アメリカ高速空母機動部隊に損害を与えたので、先に述べたような事情で、レイテ海戦後も特攻作戦を続けることにしました。陸軍海軍で、組織的な特別攻撃が繰り返され、レイテ、ルソンなど比島の戦いで五〇〇機以上が出撃、約七〇〇名が戦死したといわれています。

　特別攻撃隊には、爆装航空機による航空特攻、人間魚雷「回天」による水中特攻、爆装小型機による水上特攻などがありました。アメリカ軍は、特攻隊と特攻機と特攻戦術をすべてひっくるめて「ＫＡＭＩＫＡＺＥ」と総称するようになりました。日本の特攻隊が最も活躍したのは、沖縄決戦でした。「菊水一号作戦」から「菊水十号作戦」まで一〇回にわたり、神風特攻隊の大攻撃を決行し、特攻機約一、九〇〇機中、その一四・七％が戦果をあげました。この沖縄特攻作戦は、一九四五年（昭和二〇年）三月二日からポツダム宣言を受諾して降伏する日まで続け、出撃回数四四回、延べ二、三七〇機を投じました。戦争中は、特攻作戦はアメリカ軍に莫大《ばくだい》な損害を与えたと大本営は発表しました。敗戦後、莫大な損害ではないことが判明しましたが、アメリカ戦略爆撃調査団は、神風特攻隊について、「この特攻隊の攻撃は、ぞっとするようなものすごい効果があり、当時の戦況下では絶大な実用価値があった。特攻隊員は強烈な士気昂揚《こうよう》の国民宣伝戦によって煽動されていた。しかも特別攻撃はアメリカ軍の機動部隊の来攻に対して日本軍が応戦するために使用した、事実上唯一の戦法となったのである」と評しました。とにかくアメリカ軍にとって特攻＝自爆攻撃は自殺行為にも等しい恐ろしい攻撃でした。アメリカ側が指摘しているように、日本のマスコミは、大々的に特攻作戦や特攻隊員を賛美し、国民は特攻隊員を祖国防衛のヒーローにしました。国家の非常時、一大事にあたり、自己の一切を天皇陛下に捧《ささ》げ奉り、国家のために人柱《ひとばしら》となる覚悟を決め、靖国精神を極限まで発揮して戦死した特攻隊員の死を「散華《さんげ》」と称《たた》えました。

君たちが特攻隊員にならなければ、日本が滅ぶというように思いこませ、追いつめられる心理状態にしていったのです。もちろん、靖国神社側は若者を煽動して特攻隊員にしたとは考えていません。特攻戦法はいずれも「七生報国《しちしょう》」といった我が国古来の霊魂不滅の死生観と武士道精神に支えられ、国家、民族の存亡の危機に瀕《ひん》して表出した壮絶な戦法だったと、『やすくにの祈り』（一九九九年・靖国神社・同編集委員会編著）は書いています。

それに応えるかのように、小泉首相は、鹿児島の知覧《ちらん》で特攻隊員の遺書を見て涙し、靖国神社に参拝し、靖国の神に平和の祈りを捧げたというのです。

今、文部科学省は教育基本法を見直し、学校教育の中で愛国心を教え学ばせるといいだしました。そのうちに、「あなたは特別攻撃作戦や、特攻隊員についてどう思いますか？」という問題を出し、その解答を評価する時代が来るかもしれません。

靖国神社がある限り、「愛国心に燃えて国を護《まも》るために戦死したことは素晴らしいと思います」と解答しないと、高い評価は得られないと思います。

「国家というものは、結局なんだかんだとうまいことをいって国民をおだてて、戦争をやらせるものだ。そんな国家よりも自分の人生や家族を大事にしたい」という解答を教師はどう評価するのでしょうか？

太平洋戦争で日本は約一五〇万名以上の戦没者を出しましたが、私はその中には指揮官が無理な作戦をやめて投降を決断したら、生き延びて家族のもとに帰ることができた人たちがたくさんいたと思います。

大日本帝国は敗戦したので、靖国神社に合祀《ごうし》された神は、祖国を護るために壮絶な戦死をした人たちになり、講和条約締結後は、「平和のために戦い、祖国を護るために犠牲になった人たち」というようになりました。「平和のために戦い、祖国を護るための戦死」というとなんとなく素晴らしく尊いように思えてきます。けれども真夏のジャングルで戦友の人肉を食ってまで戦わされて戦死した人、投降したくてもできなくてあきらめて戦死した人もたくさんいたはずです。

靖国神社臨時大祭で鳥居をくぐる陸軍部隊（昭和一五年）。

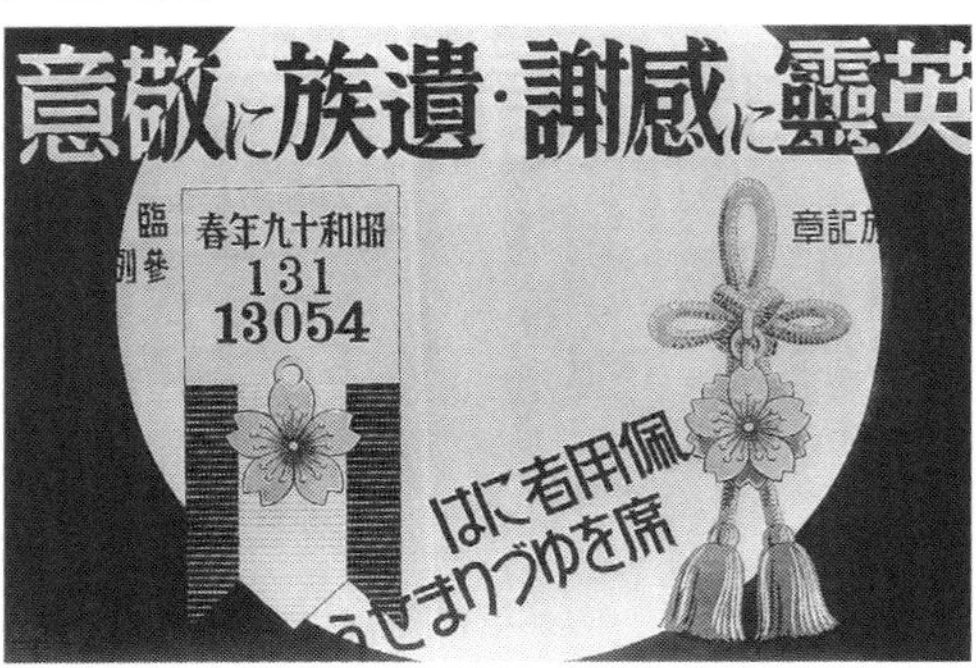

臨時大祭参列遺族章のポスター（昭和一九年）。

昭和二〇年、敗戦と同時に靖国神社の見学に来た連合軍兵士。
兵士にとっては靖国神社も単なる珍しい観光地だったようだ。

第一八問

戦後の靖国神社と公式参拝問題の関係は？

1 平和条約と靖国神社

公式参拝問題には長い歴史があります。小泉首相は気まぐれに、八月一五日に首相として靖国神社を公式参拝すると、公約したわけではありません。日本は一九四一年(昭和一六年)一二月八日に、アメリカ・イギリス・中国(蔣介石の率いる重慶の中国国民党政府)・後にはソ連を中心とする連合国と、太平洋戦争(当時・日本側は大東亜戦争と呼称)を始めました。そして一九四五年(昭和二〇年)八月一四日にポツダム宣言(連合国側の対日降伏勧告及び降伏条件)を受諾して無条件降伏し、天皇は降伏したことを国民に告げる「詔書《しょうしょ》」を渙発《かんぱつ》しました。

天皇が国務大権や統帥《とうすい》大権を行使したときは、公式令の規定にもとづき「詔書」を渙発して国民に告げることになっています。詔書には文書名をつけません。そこで詔書の内容がわかるように、便宜《べんぎ》上の文書名をつけ「宣戦の大詔《おおみことのり》」とか「終戦の詔書」というように表記します。八月一五日に天皇の玉音放送で「終戦の詔書」を発表したので、八月一五日を終戦記念日とみなすようになりました。

戦争は国家間の状態で、国際法や戦争法の枠《わく》の中で行います。けれども多くの日本人は、戦争は「天皇陛下の御命令で始まり、天皇陛下のために戦い、天皇陛下の御命令で終わる」ものだと理解していました。そのせいか日本人は国際法や戦争法にはほとんど無関心でした。明治維新から太平洋戦争に敗戦するまでは、政府は「惟神《ゆいしん》の道」を国民道徳の根本にしてきました。軍人勅諭や教育勅語は、天皇の忠良な軍人や臣民になるための道を説いたものです。戦前の道徳を万国共通の人倫《じんりん》や公衆道徳と思ったら大間違いです。

敗戦当時、ほとんどの国民が、一夜にして民主主義者になったわけではありません。国民の多くはまだ次のように考えていました。

○日本で一番偉いのは現人神《あらひとがみ》天皇である。

○天皇陛下の命令や戒《いまし》めに背《そむ》いてはならない。

○天皇陛下のお言葉はありがたく、誤りがない。

○天皇陛下に忠義を尽くすことは善いことである。

連合国アメリカ軍が日本を占領したのは、日本が受諾したポツダム宣言の条件を日本側に誠実に履行《りこう》させて、日本を民主主義国家に変えるためでした。日本国民に民主主義を教えると同時に、民主化を阻《はば》む障害（国家主義や軍国主義）をとり除くことが占領軍の役目でした。民主化の最大の障害は天皇でした。天皇の存在をどうするかが、連合国の間で問題になりました。昭和天皇を戦争犯罪人として東京裁判にかけるべきだと主張する国もありました。けれども、アメリカは日本国民の意識の中に染みついている天皇絶対視を利用して、占領統治を円滑に行うため、冷戦下で日本を親米的な民主主義国家にするために、天皇を戦争犯罪人にしませんでした。そればかりか、アメリカ軍が天皇を保護しているというポーズを日本国民に見せつけ、天皇には人間宣言をさせて国民の象徴にしました。

占領軍に見張られながら、日本政府は民主化を進めました。とにかく連合国が満足し安心するような民主主義国家になるまでは、講和条約は締結できません。戦争が終わらないかぎり占領も終わりません。一日も早く占領軍を引き揚げさせるには、民主主義的な憲法を制定し政治体制や学制を変えなければなりません。それで、今日でも、戦後民主主義や日本国憲法を押しつけ憲法だ、押しつけ民主主義だと主張する人たちがいます。しかし、それは全く逆だったのです。

別格官幣社靖国神社は、天皇の命令で戦没者の霊を霊璽簿《れいじぼ》に招魂して、その霊璽簿を本殿に安置して神霊とします。すでに祀った神霊と、新しい神霊を合わせて祀《まつ》ることを合祀《ごうし》といいます。新しい神霊をお迎えしてご接待するお祭りが合祀祭です。大学で新入生歓迎コンパをやるのと同じように合祀祭を行うわけです。

祭神《さいじん》の性質上、戦没者の情報を把握し管理している陸・海軍省と内務省が共同で靖国神社を管轄《かんかつ》してきました。けれどもポツダム宣言にもとづき陸海軍を解体されることが確実になると、陸海軍省があるうちに、駆け込み式で招魂式だけをやることにしました。一九四五年（昭和二〇年）一一月一九日、合祀に必要不可欠の霊璽簿の調整ができないので、降伏文書に調印した九月二日までの全戦没者を、氏名不詳のまま一括して招魂しました。翌日、陸軍参謀総長の梅津《うめづ》美治郎《よしじろう》が祭典委員長を務め、臨時大招魂祭を行いました。GHQの監視の下で、昭和天皇・皇族・閣僚・陸海軍部隊・遺族などが参拝しました。

　太平洋戦争の戦没者の大半は人霊のまま敗戦を迎えました。戦死したら別格官幣社靖国神社の神様にしてもらえる、天皇が参拝してくれると信じて死んだ英霊を、ほったらかしにはできないと苦慮したことは、よく理解できます。とりあえず人霊を招魂して、臨時大祭のような体裁を整えて天皇が参拝したわけです。このとき靖国神社に招魂しただけで、神霊にしなかった戦没者の人霊を、宗教法人靖国神社が、合祀を続けます。その結果、靖国神社は宗教法人になっても、戦没者の情報を管理し、戦没者に関する業務を引き継いだ第一、第二復員省（旧陸・海軍省）、旧厚生省と密接な関係を持ち続けることになりました。

2　靖国神社の僭越な祭祀

そもそも、自ら一宗教の道を選んで存続を許された靖国神社が、省庁から直接個人情報を流してもらい、それを遺族の意志も確かめずに勝手に一宗教の神にしてもいいものでしょうか？　今日なら社会的な問題になると思いますが、敗戦後は誰も問題にしませんでした。日本中が敗戦の混乱で、その日その日を生きていくことに精一杯だったのと、靖国神社は戦没者を合祀する神社だという固定観念があったからだと思います。

ＧＨＱは、一九四五年（昭和二〇年）一二月一五日、「国家神道（神社神道）に対する政府の保証、支援、保全、監督並び弘布の廃止」という内容の「神道指令」を出しました。宗教を国家から分離して、政教分離の原則を徹底し、特定の宗教を政治的に利用することを防止しました。

靖国神社は一九四七年（昭和二二年）からは「霊璽《れいじ》奉安祭」と称してひそかに合祀祭を続けていました。一九五一年（昭和二六年）九月八日、日本は連合国（中国・ソ連をのぞく）とサンフランシスコ平和条約に調印して戦争を終了しました。それを待っていましたとばかりに、同年一〇月一八、一九日の二日にわたり、靖国神社と全国の護国神社が例大祭を行いました。

戦争状態が終了すると国家間の関係は平和な状態に戻りますが、政府も国民も戦争の終了＝敗戦前の日本に戻ることと解釈したようです。たちまち明治以来の「惟神の道」が復活します。講和後初の例大祭に首相の吉田茂は、モーニング姿で昇殿して参拝しました。首相に続いて衆参議院議長、閣僚などが参拝しました。これは戦前の正式参拝そのものでしたが、誰も何もいいませんでした。

昭和天皇はサンフランシスコ平和条約が発効するのを待って、一九五二年（昭和二七年）一〇月一六日に靖国神社に参拝しました。この天皇の靖国参拝は、占領が終わり、平和になったことを国民に知らせる象徴的な参拝でした。それから一九七五年（昭和五〇年）一一月二一日までに、昭和天皇は七回参拝をしました。その間に政教分離の原則に違反すると、国会もマスコミも特に問題にしませんでした。戦前の天皇を絶対とする国民道徳が、依然として国民の意識に根強く残っていたからだと思います。また日中戦争以来、天皇は春秋二回、靖国神社に参拝していたので、特に違和感がなかったのかもしれません。

昭和天皇が宗教法人靖国神社に初参拝すると、日本遺族厚生連盟（後の日本遺族会）は、「靖国神社並びに護国神社の行う慰霊行事はその本質に鑑《かんが》み国費または地方費をもって支弁するよう措置すること」を決議しました。これが靖国神社国家護持要求の始まりです。

一宗教法人の経営や祭祀《さいし》に国家が関わるとなると、それを認めるために法律が必要です。国会に法案を提出し、審議を重ね、論議を尽くした上で衆参両院を可決通過して初めて法律が成立します。

そうなると、実際に国会に法案を提出し審議し採決に関わるのは、国会議員です。そこで遺族会は法案を成立させるために、政権政党と太いパイプを作りました。遺族会は全国に多数の会員を抱えています。選挙によって選ばれる政治家にとって遺族会は大票田です。遺族会の利益代表になることで、衆参議院の中で、遺家族議員連盟を作り、靖国法案の成立に努力するようになりました。

一九五六年（昭和三一年）一月に開かれた第八回全国戦没者遺族会は「靖国神社・護国神社は、国又は地方公共団体で護持すること」を決議しました。これ以後遺族会の大会は、「靖国神社国家護持」を決議し、それをもとに遺家族議員連盟に圧力をかけて靖国法案を国会に提出させるというパターンになりました。

靖国法案が国会に提出されるたびに国会の内外で論議を呼びました。戦前の神社神道は宗教の枠外に置き、宗教ではなく「国民道徳」という形にしていましたが、敗戦直後、政府と靖国神社の双方が一宗教法人になることを選択しました。正真正銘の宗教と政教分離の原則をどうやって折り合いをつけるかが難問でした。また国民の税金を、宗教法人靖国神社に使うとなると、当然、違憲問題が出てきます。

一九六九年（昭和四四年）六月三〇日、自民党議員二三八人は靖国神社法案（靖国法案）を国会に提出しました。第五回法案提出が一九七四年（昭和四九年）六月三日に廃案になると、翌一九七五年、自民党は法制化を断念しました。しかし自民党の遺家族議員は、遺族会の利益代表として、次の手を打たなければなりません。そこで登場したのが「表敬法案」です。つまり「国家護持がだめなら公式参拝を」というわけです。

一九七五年二月、自民党の藤尾政行議員は、宗教法人靖国神社を最終的には国家護持にするために次のような内容の「表敬法案」を発表しました。

①天皇および国家機関員などの公式参拝、②外国使節の公式表敬、③自衛隊儀仗兵《ぎじょう》の参列参拝、④国民の支持を得られるように合祀対象を広げて、警察官や消防官なども対象にする。

ここで初めて「公式参拝」という言葉が登場しました。川口頼好《よりよし》衆院法制局長は、「公式参拝とは、国の立場というのが明確になる立場」と、不透明で、曖昧《あいまい》な説明をしました。神道には「公式参拝」という言葉はありません。この公式参拝という言葉は、極めて政治的な言葉です。簡単にいえば、「正式参拝」は政教分離の原則にひっかかるが、「公式参拝」なら、いい逃れできそうだという姑息《こそく》な考えが見え見えです。このときから「公式参拝問題」が論議されるようになりました。「公式参拝」という言葉が認知され普及すると逆に「正式参拝」を知らない人が増えました。そこで神道用語の正式参拝について説明をしておきます。

3　正式参拝・一般の参拝・玉串料

神社の参拝は、禁制を犯して境内に車馬を乗り入れたり、禁止の場所に立ち入ったり、竹木を折ったり壊《こわ》したり、魚鳥を捕らえたりしないかぎり、誰でも自由に参拝できます。また、神社は参拝料を徴収できません。ただし、神社は穢《けが》れを忌むので、喪に服している者や生理中の女子は、自発的に参拝を遠慮することになっています。

「一般の参拝」　神社参拝をする者は、まず社頭で襟《えり》を正し、手を洗い、口をすすいで心身を清めます。けれども、参拝の作法に関しては参拝者の自由に委《ゆだ》ねられており、特別な決まりはありません。好きなときに神社に行き、礼や拍手の回数、形式などは自由でした。

「正式参拝」　公の身分のある者＝皇族や官公吏や位階勲功爵位《いかいくんこうしやくい》を有する者などが、

その身分によって神宮や神社に参拝することを正式参拝といいます。これは、普通の一般の参拝よりも神前間近に進むもので、神官・神職の案内によって、手水《ちょうず》を用い、修祓《しゅばつ》（禊《みそ》ぎ・御祓《おはら》い）を受け、玉串《たまぐし》を奉るなど、丁寧な扱いを受けますから、神宮の正式参拝は、一九一四年（大正三年）に内務省訓令で定められ、官国幣社《かんこくへいしゃ》の正式参拝も、同年神社局長の通牒《つうちょう》にもとづき各神社で内規ができていました。

○神宮に正式参拝を希望する者の服装

男子は、フロック・モーニング・紋付羽織袴《もんつきはおりはかま》。

女子は、白襟《しろえり》紋付または袿袴《けいこ》（袴を着用してもよい。ただし、制服がある者は着用してもよい）。

ちなみにこの「制服」とは一八八四年（明治一七年）に制定された女子の和装礼服を指します。

また、参拝する位置は公式の身分によって決まっています。

○参拝する位置

神宮の場合　皇族は内玉垣御門下、勅任官《ちょくにんかん》・有爵者・従《じゅ》四位・勲三等・功三級以上の者は内玉垣御門外、奏任官・正五位・勲四等・功四級以下の者は、中重御鳥居際、判任待遇以上の者は外玉垣御門内まで進んで参拝させていただくのです。

官国幣社の場合　服装は神宮と同じですが、参拝の位置は、皇族は本殿階下、勅任待遇以上の者は皇族の下位、奏任待遇以上はそれよりも下位、判任待遇以上はまた更にそれより下位というように定められています。

○正式参拝の作法

正式参拝は一般の個人的な参拝と違って、次のような作法で行うことになっています。

○一揖《ゆう》（揖は会釈《えしやく》の意味で軽く一礼）
○玉串奉奠《たまぐしほうてん》（玉串を慎《つつし》んで供《そな》え奉《たてまつ》る）
○再拝（深き拝礼二度）
○拍手　二
○一拝
○一揖《ゆう》
○神前退下

○拝・揖の作法

祭式の作法で、神に対する敬礼の動作です。神職は笏《しやく》を持って拝・揖などを行いますが、笏を持たない一般の人について説明します。

拝は、オガムこと。オガムとは、身を折り屈（カガ）める意味で、（オリカガメル）神に直接敬礼の誠を捧げる根本の作法です。一般の国民礼法では最敬礼に相当するものでしょう。

○拝には居拝、立拝、起拝の区別があります。

居拝（正座して姿勢を整え、上体を約九〇度屈し背を平らに伏せる。左右の手は膝《ひざ》の前で指先が合い接するように座につける。一呼吸の後、復する）

立拝（直立して姿勢を整え、腰を折り上体を約九〇度屈して背を平らに伏せる。左右の手は自然に垂れ、指先が膝頭につく程度にし、一呼吸の後、復する）

拝は、再拝と申して、二度連続して行うのが原則です。

○拝揖《はいゆう》は、拝を一度だけ行う。

○揖は、会釈の意味です。

○再拝拍手の意味

神道《しんとう》では敬礼の作法、すなわち自己の真心を表現する方法には、縦の動きと横の動きがあります。縦の動きとは、頭を低くし身体を屈することで、尊敬の意を表します。横の動きとは二つのものを近づけることで、親和の意味を表します。神道の神拝の作法は、尊敬を表す縦の動きたる拝と、親和を意味する横の動きの拍手とが、常に行われるのです。

○玉串奉奠《たまぐしほうてん》

「玉串」の語源は、榊《さかき》や常磐木《ときわぎ》の枝に、木綿《ゆう》（楮《こうぞ》の皮を蒸《む》し糸に裂いたもの）・

麻、竹の串に鏡や玉を取り付けたものを、神にお供《そな》えしたことに由来するといわれています。榊の枝に紙垂《しで》（注連縄《しめなわ》などにつける紙を切って垂らしたもの）や麻をつけて神前に奉るものを「玉串」といいます。玉串を奉ることを玉串奉奠といいます。玉串は、神に対するお供え物という意味がありますが、また、祭祀の儀式において、幣帛《へいはく》供進使や斎主の拝礼に必ず行うことになっている現在の儀礼からみれば、一種の拝《おが》みしろ、即ち鄭重《ていちょう》な拝礼をなす場合に必要な一作法とも解せられます。いずれにしても、清き赤き真心を捧げる気持ちで玉串を奉奠しなければなりません。

玉串は普通は自分で持参しないで、神職の作ったものをお供えするので、一般に玉串を奉奠する人は玉串料を納めるべきでしょう（ただし、このやり方を一般神社でやるようになったのも一八七五年＝明治八年からのことです）。

○祝詞《のりと》

日本では、言葉に霊魂が宿っていると考えられ、神様に対して、心の中で思うだけではなく、思いを言葉に表して伝えました。美しい言葉ほど良い霊が宿っていて良い働きをし、悪い言葉には悪い霊が宿っていて不吉な働きをすると信じていたので、古人は努めて美しい言葉を選んで祝詞を作っていました。注意深く美しい言葉で作った立派な祝詞は、必ず神の御心にかない、願望を聞き届けてくださると、神の加護を必然的に予期しています。祝詞は、昔から儀式用語として古語で綴《つづ》るのが原則です。

勅使《ちょくし》が神様に奏上する祝詞を御祭文《ごさいもん》といいます。

○正式参拝をしようとする者は、お互いの便宜上、普通はあらかじめ位階《いかい》・勲等《くんとう》・官職・氏名を明記して神社に申し込んでおきます。

戦前では、町村・氏子崇敬者《うじこすうけいしゃ》らが加わり、万民がこぞって祭祀を行う建前でした。けれども明治初年から三〇年頃までは、公の祭祀を行うときは、神門を閉じて「庶民の参入を禁ず」という立札を立てる官国幣社の神社がありました。「神社は国家の宗祀《そうし》なり」を文字通りに解釈して一般民衆を除外したのです。公の祭祀は国家の官吏《かんり》だけで執行する国家のための祭祀なので、一般民衆の祭祀への参入を許さなかったのです。

神宮《じんぐう》や官国幣社は、特に皇室と国家に深い関わりのある神祇《じんぎ》を祀《まつ》っています。それで国家や皇室と関わりのある公式の身分を有する者に限って正式参拝を許し、作法や服装や参拝位置などの決まりを定めたのです。神霊の間近で参拝する者は最高の敬意を払わなければならないので、参拝の正式な作法を定めたわけです。

4　違憲判決が確定している公式参拝

靖国法案が国会に提出されるたびに、社会問題になり反対運動が起きました。また合祀や、玉串料公金支出、首相や天皇の靖国神社公式参拝の違憲性を裁判で争うようになりました。一九八九年（昭和六四年）一月七日、昭和天皇が逝去《せいきょ》しました。それから時代が変わったのか、違憲判決が出るようになりました。

一九九一年（平成三年）一月一〇日、仙台高裁は天皇・首相の「公式参拝」などを違憲とする判断を示しました。これは、まず靖国神社は憲法上の明確な宗教団体であると認定した上で、靖国神社は宗教施設ではないとする靖国神社側の非宗教論を否定しました。次に、参拝は、靖国神社の祭神への拝礼という宗教的行為であると認定しました。参拝者が、たとえ主観的には戦没者追悼の目的を持っていたとしても、また正式の作法ではない「一礼」方式であっても、客観的には参拝の宗教性は排除できないと明確にいい切ったのです。したがって、天皇や首相の「公式参拝」は、公的資格で宗教団体の靖国神社に参拝するのであるから、宗教との関わり合いを持つ、と判断したのです。ですから、このような意味を持つ「公式参拝」が実現すれば、国またはその機関が靖国神社を特別視することになります。他の宗教団体より優越的な地位を与えているとの印象を社会一般に与えて、靖国神社に特定の関心を呼び起こし、国の非宗教性・宗教的中立性を没却する恐れが極めて大きい。特に天皇の「公式参拝」が行われれば、政教分離との関係では首相のそれとは比較にならないほど国家社会に大きな影響を与えると断定したのです。

以上のような判断を示した上、判決は天皇・首相の「公式参拝」は「憲法二〇条三項が禁止する宗教的活動に該当する違憲な行為である」と結論づけたのです。また玉串料などへの公金支出についても「公式参拝」とほぼ同じ論理構成で違憲、違法と結論づけました。これにより一九九二年九月、天皇・首相の靖国神社「公式参拝」は違憲であると断定した仙台高裁の判決が確定したわけです。

また愛媛玉串料違憲訴訟（一九八二年六月、愛媛県が靖国神社・護国神社への玉串料・献灯料・供物料を公費支出したのは、政教分離原則に反するとして、住民らが提訴した事件）も、一九九七年（平成九年）四月二日、最高裁大法廷は八一年から八六年まで靖国神社・護国神社に二二回にわたって計一六万六、〇〇〇円の玉串料を支出したのは、明確に違憲だとする判決を出しました。

①靖国神社・護国神社は憲法上の宗教団体である。両神社境内で挙行される例大祭・慰霊大祭は神道の祭式にのっとった儀式中心の最も重要な祭祀で、みたま祭

（七月一三日〜一六日）は靖国神社の中で最も盛大な祭祀である。
②玉串料《たまぐし》・供物料《くもつ》は、例大祭・慰霊大祭の際に神前に供えられ、献灯料は奉納者名を記した灯明《とうみよう》を掲げるもので、ともに各神社は宗教的意義を持つと自覚している、と認定した。

したがって玉串料・献灯料・供物料を公金支出したのは愛媛県が「特定の宗教団体の挙行する重要な宗教上の祭祀に関わり合いを持ったということが明らか」と判断したのです。

その結果、「一般人に対して、県が特定の宗教団体を特別に支援しており」、「他の宗教団体とは異なる特別のものであるとの印象を与え、特定の宗教への関心を呼び起こすものといわざるをえない」と断じました。最高裁大法廷は、憲法二〇条三項の禁止する宗教的活動に当たり、また八九条の禁止する宗教団体への公金支出に当たり違憲違法としたのです。

アジア・太平洋戦争が終了して平和に復した一九五二年（昭和二七年）、戦後七年目にして、靖国神社国家護持問題が起き、公式参拝問題や玉串料の公費支出問題に関しては、現在では違憲・違法判決が確定しています。神道上の「正式参拝」、「一般の参拝」、玉串料、例大祭の意味を考えれば、当然の判決だと思います。

以上でおわかりのように、首相の公式参拝は憲法違反なのです。これは重大なこと

です。

遺族会・自民党は憲法違反であっても、国家が靖国神社を特別待遇することを国民に容認させればいいわけです。首相の公式参拝を重ねて恒例化すれば、そのうちに国民も慣れて理解を示すだろうというわけです。つまり国民感情に訴えて、靖国国家護持を実現しようというのです。だから中国や韓国も日本の国民感情を理解して首相の公式参拝に文句をつけるなというのです。八月十五日の終戦記念日は国民にとって重要な記念日です。この日に国家機関を代表する首相が正式参拝をして祭神を称《たた》え崇敬してこそ、これまで述べてきた惟神《ゆいしん》の道や靖国精神を復活させることができるわけです。それで、小泉首相はどんなに批判されても八月一五日に靖国神社に公式参拝する、と遺族会に約束したのです。

すでに天皇や首相の公式参拝は、違憲、違法であるという判決が確定しているのに、靖国神社公式参拝を公約に掲げること自体がすごく変です。公然と憲法を踏みにじり、民主主義を否定しているわけですから、まさに常軌《じょうき》を逸しています。中国や韓国が「首相は靖国神社に行ってはいけない」というのは当たり前で、内政干渉ではありません。

日本国民が、首相が憲法に違反して、靖国神社に公式参拝をすることをなんとなく許してしまう。このなんとなくが、問題なのです。

ところで昭和天皇は一九七五年（昭和五〇年）を最後に靖国神社参拝をやめました。その理由について、元宮内庁長官だった富田朝彦《ともひこ》のメモに、昭和天皇がA級戦犯を合祀した靖国神社に不快感を示したと書かれていたことが、二〇〇六年（平成一八年）七月の日本経済新聞上に報じられました。靖国護持派が一斉にこのメモの件は「大誤報」と反発しました。

現在の靖国神社全景。

第一九問

なぜ靖国神社に祀り続けたのか？

1　神社を支える意識

【日本人はみんな氏子か？】

靖国神社を容認する人たちの中には、次のような主張をする人が少なくありません。

「神社は日本人の暮らしにとけこんでいる。葬式は仏教でやっても、初詣《はつもうで》、お宮参り、七五三参り、スポーツの優勝祈願や、受験の合格祈願などに神社に行く。家に仏壇があっても神前結婚式をあげる。地域ごとに神社があって、住民たちは、神社の伝統的な神事やお祭りには参加する。家やビルを新築するとき、ほとんどの施主が地鎮祭《じちん》を行う。そういう現実を考えると、日本人のすべてが、個人的な宗教には関係なく、実はなんらかの形で神道《しんとう》と関わり信仰している。日本人と神社は、氏子《うじこ》と氏神《うじがみ》の関係で結ばれている。だから戦没者を靖国神社や護国神社に祀《まつ》り国民に参拝させるのは、不自然なことではない。敗戦後は、靖国神社や護国神社は宗教法人になったが、昔から戦没者を祀っていたし、他に、祀っているところがない。日本人はみんな氏子だから戦没者を靖国神社に祀ってもよい」

このように「日本人は生まれると、自動的に氏子になる」という観念は意外に根強いものがあります。ここで氏子・氏神の関係を詳しく説明しておきます。

徳川幕府は、キリスト教禁圧政策を採り、日本人＝仏教徒にして管理しました。日本人は必ず檀那寺《だんなでら》を持ち、葬式は仏式で行い、戒名《かいみょう》をつけてもらって墓に入ることにして、キリスト教徒にさせないようにしたのです。神道は仏教と融合し、神を拝《おが》むのも、仏を拝むのも同じことでした。

王政復古の大号令で明治政府が誕生すると、政府は徳川幕府が寺院に与えた特権を奪いました。民衆に仏と神を区別して拝ませるために、神仏分離令を出しました。皇室には完全に仏教と縁を切らせ、復古神道に宗旨《しゅうし》を変えさせました。仏教を排撃し、仏教と神道を分離させると、復古神道の普及と復興に努めました。

一八七一年（明治四年）七月四日、太政官令で、臣民一般は神社の氏子という規則を定め、「氏子調べ」を行うことにしました。

明治政府が発令した「氏子調べ」の氏子は、臣民（国民のこと）で、次のように決めました。

●氏子中、出生児があれば、戸長《こちょう》に届け、必ず神社に参り、守札《まもりふだ》を受けさせ、また現在、老若を問わず、守札のない者は、戸長へ申し出て、神社から守札を受けさせ、他の管轄《かんかつ》に移転するときは、その管轄地の神社の守札を別に受けさせる。氏子が死亡したら、守札は戸長を経て神職に返却させる。

●神社に対しては、氏子帳を編製し、氏子の出生、死亡、移動を記録し、出生児および氏子の人員数は毎年一一月中にその管轄庁へ提出し、さらに一二月に太政官へ届け出よ。

これを見てもわかるように、徳川時代の寺が管理していた宗門人別改帳《しゅうもんにんべつあらためちょう》の代わりに氏子調べを設け、それを、そのまま神社に移管させようとしたのです。しかしこれには相当の費用が必要で、大蔵省に支出を要請したところ拒否され、一八七三年（明治六年）五月二九日太政官《だじょうかん》布告をもって氏子《うじこ》調べの儀は中止しました。墓を持たない神社が寺院の代わりをするのは無理でした。

2　神社と氏子の関係とは？

日中戦争が起きる前年の一九三六年（昭和一一年）の調査では、全国一一万余りの神社に対して、神職は約一万四、〇〇〇名に過ぎませんでした。神職は国家が任命することになっていましたが、大半の神社には専任の神職がいませんでした。国家財政上、すべての神社に神職を置けないので、村の鎮守《ちんじゅ》様については、村人の氏子や崇敬《すうけい》者が維持や経営にあたって、お祀《まつ》りするしかありませんでした。結局、氏子総代や崇敬者総代が神職を補佐するという形で、全体の九九％にあたる村社や社格の無い神社の奉斎の責任を、氏子＝国民に負わせたのです。国民の側からすれば、維新の前から"My Jinjya, My Omaturi"みたいにやっていたものですから、国がお節介で責任を負わせたというのも変ないい方です。

これに対して、官国幣社《かんこくへいしゃ》の社格を持つ神社は、国家や皇室と密接な関係にあり、国家の宗祀のための祭祀《さいし》を行います。官国幣社の社格を持つ神社に関しては、国家が維持管理の責任を負い、経費や人件費を負担することにしました。明治の初めには官国幣社は一八八社だったので、それも可能でした。国家は神社のエリート官国幣社だけを特別待遇することにしました。したがって、府県社以下神社のように、氏子や崇敬者に維持管理や祭祀に関する権限を与えませんでした。簡単にいえば、官国幣社の神社に限って国営にし、村社以下は民間に丸投げしたのです。

神社の三要素は、祭神（帝国の神祇《じんぎ》）、施設や設備（社殿・境内・鳥居など）、氏子または崇敬者です。祭神や施設はともかく、氏子または崇敬者がいなくなり、祭祀や奉仕を行わず祭神をほったらかしにしておくと、神様は高天原《たかまがはら》にお帰りになります。そうなると、そこは神社ではありません。そこで、氏子が神社を粗末にしないように、「氏神《うじがみ》こそは我々の祖神、我々こそは氏神の子孫」という温かい心情のつながりを強調しました。

「祖《おや》たる氏神は、子たる我々日本国民に対し、親としての情を以て、恵み深き庇護《ひご》をお与えになっている。それを信念として、祖先や親を敬い孝行を尽くすように、氏子は氏神を敬神しなければならない」というのです。そうはいっても、氏神と氏子には、祖先と子孫のような血縁関係はまったくありません。実際にあったのは産土神《うぶすながみ》と産子《うぶこ》の関係だけです。

実証学的な氏神・氏子の関係は、氏族制度の昔のものです。各氏族は、その祖先を斎祀して氏の神とし、氏神を中心にして発展を遂げました。たとえば中臣氏は天児屋《あめのこや》根命《ねのみこと》を氏神にしました。

やがて氏族制度が崩壊すると、地域の居住者同志の関係を重視するようになりました。その土地を鎮護する神を産土神、産土神が鎮護する区域内に生まれ居住する者を産子と考えるようになりました。この産土神・産子には祖孫のような血縁関係はありません。

ですから「氏神・氏子の関係や産土神・産子の関係を超越した境地に立って、祖先と子孫の関係を信念することこそ、日本古来の「惟神の道」の国民的信念である。氏《うじ》神《がみ》・氏子《うじこ》の意義は、日本国民が、骨格や性格が違い、科学的な根拠が無くても、みな等しく天照大神の末裔《まつえい》であり、大和民族の一員であることを自覚し、固い信念を抱いて疑わないのと全く同じなのである」というのです。

神社の祭神は帝国の神祇であり、神社の祭神は天照大神から分派した神様です。明治になってから、村の鎮守の神様を帝国の神にしたので、それを合理化するために氏神・氏子の関係を持ちだしたわけです。したがって、

「氏子は帝国臣民でなければならない。氏神と氏子の関係は、古来の純日本的な氏族制度にもとづいている。したがって外国人および法人は氏子にはなれない。氏子は、一戸一神社に限ることを原則とする。崇敬者は要するに氏子に準じるもので、その神社の氏子区域外の一団地に居住して、神社を継続的に崇敬し、維持経営についての負担をしてもよい。崇敬者は必ずしも帝国臣民でなくてもよい。複数の神社を崇敬してもよい。ただし、氏子と違い崇敬者経費の負担義務はない」

などと定めました。この感覚は今でも生きていて、自治会費から神社の経費やお祭りの費用を支出している自治会があるようです。

私が一九四四年（昭和一九年）の戦時下に使用させられた国定教科書『中等国文一』に「二　産土神《うぶすながみ》と氏神（芳賀矢一ノ文ニ拠《よ》ル）」という教材があり、それには、

――郷土の神、氏の神、いずれも祖先以来切っても切れないつながりがある。われわれはこれを中心として団結し、これに守られて郷土の平和と幸福を保っていく。だから、郷土神はまた鎮守の神でもある。郷土を離れて遠方に出た者の、常に忘れることのできないのは産土の社《やしろ》である。出征した兵士の夢に入るのも、なつか

しい産土の森であり、ひとり山田を守る父老が、あっぱれ、わが子も大君《おおきみ》のために尽くすことができるようにと日夕《にっせき》祈るのも、この産土神である。

われわれは、産土神を通じて、深く皇国につながり、また歴史につながっているのである。――


と書かれていました。今にして考えてみますと、ずいぶんとこじつけられた文章ですが、当時の中学生はこれをそのまま信じさせられたのです。

復古神道の「惟神の道」は、明治政府と王政復古を正当化するために必要な論理でした。論理的に整合性を欠いても、御都合主義的であっても、勝てば官軍、お上のいうことが正義だ、真理だと国民に押しつけました。その論理を二一世紀の今日に復活させようとしている人たちを、私は神道原理主義ネオコンと呼びたいと思います。

ここではっきりさせたいことは、靖国神社は東京招魂社時代から、「惟神の道」にもとづいて、戦没者を合祀し、祭神にしてきたという事実です。天皇の思《おぼ》し召《め》しで、国家の思し召しで、靖国の神にしてもらってありがたいだろうという、きわめて独善的なものです。

臓器移植手術のために、勝手に臓器を摘出しては、いけないことになっています。臓器提供には本人や家族の同意を必要としているのに、人霊は国家や宗教法人靖国神社が勝手に扱ってもよいというのは、どう考えても変だと思います。国家のために戦争をやったのだから、国家が戦没者の慰霊に責任を持つのは当然だという主張があります。しかし、それを容認することは、戦死＝犠牲＝尊い死ということになり、結局は戦争を美化することになります。

アメリカは、独裁者フセイン大統領を倒し、イラク国民に自由と民主主義を与えるための「イラクの自由戦争」を始めました。イラク戦争ではアメリカ兵も戦死しました。アメリカは、その戦死者を、「アメリカの国家の安全と平和のため、イラクの解放と自由と民主主義のために戦死した尊い犠牲」として慰霊するでしょう。けれどもイラクからみれば、イラクの石油を奪い、ブッシュが大統領選に再選するための侵略戦争をやりにきた敵国兵です。バグダッドを空爆で破壊して市民を殺した憎い米兵です。戦死した米兵が殺したイラク人のことを考えると、国家が戦死者を慰霊することが、本当に正しいのか疑問に思えてきます。

考えてみますと、日本は敗戦により、降伏条件としての民主化というハードを建前として、受け入れてきましたが、ソフトの部分では、戦前道徳の基本である「惟神の道」を肯定してきたのです。無理もありません。戦後の復興を担った世代は、長年にわたって「惟神の道」にどっぷり浸《つか》って育ってきた大人たちでした。彼らが一夜にして民主主義者に生まれ変われるわけがありません。

「国に尽くす」ということが、「職域奉公」というスローガンになり、戦後は、無理なく「組織（企業や官庁）に尽くすこと」に移行して、戦後も「滅私奉公《めっしほうこう》」の意識が、暗黙のうちに温存されました。

それが、戦後も「政府に素直に従う国民づくり」に協力することになったのです。

特に「勝ち抜く僕等少国民」という体験をさせられた戦中派は、「新日本建設のさきがけ」とおだてられ、舞い上がって、家庭を顧《かえり》みることもなく、「猛烈社員」といわれるような生活を送り、家庭に居場所も確保できず、今やボロボロになって、戦後の歴史の空しさを噛《か》みしめているありさまなのです。

ただ恐ろしいのは、その戦中派の成功者といわれるエリートの多くが「大東亜戦争は侵略戦争ではなく、あくまでも聖戦であった」と今も主張していることです。これは大日本帝国の「戦争中毒症」に罹《かか》った世代の薫陶《くんとう》よろしきを得て、今や「禁断症状」に陥り、日本を交戦権の行使できる国にしたがっているということです。彼らは「教育基本法」を見直し、愛国心を植えつけ、憲法第九条を取り消し、再び「交戦権」を復活し、核保有国になることを夢見ている人たちを支援してはばからないのです。「戦争のできる国」のシンボルとしての「日の丸・君が代」の法制が完了しました。首相の靖国神社公式参拝を定着させることが次の目標であり、「戦争のできる国」建設まであと一歩なのです。

確かに、日本は敗戦後、新しい憲法を制定し、交戦権を放棄しました。しかし、そのとき、日本国は「アジアの中立国・アジアのスイス」となることが可能でした。戦争には交戦国間の交渉を受け持つ中立国が必要だからです。しかし米ソ冷戦の狭間《はざま》で、首相吉田茂は単独講和の道を選び、日米安全保障条約に調印して、沖縄をアメリカの防共の楯《たて》に売ったのです。外国軍隊が駐留する国は永世中立国にはなれません。外国軍に基地を提供する国も永世中立国になれません。もしも日本がアジアのスイスとなる道を選んだら、国際社会で有意義な役割を果たすことができたと思います。日本は唯一の被爆国なのに、アジアの永世中立国となるよりも、アメリカの属国になる道を選んだように思います。

そして、彼らは常に「日本が侵略される」という恐怖を煽《あお》り、国を売った事実を隠し、既成事実の積み重ねによる現状肯定を強いてきたのです。しかも、このままでは主体的に「戦争できる国」になれないという「戦争中毒症禁断症状」が疼《うず》くのです。

国家が国民に戦争をやらせるために必要なのは、なんといっても愛国心です。お国のために戦死することをいやがらない国民をつくる必要があります。はっきりいって国家が愛国心を必要とするのは戦争だけです。

小泉首相は、国民に靖国神社公式参拝を強引に認めさせようと決意しているとしか思えません。平和のために公式参拝をするといっていますが、日本を戦争のできる国にしたい、戦前の「惟神《ゆいしん》の道」を復活させようとしているとしか思えません。くり返しますが、靖国神社公式参拝は、その突破口だと思うので、私は絶対に賛成できません。

あとがき

ここ数年来、戦時下の少国民体験に関する講演が増えました。その中で「靖国神社問題」についての質問を受けることが多く、一応それなりの説明をしてきたつもりですが、あとで考えて、自分でもあまり明快な論旨ではなかったかなという思いに駆られました。

また首相の公式参拝があるたびに、新聞記事が不徹底で、問題点の詰めが甘く、歯がゆい思いもしてきました。教研集会での講演でも、靖国神社問題の適切な解説書がないという悩みも聞かされてきました。

そうした状況の中で、たまたま小学館からのお勧めもあり、なるべく平易で、高校生以上に理解できる靖国神社問題の基本的解説書を書くことにしました。

確かに戦後も「靖国問題」関係書が多数出版されてきました。しかし、その多くは戦後意識優先の解説で、なぜそうなのかという基本的問題を除外して、頭から靖国神社＝軍事施設という前提のもとに論旨を展開しているので、戦後生まれの読者には、親切とはいえませんでした。

　そんなわけで、今回は戦前の関係書を渉猟《しょうりょう》して、「靖国神社」創建の原点から説き起こし、戦時下に靖国神社の果たした役割にも迫ってみました。恐らくこれを読んでいただくことで、日本の戦争史についての視点も変わるのではないかと期待しております。

　首相の靖国公式参拝問題も、なぜ中国・韓国等からクレームがつくかについてもふれました。史料として役立ったのは、戦前刊行物で、戦後に「天皇制ファシズム図書」として目の仇《かたき》にされ、紙くず同様に扱われて廃棄処分にされた国家神道関係や靖国神社関係図書でした。

　たまたま戦時史資料として収集したものの中にこうした関係の図書が多数あったことも幸運でした。やはり戦前の靖国神社について知るためには、戦前刊行の関係図書が必要です。今回これらの本から得た知識の中には、初めて知ったという事象も少なくありません。またこれによって改めて本を出すということの意味も考えさせられました。本としてまとめておけば、いつの日か、誰か手にした読者に、この時代の思いが伝わるということです。つまり本は、刊行された時代を生きた証言集であるということです。

　半世紀以上が過ぎ、あの悲惨な戦争については、あたかも自然現象みたいに被害だけが伝えられてきました。そのために日本の戦争についての考え方も年経るごとに曖昧になってきました。靖国神社の歴史からその点にも言及しました。

二〇〇三年夏　山中　恒

文庫版あとがき

私は二〇一四年（平成二六年）末に『靖国の子　教科書・子どもの本に見る靖国神社』（大月書店）を刊行いたしました。これは戦時下にあって、父兄が戦死し「靖国の子」と呼ばれた子どもたちが「最も戦う少国民」としての役割を担わされて、どんな苦闘を強いられたかを当時の子どもたちの作文や教科書、児童書で明らかにしたものです。そこで気づいたことは、よく「泣く子も黙る〇〇」という言い方がありますが、靖国神社こそ「泣く子も黙る〇〇」の〇〇というオカルティックな軍事施設だったということでした。つまり大好きな父兄が戦死した悲しみより、その戦死した父兄が神として祀《まつ》られ、その社である靖国神社で、恐れ多くも現人神《あらひとがみ》天皇が拝礼を給うという喜びにまさるものはないというのですから。

たまたま、この本を出したことで、「安倍靖国参拝違憲訴訟の会」などで、靖国神社についてレクチャーを求められたり、韓国の「靖国の子」である人たちの「ノー・ハプサ（合祀《ごうし》拒否）」を支援する会でも講演したりしました。

その間、本書の文庫化の話があり、ありがたく、うれしく思う反面で、二〇一五年四月二九日のアメリカ上下議院での安倍晋三首相のでたらめな歴史認識をひけらかす演説がありました。そこでは従軍慰安婦問題、日本帝国主義の韓国・朝鮮の植民地化支配、中国への侵略戦争への言及もなく、ひたすらアメリカへしっぽを振ってみせるという情けないものでした。

帰国した安倍首相は日本の自衛隊をアメリカ兵の弾よけに使うみたいな安保法案の成立に、がむしゃらな突進を開始しました。たまたま社民党の福島瑞穂《みずほ》副党首が、その法案をズバリ「戦争法案」といったのが気に食わないと自民党議員たちが、撤回を求めて拒否されるという茶番劇もありました。安倍首相が「日本を戦争のできる国にしようとしている」ことは、誰でも知っていることです。ですから平気で「我が軍」などといったりします。とにかく、その法的手がかりとしてこの法案を成立させようとしていることは、いわずもがなのことです。まさに「羊頭を掲げて狗肉《くにく》を売る」で、安全保障の中身が「戦争法」というのが実態でしょう。

集団的自衛権の発動で紛争地に派遣された自衛隊員に、もしものことがあったら、どうするのでしょう。「靖国神社に祀ってやるからありがたく思え」とでもいうつもりなのでしょうか。ここでまた靖国神社に不気味な光芒《こうぼう》を帯びさせて「日の本の　光に映えて尽忠の　雄魂祀る　宮柱　太く燦たり　ああ大君の　ぬかづき給う　栄光のくどいようですが、繰り返し書いておきます。靖国神社は単立の新興宗教施設で、大日本帝国の敗戦を認めないばかりか、日本がやった戦争、日清・日露、「アジア・太平洋戦争」をふくめて、自衛のための聖戦と主張する史観を発する市井の一宗教法人施設なのです。公的な宗教施設ではありません。そこへ参拝するということは、その宗教祭祀に関わることとなのです。国民全部が国体原理主義の呪縛《じゅばく》で、天皇のために死ぬことを臣民最高の名誉と思わされた時代ではないのです。今、安倍政権が「国のため」というときは「安倍政権のため」なのです。

靖国神社は戦後、東京裁判にかけられたA級戦争犯罪人も祭神として祀っているのです。しかも「昭和殉難者」という不思議な資格を与えて。これが昭和天皇に不快な思いを起こさせ、以後昭和天皇は靖国神社へ行かなくなりました。

後に原爆爆心地に近い所で建物疎開の勤労作業に動員されて爆死した広島県立第二高等女学校二年西組の生徒たちも靖国神社に合祀されましたが、同じように動員されていた広島市内の生徒たちも合祀されたということです。ただし朝鮮人生徒は除外されたということを「安倍靖国参拝違憲訴訟の会」の関千枝子さんから聞きました。まさに差別の宮靖国神社なのです。もともと差別の宮ですから軍籍にあった者以外の一般戦災死者は祀りません。

安倍政権の不気味なことは、靖国神社問題ばかりではありません。「秘密保護法」といった情報統制の法律を通したり、朝日新聞の従軍慰安婦問題記事の誤報とやらで、まるで鬼の首でも取ったみたいに居丈高《いたけだか》になり、度を超した朝日バッシングをしてみたり、メディア全体にも圧力をかけてみたり、ついには駐独外務官僚がドイツのメディアに対してまでクレームをつけたり、まさに一九三〇年代の大日本帝国を思わせるような横暴状態になってきています。

安倍政権に萎縮《いしゅく》する新聞は、中国には言論の自由がないという記事ばかり掲載して、読者にあたかも日本国には言論の自由がたっぷりあるかのような印象を与えようとしていますが、ちょっとでも安倍首相を批判したら、手ひどいしっぺ返しをするという陰険な安倍首相のやり口を恐れてか、ますます自主規制を強めている始末です。

私は日本が敗戦をしたとき、満一四歳の中学二年生で北海道後志《しりべし》管区余市《よいち》郡仁木《にき》の農家に宿泊しての援農作業に動員されていました。日本がポツダム宣言を受諾して敗戦したと知ったとき、僅《わず》かな時間でしたが、敗戦したのは、自分たち国民の努力が足りなかったからだ、自決して陛下にお詫びすべきではないかと、真剣に自決の方法を考えました。今にして思えば、ずいぶんとばかげたことでしたが、そのときは本気でした。つまり私たちは国体原理主義によって、そこまで信じ込まされていたのです。その狂信的な国体原理主義の象徴が靖国神社だったことを忘れるわけにはいきません。

敗戦七〇周年の今日、私はそのことを深く真摯に考えるのです。

二〇一五年八月　山中　恒

参考文献

「靖国神社事歴大要」一九一一年＝明治四四年・賀茂百樹編・国晃社
「靖国神社略年表」一九七三年＝昭和四八年・森谷秀亮編・靖国神社社務所・非売品
「靖国神社誌・全」一九一一年＝明治四四年・靖国神社
「国体の本義」一九三七年＝昭和一二年・文部省
「支那事変の真意義」一九三九年＝昭和一四年・陸軍省
「国民敬神問答」一九四三年＝昭和一八年・河田晴夫・文京社
「近代日本の大陸発展」一九四一年＝昭和一六年・市古宙三・螢雪書院
「神祇制度大要」一九三六年＝昭和一一年・岡田包義・私家版
「殉国の論理」一九三九年＝昭和一四年・平田内蔵吉・山雅房
「日本国家主義運動史」一九四二年＝昭和一七年・津久井龍雄・中央公論社
「護国の書（上巻）」一九四三年＝昭和一八年・直霊出版社
「神祇史大系」一九四一年＝昭和一六年・宮地直一・明治書院
「神道と祭祀」一九四〇年＝昭和一五年・安津素彦・白帝社
「神国日本神もうで」一九四三年＝昭和一八年・鉄道省編・東亜旅行社
「神道通論」一九四三年＝昭和一八年・河野省三・東京図書出版株式会社

「神道史の研究」一九四四年＝昭和一九年・河野省三・中央公論社
「神社本義」一九四四年＝昭和一九年・神祇院
「日本精神の研究」一九四四年＝昭和一九年・河野省三・大岡山書店
「明治維新廃仏毀釈」一九三九年＝昭和一四年・圭室諦成・白揚社
「時局関係御詔勅謹解」一九三八年＝昭和一三年・御詔勅衍義謹纂会編・巧人社
「神社文化史」一九四四年＝昭和一九年・中村直勝・一条書房
「日本全国神社物語」一九三八年＝昭和一三年・倉田白峯・大洋社
「神祇辞典」一九二四年＝大正一三年・山川鵜市・平凡社
「神道精義」一九三八年＝昭和一三年・加藤玄智・大日本出版株式会社
「靖国神社忠魂史（全五巻）」一九三三〜五年＝昭和八〜一〇年・靖国神社編・靖国神社社務所
「神道思想史」一九四三年＝昭和一八年・山田孝雄・明世堂書店
「神祇に関する制度・作法 事典」一九四二年＝昭和一七年・神祇学会編纂・光文社
「神祇史要項」一九二〇年＝大正九年・宮地直一・明治書院
「神社法規類纂」一九四〇年＝昭和一五年・黒川直編・栃木県神職会
「民族日本歴史近世編」一九三八年＝昭和一三年・白柳秀湖・千倉書房
「明治大正国民史・明治次編」一九三六年＝昭和一一年・白柳秀湖・千倉書房
「明治大正国民史・明治中編」一九三七年＝昭和一二年・白柳秀湖・千倉書房

「明治大正史・外交編」一九三〇年＝昭和五年・朝日新聞社
「現行神社法令」一八九六年＝明治二九年・皇典講究所印刷部
「神社拝礼の正しき作法」一九三九年＝昭和一四年・大日本作法普及会・教育図書
「改正神社祭式作法解説」一九四三年＝昭和一八年・青山大麓・大日本神祇会福岡県支部
「改正神社祭式行事作法講話」一九四四年＝昭和一九年・長谷外余男・京文社
「古事記・祝詞・宣命」一九四五年＝昭和二〇年・日本文学報国会編纂・朝日新聞社
「輝く靖国物語」一九四四年＝昭和一九年・横山夏樹・太平書房
「国史を貫く神社物語」一九四三年＝昭和一八年・樫葉勇・中川書房
「基礎資料・皇軍建設史」一九四四年＝昭和一九年・渡辺幾治郎・共立出版
「明治史研究」一九三四年＝昭和九年・渡辺幾治郎・楽浪書院
「明治維新と現代日本」一九四一年＝昭和一六年・渡辺幾治郎・東洋書館
「吉田松陰の精神」一九四一年＝昭和一六年・陶山務・第一書房
「宇内混同秘策・剣徴」一九四二年＝昭和一七年・小林一郎・平凡社
「同時代史（第一〜三巻）」一九五〇年＝昭和二五年・三宅雪嶺・岩波書店
「幕府衰亡論」一九六七年＝昭和四二年・福地源一郎・東洋文庫
「朝鮮独立運動の血史」一九七二年＝昭和四七年・朴殷植・東洋文庫

「朝鮮の悲劇」一九七二年＝昭和四七年・F・A・マッケンジー・東洋文庫
「近代日韓関係史研究」一九八七年＝昭和六二年・森山茂徳・東京大学出版会
「民族の閃光」一九六七年＝昭和四二年・李瑄根著・金定漢訳・時事通信社
「朝鮮韓国近現代史事典」二〇〇二年＝平成一四年・韓国史事典編纂会・金容権編著・日本評論社
「朝鮮銀行史」一九八七年＝昭和六二年・同研究会編・東洋経済新報社
「ものがたり朝鮮の歴史」一九九八年＝平成一〇年・池明観・明石書店

「中華民国三十年史」一九四三年＝昭和一八年・橘撲・岩波新書

「支那問題辞典」一九四二年＝昭和一七年・同辞典編集部・中央公論社
「蔣介石秘録一～一五」一九七五～一九七七年＝昭和五〇～五二年・サンケイ新聞社
「毛沢東伝　上・下」一九九九～二〇〇〇年＝平成一一～一二年・金冲及主編・村田忠禧・黄幸監訳・みすず書房

「日清戦争」一九七三年＝昭和四八年・藤村道生・岩波新書
「慰霊と招魂」一九七四年＝昭和四九年・村上重良・岩波新書
「靖国神社」一九八四年＝昭和五九年・大江志乃夫・岩波新書

『靖国の戦後史』二〇〇二年＝平成一四年・田中伸尚・岩波新書
「靖国」一九六五年＝昭和四十年・靖国神社百年祭記念出版・靖国顕彰会
「やすくにの祈り」一九九九年＝平成一一年・御創立百三〇年記念・靖国神社・やすくにの祈り編集委員会・産経新聞社ニュースサービス
「かく戦えり。近代日本」二〇〇一年＝平成一三年・靖国神社遊就館

［解説］「靖国神社とは何か」という本質論

白井　聡

いわゆる靖国神社問題にスポットライトが当たるとき、私は心底ウンザリするのである。閣僚の何某《なにがし》が参拝する、中国の政府関係者は何を言った、韓国の政府関係者は何を言った、何々国のメディアはどう報じたか、云々《うんぬん》カンヌン。それぞれの国の事情に通じていると称する人々がTV画面に現れ、「この反応は、誰それ政権の支持基盤がドウタラコウタラであるために出てきたものであり、本音ではああだこうだ」と自説を開陳してみせる。

これらの分析が、真相を穿《うが》っているか否かはまさしくどうでもよい。これらの分析が精緻を極めれば極めるほど、状況の馬鹿馬鹿しさはより一層際立つ。これらの言説が全くもって下らないのは、「日本人にとって、日本の歴史において、靖国神社とは何であるのか」という問いを完全に欠いているからである。これらの「靖国報道」は、この問いに対して何らかの新しい知見を付け加えることが一切ないばかりか、まさに問われるべきこの問いを、人々が問わないで済ませられるよう誘導する。そして、お定まりの論争、すなわち、「靖国神社参拝への批判は内政干渉である」とする立場と「あれほど嫌がっている国があるのだから参拝はやめるべき」とする立場が、非本質的な論争を繰り広げる。すでに何年もの間、こうした光景は見慣れたものとなってしまった。しかも、安倍晋三総理の靖国参拝決行に対して、ついにアメリカ政府筋からも非難の声が上がるなかで、靖国神社についての本質的な議論は深まるどころか、「内政干渉か否か」という偽の問いに衝《つ》き動かされる論争が不毛な熱狂をますます昂《こう》進《しん》させている。

この不毛な論争において、参拝肯定派はこう言う。「靖国参拝は日本人独特の死生観と深くかかわっているのだから、外国がとやかく言う筋合いのものではない」。他方、否定派はこう言う。「政治家に参拝されては、商売あがったりだ」。後者の批判は、所詮はエコノミック・アニマル的なものでしかなく、信念を欠いている。ゆえに今日、日本政府中枢部の右傾化傾向がはっきりとしてくるなかで、この手の批判は完全な沈黙に入っている。なるほど、動物には少しばかり鞭《むち》をかざして見せてやれば黙り込むのだ。そうなると、肯定派の声だけが大きくなるばかりである。だが、彼らは、彼らの言う「日本人独特の死生観」なるものと靖国がどうかかわっているのか、決して説明しないし、それを考えたことすらもおそらくはない。彼らは、自分が何を言っているのか、自分でも本当は知らないのである。かくて、靖国論争は、本質的には何も生み出さない、すなわち、日本人の歴史認識・自己認識の深化には、何一つ貢献することのないまま、徒《いたずら》に月日が流れてきた。この状況は、靖国問題を「外圧によって提起された問題」としてのみとらえている限り――言い換えれば、日本人にとって靖国神社とは何かということを考えない限り――、決して脱しえない。

とはいえ、靖国に対する海外の視線という問題は、無視して済ませられるものではない以上、私の見解をここで述べておく必要があるだろう。それは次のようなものである。靖国神社に世界普遍的な大義が仮に存在するのであれば、どれほど強い非難があろうとも、私人であれ公人であれ、堂々と参拝すればよい。極端に言えば、世界中の人々がそれを非難し、「靖国を愛する日本人など皆殺しにしてしまえ」と思われ、それが実行されるとしても、本当に大義があるのであれば、実行するべきなのである。われわれに本物の大義があるのなら、日本民族が地上から抹殺されたとしても、いつか誰かがわれわれの大義を発見し、認めてくれるだろう。

したがって、問題は、靖国神社にかかる普遍的な大義があるのか否か、ということにほかならない。そしてそれは、「日本人にとって、日本の歴史において、靖国神社とは何であるのか」という問いに対する答えを考えることによってしか、判断できないであろう。

山中氏による本書は、まさにこの問題を歴史的に究明し、平易な形で説き明かすことを目的としている。諸外国の靖国神社に対する反応にどう対処するべきかという問題も、本来的には「靖国神社とは何であるのか」という本質論を抜きにしては語り得ない。今日の靖国報道に見られる空虚さは、この核心を欠いているがゆえのものだ。そして、本書を読めばわかることだが、歴史的事実を冷静に追っていけば、靖国神社には世界的な普遍性を主張しうるような大義を見出《みいだ》すことはできないのである。

本書の第一の利点は、靖国神社に関して多くの日本人が抱いている疑問を網羅的に列挙し、それに答えるという形式を取ることによって、「靖国の大義」として語られてきたことのなかには無理な論理がねじ込まれていることを、懇切丁寧に説明しているところにある。これは、「自虐史観だ」などという安易な批判がつけ入るのを許すものではない。山中氏は、日本人の神観、またそれに伴う神社という施設の意味と機能にも遺漏《いろう》なく言及することによって、伝統内在的な視角から靖国神社の正当性を検証している。言い換えれば、山中氏の靖国批判が政治的な断罪ではないことは明らかである。

私は、このような種類の靖国の検証・批判こそ、真に重要であると考える。なぜなら、「政治的に正しくないから靖国神社は参拝するべきでない」というタイプの批判は、跳ね返るようにして「内政干渉はさせてなるものか」という政治的な反発を強化することに帰結するのであり、このことはすでに相当長い年月の間に証明されてきたからである。さらに、靖国神社問題が政治的問題である以前に、宗教的・文化的側面を持っていることは確かである。政治的には正しくなくても、宗教的・文化的に正当であることはありうる。「自虐史観」という言葉に一定の説得力があるのは、左派の一部の論者はこの事実を認めず、政治的断罪のみを事とするからである。より具体的に言えば、東京裁判史観に基づいて靖国を批判することは、日本の帝国主義を断罪しつつ、アメリカの帝国主義の罪を不問にすることを意味する。そこに、「自虐史観だ」というプロテストが生ずる余地が生まれてしまう。ゆえに、靖国批判は、政治的問題を視野に入れながらも、靖国神社が宗教的・文化的にも正しくない、また日本の伝統からも逸脱していることを証明することによって行なわれなければならないのであり、山中氏は本書においてそれを実践しているのである。

こうした視点から重要なのは、山中氏が本書で、靖国神社の成り立ちに内在している一種の酷薄さを指摘していることである。すなわち、靖国が戊辰《ぼしん》戦争の犠牲者を弔うために東京招魂社《しょうこんしゃ》として建てられたとき、弔われたのは官軍側の死者のみであり、賊軍とされた幕府方の犠牲者は「犬死に同然」（本書P48）の扱いを受けた。私見によれば、ここに靖国神社をめぐる初発からの「ボタンの掛け違い」がある。つまり、靖国は、そもそもの始まりからして、戦争の後の和解を目指す施設としてではなく、「勝てば官軍、勝者の奢《おご》り」（本書P47、48）を見せつける施設として出現したのである。

同じ原理に従って、西南《せいなん》戦争における西郷方の犠牲者も、靖国の「神」から排除された。かかる線引きが、古くは菅原道真《すがわらのみちざね》や平将門《たいらのまさかど》といった敗者を、その霊を慰撫《いぶ》するために「神」として祀《まつ》った日本の伝統から、大きく逸脱するものであることは、明らかであろう。このことは、靖国神社が、日本人の祖先信仰の伝統を表層的には巧みに取り入れたものではあっても、近代的な国家カルトの施設にすぎないことを、意味するものでもある。

そして、「勝てば官軍」の靖国原理は、第二次世界大戦における日本の敗北によって、辻褄《つじつま》が合わなくなる。「靖国原理主義」に徹するならば、あの戦争において犠牲となった日本兵は、この神社に祀られる資格がないのである——敗者は賊軍なのだから。だから、親米保守の自称愛国者たちが熱心に靖国に詣でる姿を見ると、私は疑問を禁じ得ない。この人々は、一体何を拝んでいるのだろうか。靖国原理主義に忠実であるならば、彼らが拝んでいる「英霊」とは、あの戦争で亡くなった連合国の死者ではないのか。このパラドクスに無自覚であるからこそ、彼らは「忠犬保守公」とまで揶揄《やゆ》されるみじめな存在に堕してゆくのであり、その一方で「英霊」として形の上でだけ祀り上げられた人々の霊は、決して慰められることはない。

本書の第二の読み所は、靖国神社の来歴を説明しながら、近代日本、その帝国主義的伸張とアジア諸国との関係の歴史が、わかりやすく語られている点にある。強調してきたように、われわれの靖国神社に対する態度は、「外国が何を言うか」によって決められるべきではない。しかしながら、近代日本の対外侵略の歴史を知れば、なぜ彼らが靖国問題に対して声を上げざるを得ないのかを理解せずにはいられなくなる。日本人が自らの祖先を敬い、哀悼をささげる行為に対して、彼らは非難を浴びせているのではない。靖国を通してそれを行なうことに対して、批判の声が鳴り止まないのである。そして、この執拗《しつよう》な声に接するとき、われわれは「靖国神社とは何か」という本質を問う問いを発せざるを得なくなる。靖国によって象徴されるものは、日本の周辺諸国民に対して厄災であっただけでなく、大部分の日本国民自身にとっても厄災でしかなかった。外国からの執拗な声は、この単純だが日本人が認めたがらない事実に気づかせてくれる契機にほかならない。

私が思うに、靖国神社問題には、遠からずケリがつけられなければならない。本書でも指摘されているように、「政治家の靖国参拝は平和の誓いをするためなのだ」というレトリックは、神社の来歴からして到底通用し得ない。仮に、靖国神社を戦没者追悼のための公的な施設として使い続けるのであれば、靖国は過去の戦争神社としての在り方を公的に自己否定しなければならないし、政教分離の観点からして神道《しんとう》から切り離される、つまり神社であることをやめなければならない。しかし、このような路線を靖国神社に強いることは、宗教への政治介入となるという批判を必ず招くことになろうし、靖国神社自身が反発するだろう。もっとも、靖国神社は、古来の信仰よりも近代国家の一機関として創設された政治的施設にほかならない以上、政治の論理によって性格変更を強いられたとしても、何ら文句を言う資格はないのであるが。戦後宗教法人へと衣装替えしたことによって、靖国は信仰の自由の論理を誠に都合よく利用し、その政治的性格を隠蔽《いんぺい》している。

結局のところ、靖国神社は、宗教法人として存続するほかないであろう。それをやめさせることは、法的にできない。してみれば、われわれが目指すべきは靖国の「自然死」である。多くの人が、靖国の原理を理解すること――すなわち、そこには普遍化できる大義がないことを知り、「勝てば官軍」の矮小《わいしょう》な原理を負けた後にも放置しながら、あの戦争の犠牲者たちに真の意味で尊厳を与えるための施設としては致命的に出来損ないであり続けているという事実を知ること――がなされるならば、誰もがこの神社を見捨てるであろう。そのときにはもちろん、政治家が靖国参拝を公約することなど問題にはならなくなり、国際問題としての靖国問題も消滅する。本書に盛り込まれた確かな知識は、その日を訪れさせるために、読者に与えられているのである。

（しらい・さとし　京都精華大学専任講師／社会思想・政治学）

写真　石黒コレクション保存会
毎日新聞社
朝鮮日報社
太田真三（小学館写真室）
本文デザイン　川名潤（prigraphics）

本書のプロフィール

本書は、二〇〇三年八月に、小学館から単行本として刊行された『すっきりわかる「靖国神社」問題』を改題し、加筆改稿して、文庫化したものです。

小学館文庫

「靖国神社《やすくにじんじゃ》」問答《もんどう》

著者 山中《やまなか》 恒《ひさし》

二〇一五年八月十一日　初版第一刷発行

発行人　菅原朝也
発行所　株式会社 小学館
〒一〇一-八〇〇一
東京都千代田区一ツ橋二-三-一
電話　編集〇三-三二三〇-五七二〇
　　　販売〇三-五二八一-三五五五
印刷所──中央精版印刷株式会社

ISBN978-4-09-406191-8